"ACCENT"

MODERNITÉ ET TRADITION

ESSAIS SUR L'ENTRE-DEUX

Aber noch ist uns das Dasein verzaubert; an hundert Stellen ist es noch Ursprung. Ein Spielen von reinen Kräften, die keiner berührt, der nicht kniet und bewundert.

Rainer M. Rilke

Herman De Dijn

PEETERS – VRIN
PARIS – LEUVEN – DUDLEY, MA

A CIP record for this book is available from the Library of Congress.

ISBN 90-429-1331-2 (Peeters Leuven)
ISBN 2-87723-729-X (Peeters France)

D. 2003/0602/85

TABLE DES MATIÈRES

AVANT-PROPOS

Le présent volume réunit les conférences prononcées dans le cadre de la Chaire Franqui qui a été accordée à l'auteur en 2001 par l'Institut Supérieur de Philosophie de l'Université Catholique de Louvain (U.C.L.). Que l'on sache, au seuil de cet ouvrage, la profonde reconnaissance de la part de l'auteur pour cette vénérable distinction.

Modernité et tradition? Modernité ou tradition? Que faire de cette question, elle-même éminemment moderne? Dans le présent recueil, l'auteur tente d'avancer une réponse nuancée. Il refuse de muer les termes-clé de la question initiale – modernité et tradition – en un couple antithétique. Il se situe plutôt et délibérément dans un fragile entre-deux culturel et conceptuel permettant de découvrir, d'explorer et d'accepter aussi la mince frontière à la fois intellectuelle, morale et quotidiennement vécue où se rencontrent sans cesse modernité et tradition. Une rencontre – les essais réunis dans ce volume le montrent à suffisance – inévitable mais pas forcément dramatique comme d'aucuns le voudraient. La conclusion? Suivant l'auteur, la modernité est condamnée, simplement, à rester jusqu'à un certain degré traditionnelle, à tout jamais, et elle a à thématiser cette appartenance culturelle, religieuse et sociopolitique. Sinon, il sera impossible de sortir de cette impasse qu'est le 'malaise de la modernité'.

Après une réflexion préliminaire poussée sur la problématique centrale du livre – modernité et désenchantement –, l'auteur s'arrête longuement à deux penseurs qui, grâce à leur manière de penser résolument moderne et surprenante, ont conservé cette étrange et envoûtante capacité d'émerveiller le lecteur contemporain: Spinoza et Hume. Dans ces oeuvres d'une profondeur et d'une perspicacité admirables se voient thématisés certains aspects fondamentaux de la culture tant traditionnelle que moderne comme la religion, la science, l'éthique et le sens commun. La partie subséquente a alors pour but de mieux cerner les multiples rapports entre ces modes de savoir et, par ce biais, la relation dialectique entre modernité et tradition. La dernière partie du recueil traite de deux questions actuelles, celles notamment de la soi-disant «fin de l'histoire» (Fukuyama) et de la «crise de la société occidentale». L'enjeu de cette réflexion plutôt éthico-politique reste le même qu'ailleurs: y a-t-il moyen de jeter un pont entre modernité et tradition, d'aboutir à une synthèse nuancée et viable?

Ce que ce livre ambitionne en fin de compte? L'auteur se propose de fournir aux lecteurs les ébauches d'une philosophie moderne et pourtant aussi fort sensible à tout ce que la tradition nous a légué, comme un don presque. Pour y arriver, il essaie de penser et d'écrire depuis un entre-deux où peuvent se rencontrer le prémoderne et le moderne ainsi que deux styles philosophiques jugés souvent et à tort antinomiques, les philosophies analytique et continentale.

Ce livre ne serait pas là sans l'aide précieuse de Gilbert Gérard, doyen de la Faculté de Philosophie, sans l'appui aussi de deux autres collègues de l'Institut Supérieur de Philosophie, Michel Dupuis et Olivier Depré: leur hospitalité, leur générosité intellectuelle ont rendu les séances à Louvain-la Neuve d'autant plus agréables. Je tiens en outre à remercier chaleureusement M. Le Professeur Luc Eyckmans, directeur délégué du Fonds Francqui.

Finalement, je voudrais exprimer ma très sincère gratitude à l'égard de Koenraad Geldof, collègue à la K.U. Leuven et traducteur immanquablement et impeccablement fidèle de toutes les conférences prononcées en 2001 et rassemblées ici. C'est lui aussi qui s'est chargé de la révision finale du manuscrit intégral en vue de la présente édition.

I

MODERNITÉ ET DÉSENCHANTEMENT

UNE PROBLÉMATIQUE SANS ISSUE*?

1. Science, modernité, postmodernité

On admet communément que l'essor du savoir théorique au début du XVIIe siècle a joué un rôle majeur dans la constitution d'une nouvelle ère, celle des Temps modernes. Il convient, cependant, de spécifier davantage cette idée largement acceptée. C'est, en effet, moins le fait même du développement du savoir théorique qui a eu un tel impact – on en retrouve des amorces et des exemples dans d'autres cultures et à d'autres moments – que celui que nous avons affaire à un savoir théorique bien particulier, notamment aux sciences naturelles. En outre, au fur et à mesure que se développe la modernité, ce savoir reçoit une valeur culturelle normative à cause de ses rapports privilégiés à la technique et, partant, à d'autres évolutions modernes comme l'industrialisation et la globalisation.

Le lien précis entre science et culture modernes n'est pas facile à déterminer. Que le développement de la science soit conditionné par des circonstances culturelles spécifiques, personne n'osera plus le nier. Le philosophe-historien allemand Hans Blumenberg met en rapport la genèse et l'épanouissement de la science moderne (et, dès lors, de la Modernité) avec certaines évolutions au cours du Moyen Âge tardif[1].

(*) Version originale: H. DE DIJN, «De lotgevallen van de metafysica in de Moderne Tijd», in M. MOORS & J. VANDERVEKEN (red.), *Naar Leeuwerikken grijpen. Leuvense opstellen over metafysica*, Leuven, Universitaire Pers Leuven, 1994, pp. 83-100; traduction française par Koenraad GELDOF.

(1) Cf. H. BLUMENBERG, *La Légitimité des Temps modernes*, Paris, Gallimard, 1999, Ch. III «La curiosité théorique en procès». Cf. aussi P.

Sous cet angle, la tendance typiquement moderne à l'auto-affirmation (telle qu'elle s'observe dans la science et l'art modernes ou dans l'individualisme) peut être interprétée comme une *réponse* à l'emphase systématique – au niveau de la théorie et de la pratique – sur le thème de la Toute-puissance divine dans la vision du monde nominaliste médiévale. Celle-ci finira par ébranler la croyance en un ordre cosmique éternel que, justement, l'aristotélisme scolastique avait voulu réaffirmer: comme Dieu est tout-puissant, il a la liberté absolue de créer et, par conséquent, le monde créé sombre dans la contingence la plus totale; le cosmos n'est alors plus l'expression de la Providence divine ni le lieu de sa révélation première et naturelle. Toujours suivant la même logique nominaliste, l'effort pour mériter la vie éternelle perd son sens, puisque la question du salut et de l'au-delà se soustrait à toute forme d'intervention et de responsabilité humaines, puisqu'elle fait désormais l'objet d'un choix divin absolument inscrutable.

Le résultat de ce tournant est assez paradoxal: au lieu de renforcer la soumission à la Volonté divine, la théologie nominaliste mènera tout droit à une revalorisation de la réalité intramondaine – c'est-à-dire: de tout ce qu'on était censé transcender; l'ici-bas devient le terrain d'une quête fiévreuse de sécurité et d'auto-réalisation et l'objet d'une curiosité et de recherches sans bornes.

A la fin du Moyen Âge donc, la manière d'envisager la théorie change de fond en comble: plus on radicalise l'idée d'un Dieu caché, moins il est possible de concevoir la théorie comme une forme de contemplation idéale depuis un point de vue divin. Désormais, la théorie ne servira plus de point d'appui à un regard béat, tourné vers une réalité qui

BERGER, *The Sacred Canopy: Elements of a Sociological Theory of Religion*, New York, Doubleday, coll. «Anchor Books», 1990.

se révèle elle-même. Lors du passage du prémoderne au moderne, la théorie est redéfinie comme le laboratoire de l'esprit humain, comme le lieu où se produisent des hypothèses et des explications empiriques, et celles-ci gagnent en plausibilité au fur et à mesure qu'elles s'accompagnent de tentatives pour manipuler la réalité. Ainsi – le penseur allemand Lessing le dira explicitement –, la *théorie* se mue-t-elle en une activité qui est sa propre fin et qui n'admet plus que des approximations asymptotiques de la réalité[2]. Le mode de compréhension moderne n'a dès lors plus rien d'anthropomorphique: l'objet de la pensée pure est un monde non humain, glacial, «un livre écrit dans le langage des mathématiques et dont les caractères sont constitués du triangle, du cercle et d'autres figures géométriques[3].» La visibilité de ce monde dépend de la présence d'un regard *neutre* et *distant*, c'est-à-dire d'un regard qui s'est complètement libéré du

(2) Voir aussi G. VATTIMO, *La Fin de la modernité. Nihilisme et herméneutique dans la culture postmoderne*, Paris, Seuil, 1987, pp. 137-138: «Dans l'usage linguistique le plus reculé des Grecs, la *theoría* n'est pas tout d'abord une construction conceptuelle formalisée, comportant un détachement 'objectivant' entre sujet et objet; elle se présente plutôt comme participation à la procession du dieu, pour laquelle les *theorói* font fonction de délégués de leur *polis*, et elle est donc de l'ordre d'un regard participant et, dans un certain sens, appartenant à l'objet plus que le possédant; comme l'écrit Gadamer dans l'un des essais de *la Raison à l'âge de la science*, le *kalón* «ne désignait pas seulement les créations de l'art et du culte (...), mais comprenait aussi ce qui était désirable sans l'ombre d'un doute et qu'il n'était pas nécessaire de justifier en en montrant le caractère de l'utilité. Tel était pour les Grecs le champ de la *theoría*, et *theoría* consistait pour eux à se confier à quelque chose qui, en survenant par sa présence, s'offre à tous comme un don commun (...).»

(3) Cf. «Il Saggiatore» de Galilée, cité par H.-T. DESANTI, in F. CHATELET (éd.), *La Philosophie du monde nouveau (XVIe et XVIIe siècles)*, Paris, Hachette, 1972, p. 88.

contexte immédiat du monde vécu et qui impose à ses objets une grille de perception purement mathématique.

Une forme de curiosité jusque-là inédite vient de naître, notamment la curiosité comme vertu (là où Thomas d'Aquin la rangeait encore parmi les vices: selon lui, l'homme curieux se laisse entraîner par un goût superficiel et, somme toute, superflu pour les énigmes sublunaires tout en perdant de vue l'essentiel, à savoir le salut éternel). La curiosité moderne s'avère indifférente à l'égard des qualités du bien, du beau et de l'agréable, et si elle suscite un certain plaisir, celui-ci découle moins de l'objet considéré que de l'activité même de la pensée, qui est d'autant plus intense que ses objets sont complexes et inaccessibles[4]. Le plaisir que procurent la philosophie et la science est quasiment unique; seule la philosophie est à même d'offrir à l'esprit «un plaisir qui, grâce à l'incessante et infatigable production de savoirs, dépasse de loin l'intensité passagère de n'importe quelle jouissance physique[5].»

L'importance du nominalisme du Moyen Âge finissant pour le développement de la science moderne, Blumenberg l'a résumée comme suit: «Mesurés à l'aune des connaissances positives qui allaient être introduites entre Copernic et Newton, les fruits immédiats du nominalisme dans les sciences de la nature peuvent passer pour restreints; médiatement, le progrès sientifique des débuts des Temps modernes repose sur la destruction de la dogmatique aristotélicienne d'une part, et sur la nouvelle légitimation de l'intérêt pour la nature, d'autre part; toutes deux essentiellement accomplies par le nominalisme[6].»

([4]) Qualification qui correspond parfaitement à la définition de la curiosité scientifique dans D. HUME, *A Treatise of Human Nature*, II, III, sect. X.

([5]) T. HOBBES, *The English Works* (vol. III, Reprint 2), Aachen, Scientia Verlag, 1966, p. 45; notre traduction.

([6]) H. BLUMENBERG, *op.cit.*, p. 401.

L'avènement du nouvel idéal théorique, incarné de façon paradigmatique par les sciences exactes modernes, devait tôt ou tard révolutionner les structures mêmes de l'esprit humain. Le changement est tel que Foucault et Gellner parlent d'une «coupure» ou d'un «big divide» séparant la modernité de tout ce qui la précède.

L'émergence du regard théorique nouveau coïncide en effet avec la création d'un nouveau sujet et d'un nouvel objet. Au sujet pur de la science correspond un objet pur, c'est-à-dire épuré de toute réminiscence anthropomorphique, un objet qui ne relève que de la pensée et qui ne se signale que par des qualités primaires, mathématisables. Les rapports causaux entre les objets équivalent, idéalement parlant, à des relations de ressemblance pure (d'où l'identité, chez Descartes, entre causalité et ressemblance). De tels objets et leurs rapports réciproques deviennent, par le biais d'une combinaison de la méthode analytique et synthétique, parfaitement compréhensibles. Les rapports humains ordinaires au monde ne jouent donc plus aucun rôle. Husserl radicalisera le sens du passage cartésien de l'image sensible des choses à leur représentation idéale et géométrique en affirmant que l'idéalité géométrique, pour la pensée, constitue une grandeur asymptotique, donc «une idée au sens kantien du terme[7]». Cette radicalisation modifie sensiblement le rapport entre théorie et vérité: le fait d'atteindre la vérité (à travers une *adaequatio*) compte finalement moins que le développement même de la théorie, que le processus de se rapprocher de la vérité. Ce qui, à son tour, rend la théorie particulièrement utile pour l'agir purement instrumental et technique, étant donné que celui-ci ne vise pas d'objectifs spécifiques mais ne porte

(7) Voir R. BERNET, «Vorwort», in J. DERRIDA, *Husserls Weg in die Geschichte am Leitfaden der Geometrie*, München, Fink Verlag, 1987, p. 245.

que sur des relations calculables entre moyens et fins. Pour Blumenberg, il existe une affinité étroite entre le renoncement à l'idéal traditionnel de la vérité comme *adaequatio* et la nature essentiellement hypothétique de la pensée théorique moderne, ainsi que la disponibilité de celle-ci pour le nouvel idéal de la modernité émergente, notamment le contrôle technique de la nature et de l'homme[8].

Le *sujet* de la nouvelle pensée est un sujet pur. «Le sujet cartésien, écrit Lacan, est le sujet de la science» et Richard Rorty va dans le même sens lorsqu'il parle, dans *Philosophy and the Mirror of Nature*, d'un «miroir pur.» Le nouveau sujet est défini par un désir de connaissance pur, comme une instance qui se soustrait à toute forme de détermination, comme un regard pur, *sub specie aeternitatis*. Pour Descartes, l'essence du sujet équivaut à une conscience de soi ab-solue, désincarnée et exempte de tout ce qui pourrait nuire à la pensée pure. D'une part et à première vue, ce parti pris cartésien a fait de l'homme moderne un être déchiré par le dualisme entre conscience de soi pure et corps, entre raison et cœur. D'autre part, les mêmes oppositions engendrent de nouvelles conceptions révolutionnaires des émotions et de l'imagination. Amélie Rorty remarque à juste titre qu'il est impossible de redéfinir la *ratio* moderne sans modifier la signification de notions corrélatives, comme l'imagination, la perception, le désir, l'émotion ou la passion[9].

L'idée cartésienne d'une conscience de soi pure, d'un *Ego* capable de transcender tout sauf la pensée elle-même (et qui serait donc, comme le dira plus tard Sartre, synonyme de *liberté*) soulève inévitablement la question du rapport entre un *ego* libéré de toute pesanteur temporelle et

(8) H. BLUMENBERG, *op.cit.*, pp. 225-226.

(9) A. OKSENBERG RORTY, «From Passions to Emotions and Sentiments», in *Philosophy*, 57 (1982), p. 160.

spatiale et l'homme concret, corporel, c'est-à-dire la *personne*. Comment l'ego pur se rapporte-t-il à cet être contingent, à la fois distant et très proche parce que relié à l'ego par un nom propre bien précis? Comment faire rimer l'ego avec ce *moi* particulier, cette personne située dans le temps et l'espace vécus? La question déborde le champ strictement philosophique et fait partie intégrante de l'expérience quotidienne moderne. Térèse, par exemple, la protagoniste de *L'Insoutenable légèreté de l'être* de Milan Kundera, se demande qui est son véritable moi. Le corps, ne serait-il rien d'autre que le support contingent de la conscience de soi, un support qu'en outre on pourrait indifféremment remplacer par un autre (comme chez l'homme cybernétique)? Ou ce sujet pur ne serait-il lui-même qu'un simple épiphénomène fortuit de la nature biologique humaine, généré par un cerveau d'un type particulier appartenant à un corps spécifique? Quoi qu'il en soit, on ne peut que constater un certain clivage entre le sujet pur de la pensée pure et la personne concrète qui, de différentes manières soi-disant 'évidentes', se rapporte au monde vécu; ce qui est certain, cependant, c'est que tôt ou tard ces évidences seront dissipées sous l'effet du regard critique de la raison pure pour révéler leur vrai visage: celui d'une contingence (abyssale) qui défie tout fondement, toute justification.

Pascal en était parfaitement conscient: la naissance de la *ratio* scientifique est en même temps celle du cœur, ce qui met un terme au règne séculaire d'une idée de rationalité en fait et en droit circonscrite par un ordre intelligible jugé naturel et élevé au-dessus de tout soupçon. Lors du passage à la modernité, la raison scientifique s'émancipe de cette tutelle pour ne plus obéir qu'aux seuls impératifs de l'intérêt purement théorique. Du même coup, suite justement à cette spécialisation, la *ratio* moderne se retire complètement des domaines existentiels structurés par des intérêts personnels:

le prix de son autonomie théorique est sa non-pertinence morale et existentielle croissante. A partir d'ici, deux options s'avèrent possibles: ou bien ces domaines personnels (la morale, la sexualité, etc.) doivent être redéfinis en fonction d'une réflexion ou d'un calcul rationnels (ce sera, malgré toutes les divergences, l'option partagée de l'utilitarisme et de l'universalisme kantien), ou bien on en fait le terrain privilégié de l'envers de la raison scientifique, à savoir du cœur.

La première option est celle des Lumières (franco-allemandes) qui aspirent à un savoir universel susceptible – selon l'expression de F. Schalk[10] – «d'offrir tout à tout le monde»; c'est-à-dire à un savoir qui se présente en outre comme une *(en cyclo) paideia*, un programme pédagogique intégral destiné à l'humanité entière. L'objectif ultime de ce rationalisme ambitieux peut être résumé de la sorte: «il doit *éclairer* l'homme, l'émanciper et augmenter son potentiel et son pouvoir sociaux[11].» Précisons davantage ce lien entre savoir rationnel ou scientifique, progrès et émancipation. L'homme de science ne tient compte que des significations obtenues par le biais d'explications théoriques, toujours perfectibles, certes, mais dont la décidabilité et la communicabilité ne sont à aucun moment conditionnées par un quelconque contexte culturel. De cette manière, le progrès scientifique et technique s'érige en *modèle* d'une émancipation totale qui finira par triompher de toute contrainte, de tout tabou externes. L'idéal (kantien) de la 'pensée autonome' qui parvient à se soustraire aux lois de gravité socioculturelles et à affirmer son indépendance à l'égard de valeurs éthiques et religieuses, s'impose aussi comme norme pratique

(10) F. SCHALK, *Studien zur Französischen Aufklärung*, Frankfurt a.M., Klostermann, 1977², p. 63.

(11) *Ibid.*, p. 64; notre traduction.

– l'agir autonome –, de sorte que, pour les Lumières, pensée autonome et émancipation globale sont deux idées inextricablement liées. Sans cette corrélation stricte entre rationalité et émancipation, entre théorie et pratique, la conception éclairée de l'histoire comme un irrésistible mouvement de progrès ascensionnel n'est guère compréhensible: «Le progrès de la science et de son double, la technologie, ont favorisé l'idée selon laquelle le sens de l'existence humaine dépend du degré auquel l'homme est à même de surmonter tout ce qui entrave sa tendance spontanée à l'auto-détermination. Autrement dit, les idées de progrès et d'émancipation s'impliquent réciproquement. L'idéal de la 'pensée autonome' et celui, pratique, de la 'volonté autonome' expriment donc la même ambition: se libérer de la tutelle de normes et de restrictions soi-disant externes, déterminées par des contextes culturels contingents[12].»

Cela dit, les philosophes et intellectuels français et allemands n'épuisent pas le sens des Lumières. Leurs confrères écossais, par exemple, (Shaftesbury, Hume, Adam Smith, etc.) se montrent plus prudents: ils devinent que l'homme est irréductible au seul sujet et que la rationalité théorique et scientifique est au fond incapable de régir, sans reste, l'existence humaine sous peine de devenir inhumaine. Hume et les autres philosophes des Lumières écossaises n'ont pas l'intention de discréditer la science nouvelle; seulement, se rendant compte que, dans l'existence humaine, le cœur prime sur la *ratio*, ils confèrent à celle-ci une finalité spécifique, limitée.

Le cœur, c'est l'unité de l'imagination et des sentiments. Les représentations qui sous-tendent l'existence de l'homme considéré comme personne ne sont pas strictement rationnelles;

(12) A. BURMS et H. DE DIJN, *De rationaliteit en haar grenzen*, Leuven – Assen, Universitaire Pers Leuven – Van Gorcum, 1986, p. 16; notre traduction.

leur signification nous précède, nous est transmise. Hume parle de 'fictions' qui nous enchantent: la 'fiction' de notre identité personnelle ou les 'fictions' relatives à notre signification et à notre rôle sociaux (parent – enfant, ami – ennemi, etc.). De telles représentations ou fictions sont intimement liées aux émotions: ainsi, selon Hume, la fiction de l'identité personnelle – une des fictions les plus fondamentales, les plus décisives de l'existence humaine – est-elle indissociable de l'émotion tout aussi fondamentale de la fierté ou de l'estime de soi[13]. Même le sujet du savoir scientifique n'est en définitive que l'émanation socioculturellement déterminée d'un désir humain plus profond, plus fondamental (comparable selon Hume au désir qui anime la chasse)[14]. Dans le discours de l'époque, le signifiant-clé est sans aucun doute celui de 'passion', mais par rapport au passé il semble avoir subi une transvaluation sémantique cruciale: l'idée de passion s'est débarrassée de sa connotation péjorative, elle n'est plus présentée comme l'envers négatif de l'intelligence ou de la raison ou comme l'origine maléfique de penchants condamnables. Désormais, passion signifie émotion ou sentiment: «les passions font agir, elles animent les actions personnelles, les orientent et, en tant que sentiments, elles sont indispensables à l'idée même de civilisation[15].»

A l'instar de Hume, Peter Strawson affirme que l'homme ne saurait *vivre* comme sujet pur[16]. L'attitude objectivante et la mise entre parenthèses corrélative de la réalité vécue

(13) Cf. H. De Dijn, «Fierheid en persoonsidentiteit», in *Tijdschrift voor Filosofie*, 47 (1985), pp. 571-581.

(14) Cf. supra: note 4.

(15) A. Rorty, *art. cit.*, p. 159; notre traduction.

(16) P. Strawson, «Freedom and Resentment», in Idem, *Freedom and Resentment, and Other Essays*, London, Methuen, 1974, pp. 1-25.

ne sont possibles et indispensables que là où une activité particulière – par exemple la pratique scientifique – le requiert. Le régime (dominant) de l'existence humaine est celui du *cœur*, c'est-à-dire un régime caractérisé par l'adhésion (*involvement*) à certaines valeurs et significations qui interpellent, engagent la personne et suscitent des attitudes réactives (*reactive attitudes*) comme le ressentiment, la gratitude, la clémence, etc. Les biens visés par ce régime (inter-personnel) ne sont pas d'ordre naturel, vu que l'homme n'est ni un *desiderium naturale* auquel correspondrait un objet intrinsèquement adéquat (le Bien) ni un organisme dont la seule finalité serait d'éviter la douleur et de maximiser la jouissance. Le désir humain tend vers des biens non naturels ou symboliques et dès lors irréductibles à des biens naturels. Prenons l'exemple de l'honneur ou de l'amitié: la signification de ces biens symboliques excède l'idée d'utilité ou de satisfaction de besoins primaires. Les biens symboliques concrètement visés varient evidemment d'une personne à l'autre. Ces visées dépendent de valeurs et de significations qui, pour une personne donnée, constituent des vecteurs d'identification privilégiés, ainsi que du genre de pratiques symboliques et signifiantes qui sont disponibles. C'est d'ailleurs la raison pour laquelle Alisdair MacIntyre qualifie ces biens non naturels d'«inhérents à une pratique (symbolique)[17].»

Le désir naturel s'est éclipsé. Avec la modernité naissante, l'aspiration totale et profondément rationnelle au Vrai, au Bien, au Beau et à l'Un (au Divin) a progressivement dû céder la place à une pluralité non totalisable de désirs: la quête du Vrai se poursuit désormais en dehors du contexte du Bien ou du Beau sous la forme d'une activité théorique

(17) A. MacIntyre, *After Virtue; A Study in Moral Theory*, London, Duckworth, 1981, p. 175; notre traduction.

asymptotique, donc à tout jamais provisoire; le Bien et le Beau, par contre, sont plutôt fonction d'une sensibilité façonnée par l'appartenance à une tradition morale et esthétique, alors que le Divin n'est plus accessible que par le biais des traditions religieuses. Au niveau de l'existence personnelle, finalement, le problème de la vérité survit sur le mode d'une question de *véracité* et celle-ci relève moins de la théorie que de la sagesse. Donc: «ens,verum, bonum, unum *non* convertuntur».

Bien que l'individu moderne soit incapable de vivre comme sujet pur, de se débarrasser entièrement de ses fictions, force est de constater que, justement, aujourd'hui les tentatives dans ce sens se multiplient. Sans vraiment aboutir, celles-ci ont néanmoins contribué à l'émergence d'une nouvelle mentalité 'postmoderne'. L'histoire du grand récit postmoderne est bien connue: le désir moderne d'un dépassement radical de la tradition et de ses contraintes, d'un développement débridé de la science et de la technologie a finalement dégénéré en une succession infernale d'échecs inhumains. A en juger le cours dramatique de l'histoire moderne, la raison et la politique éclairées n'ont pas réussi à assouvir le cœur de l'homme, à faire oublier l'*inquietum cor meum*. Chaque pas dans le mouvement d'émancipation et de libération a été suivi par la prise de conscience dégrisante que l'envers fatal de ce progrès n'est rien d'autre qu'une hémorragie massive du sens. Jamais l'étendue du contrôle instrumental du réel n'a été plus grande, mais ce que ce pouvoir et cette abondance ne nous procurent pas, c'est précisément de la sérénité, c'est-à-dire l'équanimité qui est liée à des fins non instrumentalisables, à la possession de biens symboliques vraiment gratifiants. La modernité a voulu résoudre le problème de l'incertitude fondamentale du salut éternel en se tournant résolument vers l'ici-bas, mais ce faisant, elle s'est elle-même transformée en source d'inhumanité, incapable en tout cas d'offrir une solution de rechange viable. On peut se demander si la ludicité (postmoderne) récemment acquise conduira à un changement réel; l'homme moderne est tellement imbu par le pouvoir à première vue illimité de la raison instrumentale que même le désir d'un retour aux traditions et à leurs biens symboliques en est affecté. Loin de représenter une césure dans le temps ou d'inaugurer une nouvelle ère historique, le postmoderne reste au moins en partie prisonnier de ce qu'il nie.

De nos jours, le désir moderne de manipulation et de contrôle se concrétise au fond de deux manières. Tout d'abord, l'esprit éclairé a fini par se constituer lui-même en objet de ses propres investigations et techniques. Cette volonté d'auto-objectivation et, partant, d'auto-transformation, somme toute prévisible puisqu'inscrite dès le début au cœur même de la logique rationaliste des Lumières, ne tolère aucun obstacle; rien – et certainement pas les tabous liés à des traditions culturelles et symboliques contingentes – ne saurait empiéter sur ce progrès. De toute façon, ceux qui veulent s'engager dans ce projet, devraient avoir la possibilité d'explorer à fond tous les blancs sur la carte des sciences et connaissances et de fabriquer concrètement toutes les mutations possibles du réel, même celles concernant la nature humaine elle-même. *A première vue*, cette pensée instrumentale diffère sensiblement d'une deuxième tendance (contemporaine), elle aussi fort prononcée, à savoir la mise en valeur active, sinon activiste de traditions et de particularités culturelles. La différence n'est toutefois qu'apparente: partout, les traditions se voient réemployées de façon instrumentale, c'est-à-dire uniquement en fonction d'une quête de sens individuelle ou sociale obsessive. Certes, on se rend bien compte que les biens non naturels sont indispensables et irremplaçables par des biens naturels, mais en même temps ce sentiment vaguement intuitif ne suffit pas pour contrecarrer la tendance omniprésente à la réduction instrumentale et expérimentale même de biens symboliques. Par conséquent, ceux-ci risquent de devenir inintéressants, d'être banalisés. L'exemple des évolutions récentes dans le domaine de l'art est peut-être illustratif à cet égard. Le champ artistique, en effet, semble avoir poussé à l'extrême l'autoréflexivité et cela avec un radicalisme débridé. Le résultat? L'art ne semble plus admettre que son auto-affirmation gratuite sous forme de performances, d'actes purs, et sans ce côté 'happening' l'art, au fond, n'intéresse plus personne. La seule alternative: la combinaison, la répétition et la destruction ludiques, gratuites et ressassées à l'infini de significations et de symboles qui nous ont été légués par la tradition. Qui se sent encore concerné par un tel art? Et est-ce que cette insatiable soif d'expérimentation et de manipulation aura des conséquences similaires dans d'autres domaines? Dans *Cool Memories*, Baudrillard s'imagine la scène suivante: «Au cœur de l'orgie, un homme murmure à l'oreille de la femme: What are you doing after the orgy[18]?» L'engouement contemporain pour les phénomènes religieux est exemplaire. Jamais, sans doute, la religion et tout ce qui s'y rapporte n'ont joui d'une attention plus grande de la part du public, mais qu'on ne s'y trompe pas: cet intérêt – et les enquêtes sociologiques sont là pour le prouver – est avant tout le symptôme d'une quête frénétique de 'ré-enchantement' dans laquelle le réemploi instrumental et autogratifiant l'emporte sur le dévouement et l'engagement réels.

(18) J. BAUDRILLARD, *Cool Memories 1980-1985*, Paris, Galilée, 1987, p. 14.

2. En guise de prélude

La philosophie moderne consiste en un ensemble bien déterminé de réactions suscitées par la situation culturelle inédite née sous l'impact de la pensée scientifique nouvelle et de tout ce qu'elle implique. Ces réactions ne vont cesser de provoquer d'autres réactions dont certaines – nous venons de le voir – sont contemporaines. Quoi qu'il en soit, la rapidité ainsi que la lucidité de la réaction de certains penseurs modernes face à la réalité nouvelle – une réalité qu'ils sont en même temps en train de façonner – sont étonnantes. Des philosophes comme Descartes, Pascal, Hobbes et Spinoza ont immédiatement compris ce qui était en train de se passer; dès le début, ils ont pressenti que la pensée scientifique moderne transformerait l'homme en 'maître et possesseur de la nature' et que ce nouveau savoir, finirait un jour par s'appliquer à l'homme lui-même (initialement dans les domaines politique et éthique).

Les contours des positions philosophiques qui ont contribué à la physionomie intellectuelle de la modernité ont été tracés relativement tôt, et il est légitime d'affirmer que, *mutatis mutandis*, ces quelques prises de positions concurrentielles se sont maintenues jusqu'à nos jours. Quelles sont ces réponses fondamentales à la question de la modernité? La première position – la plus évidente aussi – est celle de la métaphysique moderne (l'onto-théologie). On tente de rendre à la culture une nouvelle unité à l'aide d'une pensée rationnelle qui désormais prend des allures métaphysiques. La nouvelle métaphysique accorde à la rationalité strictement scientifique une fonction essentielle mais non totalisante; la métaphysique reste clef de voûte. En même temps, le noyau dur de la tradition est sauvé de manière rationnelle (comme en témoigne le titre intégral de la première édition des *Méditations* de Descartes:

«Méditations sur la philosophie première, dans laquelle est démontrée l'existence de Dieu et l'immortalité de l'âme»). L'incarnation la plus éclatante de la réponse métaphysique est Leibniz. A propos de cette réaction très répandue – donc de la volonté de recréer, par l'intermédiaire de la métaphysique, une sorte d'unité –, Max Horkheimer écrit: «A vrai dire, la conscience publique bourgeoise et sa science n'ont jamais été concordantes. L'apparition de la science au XVIIe siècle entraîne la faillite de l'idée religieuse d'un ordre cosmique originaire qui assignerait à tout, y compris l'homme, une place fixe. Sur les points les plus décisifs, les systèmes de pensée métaphysiques [modernes] sont lardés d'affirmations purement doxiques, de prétentions invraisemblables et de conclusions erronées; bref, ils expriment toutes les contradictions d'une certaine conscience de classe intellectuelle.» Ou encore: «On affirme tant l'exactitude formelle du savoir scientifique que la validité de conceptions métaphysiques. En tant que miroir d'une réalité naturelle et sociale non anthropomorphique, la science abandonnait les masses populaires insatisfaites aussi bien que l'individu pensant dans une situation menaçante et inquiétante; sans une quelconque idéologie totalisante, l'économie psychique privée et publique reste fatalement problématique. On a donc misé sur les deux à la fois, sur la science *et* l'idéologie métaphysique, et toute la pensée moderne sera marquée par cette contradiction[19].»

Le diagnostic de Horkheimer a de quoi convaincre. Apparemment et d'ordinaire, l'homme moderne vit mal la fragmentation de ses intérêts. Il a le sentiment que la vision

(19) M. HORKHEIMER, *Der neueste Angriff auf die Metaphysik* [1937], cité par C. BRUNNER, *Het fiktieve denken*, Assen, Van Gorcum, 1984, p. 81, 188; notre traduction.

du monde scientifique avec son emphase sur le regard objectivant et l'inlassable quête de découvertes nouvelles n'offre guère des points de repère existentiels stables.

Suite aux progrès de la vision du monde scientifique, l'homme moderne a dû se rendre à l'évidence: loin de se trouver au centre de l'univers, il n'est que l'effet éphémère d'une évolution particulière sur une planète infiniment petite et située quelque part dans une galaxie infiniment grande; et comble d'objectivation, certains scientifiques vont jusqu'à redéfinir l'homme comme un organisme extrêmement compliqué mais qui se prêterait néanmoins à une explication physiologique exhaustive. Or, de nos jours, le décentrement et l'objectivation totale de l'homme se heurtent à une résistance réelle. Celle-ci tient au désir d'un nouvel anthropocentrisme dont on espère qu'il conduira à la 'réinscription métaphysique' de la science. Des livres comme *The Tao of Physics*, le New Age, des théories axées sur le principe entropique fournissent autant de preuves de ce désir profond de réenchantement.

L'élan initial de la science moderne a suscité une confiance et un enthousiasme énormes; il se trouve à la base de la croyance typiquement éclairée en la toute-puissance libératrice de la science et de la technique, en la possibilité de créer pour tous un paradis terrestre. En tant que science de la nature et de l'homme, la raison théorique est promue au rang d'instrument par excellence aussi bien de l'éducation morale et politique de l'homme que du Progrès en tant que tel. Le désenchantement est comme refoulé par un activisme furieux. Contrairement à la première variante métaphysique qui admet la coexistence d'une pensée théorique spécialisée, autonome et d'un savoir totalisant, c'est-à-dire assurant l'unité de tous les savoirs, les Lumières ont sans doute cru pouvoir se débarasser de ce besoin de totalisation éminemment métaphysique. Ici, la philosophie ne survit, comme l'écrit

Condorcet, que sous la forme d'un 'éclectisme', d'une science unitaire intégrant au maximum tous les savoirs rigoureusement scientifiques. Dans un langage plus contemporain, cela revient à dire que, pour être vraiment crédible et légitime, la philosophie sera épistémologique, ou elle ne sera pas. Tout ce qui s'écarte de cette conception restreinte relève au fond de l'idéologie. Pour certains contemporains, ce rêve d'un Progrès irrésistible est toujours un rêve glorieux; pour d'autres, qui n'ont pas oublié la terreur perpétrée au nom de ce même Progrès, le rêve a dégénéré en cauchemar.

Parmi les réactions possibles vis-à-vis de la Modernité et de ce qu'elle implique, il y en a deux autres qui m'ont fasciné tout au long de ma carrière. Il s'agit plus particulièrement de celles de Spinoza et Hume. Je résume brièvement la raison d'être de cette fascination.

Ce qui frappe chez Spinoza, c'est la quête paradoxale d'un enchantement qui *passe nécessairement* par le désenchantement. Chez lui, nulle trace d'une métaphysique qui doit pallier le désenchantement de la modernité à l'aide d'un ré-enchantement sur la base d'un savoir théorique superscientifique, nulle trace du scientisme ou de l'éclectisme des Lumières pour qui seul l'iconoclasme face aux traditions et aux rapports communautaires existants semble être vraiment salutaire. Selon Spinoza, l'*activité* scientifique et théorique – c'est-à-dire la tentative démesurée de comprendre un cosmos axiologiquement indifférent (qui n'est pas là pour nous plaire ou nous déplaire) –, est elle-même génératrice d'une expérience quasi-religieuse qui nous confronte à une transcendance *radicale* (une *transdescendance*).

Cette intuition fondamentale fait de Spinoza un véritable précurseur dont les idées en la matière seront reprises par certains penseurs majeurs du siècle dernier comme Einstein et Russell. Cette affinité s'explique aisément. Suivant Spinoza, la connaissance scientifique s'oppose diamétralement à toute vision du monde 'idéologique', c'est-à-dire anthropocentrique et finaliste. Dans son autobiographie intellectuelle, Einstein avoue lui aussi que l'activité scientifique implique une sorte de transcendance morale par rapport au vécu quotidien ou à la poursuite égocentrique du bonheur individuel; est à l'œuvre *dans* la marge de la science une aspiration à quelque chose qui excède *notre* intérêt, *notre* bonheur[20].

La position de David Hume, toute différente de celle de Spinoza, résulte d'une combinaison unique de scepticisme et de naturalisme. En fait, Hume retourne la rigueur implacable de la nouvelle raison théorique contre les prétentions de la rationalité scientifique. Ses conclusions sont hallucinantes: la causalité n'est pas de l'ordre de la ressemblance parfaite, ce qui entraîne la faillite inévitable du projet cartésien d'une science unitaire; ensuite, ni l'induction ni même la déduction ne peuvent être justifiées; le principe de raison suffisante est lui-même sans fondement rationnel; enfin, les idées métaphysiques fondamentales (et fondatrices) du Moi, du Monde et de Dieu ne sont, à tout bien considérer, que des constructions imaginaires qui se soustraient à toute légitimation rationnelle. Bref, selon Hume, «la raison subvertit la raison», ce qui, à ses yeux, n'entraîne toutefois pas forcément la fin de la science et encore moins celle de la morale ou de la religion. Seulement, au lieu de penser la nature de ces activités en termes purement rationnels, il faut les relier plutôt à des désirs spécifiques et inhérents à la nature humaine. La science, par exemple, renvoie à une sorte de curiosité bien particulière, la morale à une certaine sensibilité, tandis que la religion tient à une combinaison particulière d'espoir et d'angoisse. Cette conception est lourde de conséquences. Si, initialement, Hume

([20]) Voir: P.A. SCHILPP (ed.), *Albert Einstein: Philosopher and Scientist*, La Salle (Ill.) – Cambridge, Open Court – Cambridge U.P., coll. "The Library of Living Philosophers", n° VII, 1970, p. 3 sq.

conçoit sa philosophie comme une nouvelle philosophie de l'esprit englobante, comme une science unitaire qui traite aussi des sciences de la nature et des mathématiques en tant qu'activités mentales, cette même philosophie évoluera progressivement dans le sens d'une critique de la pensée théorique, d'une démonstration des limites de la rationalité et d'une différenciation plus nette de la théorie par rapport à d'autres pratiques humaines fondamentales.

L'intervention critique de Hume à l'égard de la métaphysique (cartésienne) et des Lumières n'ambitionne pas la restauration (métaphysique) d'une totalité irréversiblement évanouie ni la redéfinition de l'expérience de transcendance dans le contexte de l'activité scientifique. Elle découle de la prise de conscience de l'écart fondamental entre connaissance et sens; le savoir théorique ne pouvant assouvir les désirs du cœur de l'homme ordinaire, sa portée s'avère limitée; c'est en tout cas ce que révèle l'analyse rationnelle des différences entre la raison et le cœur. La position de Hume est dès lors à la fois complexe et ouverte, puisqu'elle reconnaît tant la dynamique sans fin des sciences que la particularité tout aussi essentielle de l'art, de la morale et de la religion. Par rapport aux Lumières, ce programme philosophique peut être qualifié d'ambivalent: d'une part, il s'inscrit parfaitement dans la modernité conçue comme processus de différenciation (il n'a donc rien en commun avec un certain antimodernisme romantique), mais d'autre part – et à l'encontre des Lumières – Hume refuse de sacrifier les dimensions fondamentales de l'existence humaine comme la morale, la religion, l'art ou la politique sur l'autel de la raison éclairée. Ces dimensions s'enracinent dans une sensibilité irréductible; impossible donc de les transformer en ou de les réduire à des produits d'une activité théorique et pratique purement autonome. Le cœur, justement, intervient là où l'homme n'est pas entièrement maître de soi-même ou du monde qui l'entoure, c'est-à-dire là où la volonté, loin d'être l'origine des actions, doit *être activée* par une autre force, par l'appel des biens non naturels. Résumons: Hume appartient pleinement à la modernité, mais ce qui rend son intervention tellement intéressante et unique, c'est que cette appartenance ne l'empêche pas d'affirmer, contre la raison éclairée vaniteuse, la passivité et la vulnérabilité fondamentales de la volonté ni de mettre en vedette la transcendance des significations ultimes – quoique relatives – qui déterminent notre existence. Bref, l'attitude de Hume exprime un certain *conservatisme*.

Ces deux lectures de la modernité – celle de Spinoza et celle de Hume – sont complexes et réfractaires à toute interprétation complaisante et illusoire de l'existence humaine, ce qui explique peut-être leur relative marginalité, même dans les milieux philosophiques. Spinoza et Hume sont deux représentants du naturalisme: ils battent en brèche l'illusion anthropocentrique en affirmant que l'homme n'est rien d'autre qu'une partie – bien que complexe – de la nature. Et chose paradoxale: certains des penseurs contemporains les plus prestigieux – Wittgenstein, Strawson ou Davidson – semblent être très proches soit de Spinoza, soit de Hume, soit des deux, ce qui, au fond, ne devrait pas nous étonner, étant donné que les noms invoqués désignent autant de tentatives pour développer un naturalisme non réductionniste.

Dans les conférences subséquentes, je vais d'abord m'arrêter aux positions respectives de Spinoza et de Hume et aux modalités précises de ce naturalisme sophistiqué. Evidemment, il sera impossible de traiter de ces deux philosophies sans me référer aux deux autres positions philosophiques éminemment modernes, celles de la métaphysique (onto-théologique) et celles des Lumières (franco-allemande). L'attitude de Spinoza face à la signification existentielle de la théorie philosophique et à la religion ordinaire sera contrastée explicitement et implicitement avec les deux autres positions et avec celle de Hume. Dans un deuxième temps, je me concentrerai sur un certain nombre de problèmes soulevés de façon exemplaire par les penseurs modernes, des problèmes dont nous avons hérité et qui restent – même pour le présent qui est le nôtre – d'une importance capitale. Concrètement parlant, mes réflexions seront axées sur les relations souvent paradoxales sinon conflictuelles entre science, morale et religion. Une telle analyse s'impose, vu la nature équivoque de la science moderne: d'un côté, en effet, celle-ci semble se développer indépendamment de la morale ou de la religion, mais de l'autre côté elle comporte elle-même une certaine dimension morale et religieuse. Finalement, il nous faudra retourner plus en détail à la question fondamentale du rapport entre l'idée de progrès (scientifique et technique) et celle de l'appartenance vitale à la tradition ou aux traditions. C'est ce qui fera l'objet de la dernière partie de ce livre où je m'occuperai en outre de notions et de problèmes relatifs à l'idée de la fin de l'histoire et à celle de crise.

II

MODERNITÉ ET SOUPÇON: SPINOZA ET HUME

SAGESSE ET SAVOIR THÉORIQUE (SPINOZA I)*

1. Un coup d'œil suffit pour s'en rendre compte: le problème du bien et du sens se trouve au cœur de l'œuvre de Spinoza. Semblable en cela à tous les hommes modernes, Spinoza se voit confronté à ce qu'Alquié a appelé «le problème de la valeur morale du rationalisme[1].» Selon Renan, Spinoza avait parfaitement bien compris la nécessité d'une synthèse inédite qui respecterait tant la science nouvelle que l'esprit religieux[2]. En effet, au lieu d'inventer de toutes pièces et à côté de la science une nouvelle vision du monde, Spinoza a abordé la question du bien et du sens en adoptant justement une perspective scientifique sur la nature et l'homme[3]. Pour lui, le problème du bien et du sens exige, philosophiquement parlant, que l'on abandonne toute pensée anthropomorphe et anthropocentrique en faveur d'un point de vue neutre et purement objectif. Georges Santayana le formule

(*) Version originale: H. DE DIJN, «Wisdom and Theoretical Knowledge in Spinoza», in E. CURLEY & P.F. MOREAU (eds.), *Spinoza: Issues and Directions. The Proceedings of the Chicago Spinoza Conference*, Leiden, E.J. Brill, 1990, pp. 147-156; traduction française par Koenraad GELDOF.

(1) F. ALQUIÉ, *Le Rationalisme de Spinoza*, Paris, PUF, 1981, p. 240.

(2) E. RENAN, *Spinoza*, La Haye, Nijhoff, 1877, p. 25: «Malheur à qui prétend que le temps des religions est passé! Malheur à qui s'imagine qu'on peut réussir à donner aux vieux symboles la force qu'ils avaient quand ils s'appuyaient sur l'imperturbable dogmatisme d'autrefois.»

(3) V. DELBOS, *Le Spinozisme*, Paris, Vrin, 1983, p. 173: «Ce que son système contient de plus audacieux, et sans doute de plus discutable, c'est, en éliminant par principe tout ce qui porte la marque de la subjectivité humaine, de prétendre contenter le désir le plus essentiel de l'homme, qui est le désir de vivre, et de vivre heureux.»

comme suit: «Nombreux sont ceux qui avant et depuis Spinoza ont trouvé le secret de la sérénité. Mais ce qui rend Spinoza exceptionnel – du moins à l'époque moderne –, c'est qu'il a facilité cette victoire morale (c'est-à-dire la réconciliation du cœur et de la vérité) sans le recours à des postulats douteux. Il n'a pas demandé à Dieu de venir à sa rencontre, il n'a pas édulcoré les faits tels qu'ils se manifestent à la raison claire ou à la science de la modernité naissante. Il a résolu le problème de la vie spirituelle après l'avoir posé en des termes on ne peut plus durs, nets, cruels[4].»

Spinoza n'est pas le seul penseur à avoir proposé une solution tellement paradoxale au problème du conflit entre science et religiosité. Au XXe siècle, un autre penseur et scientifique juif, Albert Einstein, a exprimé, à ce sujet, des idées fort analogues. Selon Einstein, la science peut conduire à la faillite de la moralité et de la religion existantes dans la mesure où elle encourage une certaine prise de distance par rapport à l'expérience immédiate du sens (ainsi, par exemple, l'attitude scientifique transcende-t-elle l'univers des soucis humains quotidiens, mêmes ceux relatifs au bien et au mal)[5]. Ce détachement se produit dès que l'on adopte un regard scientifique objectivant et cette attitude semble mettre en doute l'expérience quotidienne du sens[6]. Mais d'autre part, le même esprit scientifique qui provoque un désenchantement vis-à-vis de valeurs traditionnelles, peut donner lieu à une forme

(4) G. SANTAYANA, «Ultimate Religion», in *Septimana Spinozana.* Acta conventus œcumenici in memoriam B.D.S diei natali trecentissimi Hagae Comitis Habiti, Den Haag, Nijhoff, 1923, p. 105; notre traduction.

(5) A. EINSTEIN, *Ideas and Opinions,* New York, Dell Publishing Co, fifth Laurel Print, 1983, pp. 48-49.

(6) A. EINSTEIN, «Autobiographical Notes», in P. A. SCHILPP (ed.), *Albert Einstein: Philosopher and Scientist,* La Salle (Ill.) – Cambridge, Open Court – Cambridge U.P., coll. "The Library of Living Philosophers", n° VII, 1970, pp. 3-5.

nouvelle et particulière d'enchantement, notamment à une religiosité épurée, libre de toute représentation anthropomorphe de Dieu[7]. Pour Einstein, l'*activité* scientifique a une signification morale et religieuse: c'est grâce à elle que d'aucuns qui s'engagent dans la quête de la vérité scientifique, peuvent découvrir la signification et la valeur ultimes de leur existence et transcender leur univers quotidien[8].

Chez Spinoza, on retrouve la même idée: par le biais de la connaissance rationnelle, l'homme parvient à transcender ses soucis et opinions quotidiens, à se débarasser d'idées anthropomorphes à propos de la Nature et de lui-même.

Cela dit, une précision s'impose, puisque, pour Einstein et Spinoza, cette nouvelle religiosité ne découle pas de la compréhension scientifique ou rationnelle en tant que telle. Celle-ci doit être complétée: par 'un sentiment cosmique religieux' selon Einstein[9]; selon Spinoza, par une forme particulière de connaissance (intuitive) combinée avec un 'amour intellectuel de Dieu'. Ce qui, dans le dernier cas, soulève la question de la nature exacte des rapports entre connaissance rationnelle et connaissance intuitive tout comme celle du passage de la première à la seconde. Des questions d'autant plus difficiles que les définitions des deux types de connaissance manquent d'univocité, comme en témoigne un certain désaccord parmi les commentateurs.

2. Dans l'Appendice au premier livre de l'*Éthique*, Spinoza affirme que la croyance religieuse ordinaire – y compris celle en l'inscrutabilité de Dieu – aurait bloqué à tout jamais le dépassement d'illusions anthropocentriques, «si les mathématiques qui ne portent pas sur les causes finales mais sur les essences et les propriétés de figures, n'avaient pas offert à

(7) A. EINSTEIN, *Ideas and Opinions*, pp. 47-48, 57.
(8) *Ibid.*, p. 23.
(9) *Ibid.*, p. 48, 50.

l'homme un autre étalon de vérité.» Ce ne sont donc pas les mathématiques en tant que telles mais leur manière de se rapporter à la vérité qui peut nous aider à nous libérer de l'emprise des préjugés. Par 'mathématiques', Spinoza entend sans doute la géométrie euclidienne qui montre ce que signifie la vraie compréhension, une pensée digne de ce nom[10]. C'est en tout cas ce modèle de rationalité que Spinoza voit à l'œuvre dans la nouvelle science de la nature telle qu'elle s'est développée chez Copernic, Galilée, Descartes et d'autres, et qu'il a pris comme point de repère pour élaborer une métaphysique vraie et rigoureuse ainsi qu'une science de l'homme (et de la société). Si, donc, les mathématiques sont d'une importance vitale pour Spinoza, c'est qu'elles lui fournissent, sur le plan de la métaphysique et de la science de l'homme, un modèle de scientificité capable de fonder une *Éthique*[11]. Seulement, comment la vérité scientifique concernant Dieu, l'univers et l'homme peut-elle contribuer au dépassement de préjugés et à la naissance corrélative de 'l'homme nouveau'?

La première réponse qu'on peut proposer est celle de la thèse de démystification. Dès que l'homme réussit, grâce à la nouvelle vision du monde scientifique, à dissiper les illusions doxiques, il lui sera impossible de nier la vérité concernant sa propre nature et de ne pas transformer sa vie. Qu'est-ce cela signifie? Bien des choses différentes, semble-t-il. Cela veut dire, par exemple, que l'homme se met à adapter ses désirs aux

(10) H. DE DIJN, «Conceptions of Philosophical Method in Spinoza: Logica and Mos Geometricus», in *The Review of Metaphysics*, 40 (1986), pp. 55-78.

(11) H. DE DIJN, «Metaphysics as Ethics», in Y. YOVEL (ed.), *God and Nature: Spinoza's Metaphysics*, Leiden, Brill, 1991, pp. 119-131. L'interprétation de la métaphysique spinoziste comme révision d'un aristotélisme avicennien est parfaitement légitime; à ce propos, voir aussi J. CARRIERO, «Spinoza's View on Necessity in Historical Perspective», in *Philosophical Topics*, 19 (1991), pp. 47-96.

nouveaux savoirs; il découvrira ainsi ce qui est vraiment utile. La compréhension scientifique de nous-mêmes et des conditions dont dépend notre bien-être rend possible une connaissance neutre et objective de nous-mêmes et des causes qui gouvernent notre existence. Mais cette connaissance n'annule pas la réalité de nos désirs; elle sera dès lors instrumentalisée en fonction de notre propre *conatus* (la découverte de relations de cause à effet mène à des préceptes assurant et optimisant l'autopréservation humaine). Cette idée d'une corrélation entre connaissance scientifique et aspirations subjectives se rencontre aussi chez Hobbes, mais est-ce vraiment celle que défend Spinoza? Cela me semble improbable. Si c'était le cas, le fait même d'acquérir un certain savoir scientifique suffirait pour soustraire notre existence aux effets contraignants de préjugés et d'émotions inhérents à la condition humaine naturelle. Or, voilà justement ce que Spinoza refuse d'admettre et à cet égard ses commentaires sur les stoïciens sont révélateurs: «Nous ne maîtrisons pas entièrement nos émotions (...). Les stoïciens, par contre, sont d'avis que les émotions obéissent totalement à notre volonté libre et que nous les commandons de manière absolue. Mais malgré ces principes déclarés, c'est l'expérience concrète qui les a forcés d'avouer combien il est difficile de contrôler et de modérer ses émotions sans exercices, sans zèle considérables.» (E5 Praef) Clairement, Spinoza ne partage pas l'optimisme rationaliste des stoïciens qui sera aussi celui des Lumières.

L'envers presque inévitable de cet optimisme rationaliste à l'égard du pouvoir des préjugés est le cynisme. La science a beau démasquer le préjugé, elle n'arrive pas pour autant à l'éliminer entièrement. Bien au contraire. Plus nous essayons d'améliorer notre condition à l'aide de moyens scientifiques, plus nous nous enlisons dans un monde fait de préjugés et de passions. Le remède semble donc pire que la maladie et il ne reste qu'une seule issue, celle d'un retrait hautain, d'un moralisme fataliste. La vision du monde cynique va souvent de pair avec un egocentrisme exacerbé, ce que Spinoza, une fois de plus, condamne: «(...) celui qui est insensible à la passion, à la pitié, à l'appel de l'autre, celui-là on le qualifiera à juste titre d'inhumain puisqu'il paraît si peu humain.» (E 4P50S). Ou encore: «(...) ceux qui importunent les gens, ceux qui préfèrent les vices plutôt que de les corriger ou d'inculquer des vertues, ceux qui amollissent l'esprit de l'homme au lieu de le fortifier, de ceux-là, je vous dis qu'ils nuisent à eux-mêmes et aux autres.» (E 4A13)

Le rationaliste optimiste et le cynique partagent la conviction que nous pouvons ou que nous devrions nous libérer de valeurs et de manières de voir contingentes et traditionnelles, et cela dans le seul but de nous identifier à des idéaux rationnellement compréhensibles et désirables. Tous les deux croient échapper aux préjugés anthropocentriques, là où, en réalité, ils en restent prisonniers; c'est vrai du rationaliste optimiste parce qu'il se croit, à l'instar d'une *causa sui*, au centre même d'un univers qui ne serait là que pour le servir; et c'est vrai du cynique parce qu'en dédaignant la condition humaine, il se montre justement aveuglé par une illusion typiquement humaine.

Au point de vue rationaliste – certains diront 'scientiste' –, la raison, paradoxalement, ne constitue qu'un moyen pour aboutir à un certain état émotionnel; ce qui compte, c'est moins la raison elle-même que l'effet, c'est-à-dire le bonheur, qui en résulte. Mais comment rendre compte alors du fait que Spinoza insiste si souvent sur l'importance de la raison en tant que telle et plus particulièrement de la connaissance de Dieu?

Certaines lectures plus ou moins récentes de Spinoza qui focalisent uniquement sa philosophie politique ou qui vont même jusqu'à affirmer que sa philosophie, prise dans sa totalité, n'atteint son apogée que dans une sorte de pratique politique commettent au fond la même erreur[12]. Dans cette

(12) Cf. à titre d'exemple les thèses avancées par A. Negri et A. Tosel. Pour une lecture critique de ces deux interprétations, voir e.a. H. DE DIJN,

optique, la pensée *sub specie aeternitatis* et l'amour intellectuel de Dieu qui en découle ne seraient rien d'autre qu'une activité politique éclairée à laquelle s'ajoute l'amour du pouvoir collectif du peuple. Ainsi dégrade-t-on la pensée philosophique au rang de simple ingrédient dans la production spontanée et autoréflexive d'un peuple libre, démocratique et dans le plein épanouissement de son pouvoir collectif à travers l'opinion publique et des décisions démocratiques. Or, en lisant Spinoza de la sorte, l'on confond deux choses pourtant nettement distinctes: d'une part, les conditions politiques nécessaires au salut du plus grand nombre de philosophes, et d'autre part le médium même de ce salut, notamment l'intuition et l'amour de Dieu. Qui plus est, la genèse spontanée du peuple libre est interprétée comme «la conquête humaine de la substantialité, de la causalité adéquate», donc comme une activité qui permettra finalement au peuple de devenir lui-même collectivement une *causa sui*[13]. Indépendamment des mérites de cette lecture, elle ne convainc pas pour la simple raison qu'elle implique, sous la forme d'un activisme collectif, le retour – pour ainsi dire 'par la fenêtre' – d'une sorte de religion politique, du vieux spectre de l'anthropocentrisme.

D'autres ont abordé la question du lien entre la vérité et le dépassement du préjugé à partir de l'idée que la vérité met à jour la valeur réelle ou la perfection des choses et que l'homme se sentira automatiquement interpellé par cette seule révélation. C'est la lecture qu'on retrouve, par exemple,

«Spinoza als bevrijdingsfilosoof. Omtrent Antonio Negri's Spinoza-interpretatie», in *Tijdschrift voor Filosofie*, 48 (1986), pp. 619-630 et Idem, «Review of A. TOSEL, *Spinoza ou le crépuscule de la servitude. Essai sur le Traité Théologico-politique*», in *Studia Spinozana*, 1 (1985), pp. 417-422.

(13) Cf. A. TOSEL, *Spinoza ou le crépuscule de la servitude. Essai sur le Traité Théologico-politique*, Paris, Aubier, 1984, p. 289, 296.

dans le *deep ecological thinking* d'Arne Naess[14]. Selon celui-ci, l'homme fait partie intégrante d'une totalité englobante et c'est uniquement à celle-ci qu'il faut accorder une valeur intrinsèque et ultime (les parties ne valent, dès lors, que dans la mesure où elles se rapportent au tout). A l'encontre de la métaphysique anthropocentrique traditionnelle qui se voit condamnée comme étant la cause principale de la crise écologique, la pensée écologique réaffirme la nécessité d'une nouvelle métaphysique naturaliste, c'est-à-dire résolument non anthropocentrique[15]. Certains de ces penseurs écologistes prétendent alors que l'on retrouve les premières ébauches d'une telle métaphysique naturaliste chez Spinoza. Et effectivement, pour Spinoza, réalité est synonyme de perfection (E 2Def6) et dans son œuvre il est souvent question de différents degrés de perfection (cf. par exemple E 4Praef). Sans vouloir entrer dans les détails, je crois néanmoins que la lecture écologiste est incompatible avec ce que Santayana appelle la dure vérité de Spinoza. L'équivalence entre réalité et perfection ne signifie pas que «la réalité soit une valeur attractive» mais «si perfection (ou degré de perfection) il y a, elle sera identique à la (ou à un certain degré de) réalité.» En d'autres mots, la critique spinoziste de l'anthropocentrisme est forcément celle de la tendance universelle à projeter des valeurs sur le monde existant, à modeler l'univers selon certaines idées de beauté, d'ordre, de perfection, etc. Ou encore: la soi-disant métaphysique anti-anthropocentrique telle que l'envisagent des penseurs comme Arne Naess reste tributaire de ce qu'elle condamne tant. Il faudrait, selon les écologistes, élaborer une vision du monde qui rompt avec l'habitude de réduire spontanément et exclusivement le réel à l'échelle humaine et qui

(14) A. NAESS, «Spinoza and the Deep Ecology Movement», in *Mededelingen vanwege het Spinozahuis*, 67 (1993), Delft, Eburon.

(15) Cf. J. PASSMORE, «Attitudes to Nature», in R.S. PETERS (ed.), *Nature and Conduct*, London, MacMillan, 1975, p. 260.

nous montrerait que c'est le tout, au lieu des parties, qui possède une valeur intrinsèque, absolue. Seulement, pourquoi accepterions-nous l'idée qu'une vision du monde qui se veut objective serait liée à des notions comme celles de 'valeur' ou de 'perfection'? Spinoza, en tout cas, ne admettrait pas parce que selon lui, la valeur et la perfection sont des projections humaines[16].

Comment la métaphysique 'mathématique' conduit-elle au salut? Jusqu'ici la question, semble-t-il, reste sans réponse vraiment satisfaisante. Celles que nous venons de passer en revue, s'écartent trop de Spinoza. Mais avant de proposer une solution plus plausible, je m'arrêterai aux idées-clé de Spinoza concernant le rapport entre raison et intuition.

3. La connaissance du troisième ordre ou la connaissance intuitive se rapporte essentiellement à des choses singulières[17], plus précisément à des essences singulières vues sous l'angle de leur relation avec (certains attributs de) Dieu. Qu'est-ce que c'est qu'une essence particulière? L'essence, par exemple, de l'idée qui exprime l'essence de ce corps-*ci* ou de ce corps-*là* (par exemple l'essence de mon esprit) (E 5P22). Ces essences singulières doivent être considérées *sub specie aeternitatis*, c'est-à-dire comme appartenant, d'une éternelle nécessité, à Dieu (E 5P22). La singularité des essences éternelles diffère de celle de choses existant dans le temps et l'espace (E 5P29S), ce qui n'exclut pourtant pas la possibilité d'un certain rapport entre temps et éternité[18] parce que comme

(16) J'emprunte cette interprétation à mon collègue Arnold Burms.

(17) Voir E. LEROUX, «Qu'est vraiment la science intuitive de Spinoza», in *Travaux du 2me Congrès de Sociétés de Philosophie Française et de Langue Française*, Lyon, 1939, p. 39-42.

(18) Quant au lien entre éternité et nécessité, éternité et temps, voir les articles de M. Kneale et d'A. Donagan repris dans M. GRENE (ed.), *Spinoza: A Collection of Critical Essays*, New York, Doubleday, 1973.

conatus ces essences éternelles constituent la base de l'existence dans la durée. De plus, connaissance intuitive ne s'oppose pas à déduction: «elle *passe* d'une idée adéquate de l'essence formelle de certains attributs de Dieu à la connaissance adéquate de l'essence (formelle) des choses» (E 2P40S2). Cette définition semble donc compatible avec la proposition selon laquelle l'idée d'une essence singulière (et éternelle) renvoie nécessairement à la connaissance de Dieu (E 5P30).

Quant à la différence entre connaissance intuitive et raison (connaissance du deuxième genre), Spinoza qualifie celle-ci d' 'universelle': il s'agit d'une connaissance du monde, basée sur des 'notions communes' et des idées adéquates relatives aux propriétés primaires des choses. Spinoza allègue dans ce contexte l'exemple de la proposition suivante: «l'essence et l'existence de tout et, partant, de l'esprit humain dépendent de Dieu» (E 5P36S)[19]. Bien que la proposition en question semble exprimer une connaissance parfaite, elle ne relève toutefois pas de la connaissance intuitive. Pour y parvenir, il est nécessaire de cerner à fond l'essence singulière (éternelle) d'une chose dans sa dépendance intime vis-à-vis de Dieu.

Les réflexions les plus explicites et les plus développées de Spinoza au sujet de la connaissance intuitive se situent dans la deuxième partie de l'*Éthique* V(21-40), celle qui traite de l'éternité de l'esprit humain, de l'éternité de l'idée exprimant l'essence d'un corps *particulier* immédiatement perçu à travers l'essence de Dieu (comme Extension) (E 5P22). La connaissance du troisième genre ne peut être obtenue que par le biais d'une compréhension de *nous-mêmes* pour autant

(19) Le lecteur pourra aussi consulter les paragraphes du *Traité de la réforme de l'entendement* où Spinoza aborde la question des «essences particulières» (cf. TRE, §§99-103).

que nous sommes impliqués dans Dieu (E 5P29 et 5P39S). Cela revient à dire que toute connaissance intuitive implique, pour le sujet pensant, la connaissance de sa *propre* essence éternelle telle qu'elle est conçue à travers Dieu. La question est alors de savoir si cette connaissance de notre propre essence éternelle peut être dérivée de Dieu ou si elle résulte de l'application d'un savoir concernant la nature humaine (telle qu'elle est comprise à travers Dieu). La première option est exclue parce qu'il est impossible de déduire le fini directement de l'infini, tandis que la deuxième ne semble pas déboucher sur une connaissance intuitive: l'idée de notre essence éternelle échappe à la connaissance métaphysique et physique de l'homme en général même dans le cas où celle-ci s'applique à nous-mêmes. Mais si les réponses précédentes s'avèrent problématiques, comment faut-il alors comprendre cette idée de nous-mêmes en tant qu'essence singulière éternelle contenue dans Dieu? Pour Spinoza, il s'agit d'une affaire *tant* d'expérience (*Sentimus, experimurque, nos aeternos esse*) *que* de compréhension à l'aide de démonstrations (*Mentis enim oculi* (...) *sunt ipsae demonstrationes*) (E 5P22S + P23S), ce qui soulève un nouveau problème: comment expliquer l'identité entre expérience et démonstration[20]? Ou est-ce qu'il nous faut plutôt parler de *simultanéité*? Selon moi, la deuxième lecture est la plus plausible, ce qui, je l'avoue, nécessite une reconstruction patiente de la pensée de Spinoza.

4. En elle-même, en tant qu'ensemble de vérités concernant le monde, la physique n'aboutit pas forcément à une nouvelle vie. Le même constat vaut pour la métaphysique naturaliste.

(20) Voir F. ALQUIÉ, *op.cit.*, p. 230: «Il demeure malaisé de joindre et de confondre un sentiment de jouissance et la compréhension intellectuele d'une démonstration, et de voir en tout cela une intuition.»

Aucune connaissance théorique – même pas la plus parfaite – ne révolutionne directement et définitivement l'existence humaine. Cela étant vrai, il faut néanmoins envisager la possibilité que le progrès physico-métaphysique produise inévitablement chez l'homme, à travers son activité intellectuelle, l'*expérience* de l'autotranscendance et de la puissance (Spinoza s'y réfère au tout début du *Tractatus de Intellectus Emendatione*)[21]. Cette idée est d'ailleurs impliquée dans la conception rationaliste, chez Spinoza, de l'homme comme être pensant: étant donné cette vision de l'homme, il n'est pas du tout étonnant que le plein et libre épanouissement de l'esprit donne lieu à un vif sentiment de satisfaction. Ce qui nous met sur la piste de l'interprétation que voici du rapport entre raison et intuition. Celui-ci est loin d'être purement cognitif; l'intuition tient plutôt à l'expérience *gratifiante* de la connaissance rationnelle qui fait naître un désir de nouvelles expériences de puissance et d'autotranscendance dans le domaine intellectuel. Pour certains interprétateurs, la lecture s'arrêtera sur ce point précis: ils concluront simplement à l'identité complète entre la connaissance intuitive et le pouvoir croissant du soi en tant qu'intellect. Une telle interprétation – c'était aussi la conclusion du chapitre précédent – pose quelques problèmes d'interprétation graves. Que faire, en effet, du rapport entre la connaissance du troisième genre et la prise de conscience de notre propre essence éternelle en tant qu'elle est impliquée en Dieu et qui mène à l'amour intellectuel de Dieu?

Il est intéressant de voir que Russell, à un moment donné, met sur le même plan l'amour intellectuel de Dieu spinoziste et l'état émotionnel engendré par la découverte

(21) Voir l'introduction du TRE (§11): Spinoza y affirme que la réflection rationnelle sur l'expérience quotidienne – et l'expérience du quotidien – pourrait bien constituer une solution à la quête du 'véritable bien.'

scientifique[22]. Mais très vite Russell a compris que ce n'était là qu'une partie de l'histoire: la connaissance intuitive et l'amour intellectuel de Dieu restent énigmatiques sans ce lien constitutif entre la joie que procure la découverte scientifique *et* une certaine conception métaphysique de la Nature[23].

Généralement parlant, le problème en question s'oppose diamétralement à celui auquel se heurte la métaphysique anthropocentrique. D'une certaine manière, notre style de vie anthropocentrique, imprégné de toutes sortes d'illusions et de superstitions, se transforme en une connaissance 'théorique' anthropocentrique, voire en une métaphysique anthropocentrique reposant sur de notions compliquées et des plus abstraites (celle de l'Être, par exemple) ainsi que sur des arguments qui se prêtent à des examens et à des débats, même si l'on ne se rend pas pleinement compte de l'origine et de la fonction de cette métaphysique. Dans le cas de Spinoza, le problème est exactement l'inverse: comment une connaissance théorique – un ensemble de concepts et de démonstrations métaphysiques anti-anthropocentriques – peut-elle aboutir à un style de vie authentique, à un savoir intuitif qui implique aussi bien une prise de conscience profonde de notre union individuelle avec la Nature qu'un amour intellectuel?

Pour saisir à fond le sens du passage de la connaissance théorique à la connaissance intuitive, il nous faut interpréter celle-ci comme l'effet qui est produit dès que la connaissance théorique ou métaphysique réussit réellement, d'une manière existentielle, à s'imposer à la conscience du sujet connaissant. A ce moment-là, la connaissance théorique génère un savoir

(22) Cf. K. Blackwell, *The Spinozistic Ethic of Bertrand Russell*, London, Allen & Unwin, 1985, p. 118.

(23) *Ibid*, p. 149.

d'un type inédit, un savoir qui affecte profondément l'esprit individuel (*Mentem nostram afficit*, E 5P36S). La connaissance intuitive doit porter sur des essences particulières (E 2P40S2) et, qui plus est, elle est inconcevable sans l'idée de l'implication de notre propre essence particulière dans la nature absolue de Dieu (E 5P29, E 5P39S). Le fait que Spinoza accorde tant d'importance à cette connaissance d'une essence particulière (par exemple d'une idée particulière qui exprime l'essence de ce corps-*ci ou* de ce corps-*là* (E 5P22)) tient directement à la question du passage d'une compréhension métaphysique de nous-mêmes à une compréhension intuitive. La connaissance théorique concernant la relation entre Dieu et tous les modes est appliquée et en même temps confrontée à la conscience concrète de soi-même, ce qui produit – dans des circonstances favorables – un effet particulier sur l'esprit, le centre conscient, dynamique et émotionnel du soi: le sujet pensant découvre, à travers une expérience intellectuelle, que sa propre existence et sa propre activité font partie d'une Totalité produite par Dieu en tant que Substance exprimée par l'attribut Pensée. La découverte de l'existence comme une expression modale du Dieu-Nature n'est pas uniquement cognitive: la conscience concrète de soi y joue un rôle au moins aussi fondamental et l'expérience d'éternité qui en résulte n'est nullement réductible à la connaissance théorique, au simple fait d'avoir atteint un savoir explicatif.

Dans *La Mort d'Ivan Illich*, Tolstoï parle d'une transformation analogue de la connaissance théorique en connaissance intuitive ou personnelle. Seulement, ici, l'intuition qui en découle n'est pas de l'ordre de l'amour intellectuel mais de celui de la terreur. Nous savons tous qu'un jour ou l'autre, la mort nous attend. Nous sommes même capables d'appliquer cette proposition universellement vraie à notre existence particulière sans nous sentir vraiment concernés. Pour que cette vérité, comme c'est le cas d'Ivan Illich, devienne une réalité vraiment vécue, il faut autre chose. Quoi au juste? Pour Ivan Illich, un nouveau regard sur soi-même, sa vie, une prise de conscience soudaine, inédite provoquée par sa maladie terminale. Un sentiment d'échec, d'inassouvissement le prend par la gorge. Or, cette prise de conscience mue la vérité universelle de la finitude humaine en terreur, en *expérience vécue* (et *vécue du dedans*). La terreur est alors provoquée par le constat de l'incongruence entre le contenu d'une proposition inexorablement vraie d'une part et l'expérience de soi et d'un désir permanent mais inassouvi d'autre part. Ailleurs, ce même contraste produit un autre effet; au lieu d'être terrifiant, il suscite un sentiment d'acceptation, de résignation face à la mort inéluctable. C'est le cas, par exemple, de Siméon au temple, mais aussi d'Ivan Illich qui finit tout de même par accepter sa fin imminente.

Est-ce que les quelques réflexions qui précèdent nous renseignent davantage sur le rapport entre *ratio* et *intuitio*? Ce qui est certain – Spinoza l'écrit lui-même (E 5P36S) –, c'est qu'il ne s'agit pas d'une connaissance générale ou abstraite ni d'une simple application 'externe' à un cas particulier (nous-mêmes). Il nous faut *vivre du dedans* une certaine vérité: pour y parvenir, cette vérité doit s'intégrer dans une réelle expérience de soi, devenir vraiment efficace. L'expérience de soi particulière ne diffère pas de celle de sa propre émotionalité et, en outre, elle est déjà elle-même modifiée par la connaissance rationnelle. Spinoza l'affirme sans équivoque dans le cinquième livre de l'*Éthique,* où il met explicitement en rapport la question du salut à travers la connaissance intuitive avec celle de la liberté ou celle des remèdes adéquats à nos propres passions. Ces remèdes ne sont rien d'autre qu'un certain type de connaissance de soi concernant nos émotions *concrètes*. Cette connaissance intuitive de soi est de part en part conditionnée par la psychologie spinoziste telle qu'elle est développée de manière scientifique dans le troisième livre de l'*Ethique* (où Spinoza dit dans la Préface qu'il considérera les appétits humains «comme s'il était question de lignes, de surfaces et de solides»). Néanmoins, nous n'avons pas affaire à une connaissance purement abstraite et générale des émotions humaines en tant que telles, mais à une sorte de connaissance *méditative* focalisant notre vie émotionnelle individuelle, concrète. La dynamique des émotions concrètes doit être examinée de différentes manières – Spinoza lui-même en signale cinq (E 5P20S) – par le biais de la psychologie scientifique: l'on peut dès lors parler d'une sorte de fusion entre l'expérience de soi et le regard objectivant, expliquant ce qui se passe en nous et ce qui nous arrive. Une telle vie méditative, finalement, entraîne la transformation de la vie émotionnelle[24]. La connaissance intuitive équivaut donc essentiellement à un certain type de connaissance de soi méditative, mais scientifiquement fondée.

Comment relier tout cela à la question d'un salut quasi-religieux? La conscience de soi impliquée dans la connaissance de soi méditative est colorée par une expérience, non pas de décentrement et de rejet, mais, au contraire, de décentrement et d'acceptation (gloire), ce qui produit des états de bonheur extrême, imprégnés d'amour à l'égard de la Totalité à laquelle nous appartenons. D'un côté, inlassablement mue par de nouveaux affects, la contemplation sereine de nos émotions nous éloigne d'une certaine manière de la perception et de la conscience ordinaires de nous-mêmes et de nos émotions. De l'autre côté, nous découvrons

([24]) Voir à ce propos H. BENOIT, *La doctrine suprême selon la pensée zen*, Paris, Le Courrier du Livre, 1967 où il est question de l'affinité entre spinozisme et philosophie zen.

nous-mêmes et nos émotions comme autant d'activités qui s'inscrivent dans la Totalité produite par Dieu en tant que Pensée. Autrement dit, l'entrecroisement de la conscience de soi concrète et de la contemplation scientifique des émotions exige un 'supplément': la prise de conscience que tout ce qui nous arrive et que tout ce qui se passe en nous suivant des lois psychologiques inexorables n'est rien d'autre que l'expression modale d'une Puissance impersonnelle. De nouveau, il ne s'agit pas d'un savoir externe, qui ne nous affecterait pas: à travers la contemplation de nous-mêmes en tant que modifications de Dieu, la vérité métaphysique à propos de Dieu-Nature est vécue comme une sorte de relation 'personnelle' avec l'Autre impersonnel à qui l'on a conféré le nom millénaire et vénérable de Dieu. La contemplation de nous-mêmes en tant que modes de Dieu se trouve à la base d'une expérience émotionnelle particulière, à savoir l'amour intellectuel de Dieu. Cette expérience renvoie simultanément à l'acceptation joyeuse de la vérité concernant nous-mêmes, à une sorte de célébration (*gloria*) de nous-mêmes en tant que modes de Dieu et à un amour vis-à-vis de ce Dieu Impersonnel – un amour qui ne demande ni récompense ni réponse (E 5P36S; P19). Or, la connaissance intuitive de nous-mêmes en tant que modes de Dieu et les émotions actives qui s'y associent constituent justement notre salut (E 5P36S). Nulle trace ici de ces tenaces illusions à propos de nous-mêmes et de Dieu. Désormais, nous savons qui nous sommes et nous l'acceptons: «rien que de l'argile dans les mains du potier[25].» Désormais, nous connaissons et aimons Dieu comme le 'fondement' radicalement différent de notre existence, comme la profondeur

([25]) Spinoza utilise cette expression à différentes reprises (voir, par exemple, *Tractatus Politicus* 2/22; *Tractatus Theologico-Politicus* Note 34 au Chap. 16).

qui est la source absolue (*Natura Naturans*) de cette activité même de connaissance et d'amour.

Russell a caractérisé ce type de connaissance comme une «forme de synthèse entre le Soi et le non-Soi», ce qui me semble parfaitement pertinent à condition, cependant, de ne pas confondre l'idée de synthèse avec celle d'une fusion totale[26]. Dans notre rapport au Dieu-Nature, en effet, quelque chose nous dépasse infiniment; entre la conscience de soi et le Dieu-Nature impersonnel et infini dont nous faisons partie, il existe un écart. Si l'on a donc raison de parler d'une synthèse du Soi et du Non-Soi, il faut y ajouter d'emblée qu'elle provoque, pour nous, un certain choc, un décentrement. Il ne faut donc pas s'étonner du fait qu'aux yeux de Russell, même une métaphysique matérialiste reste compatible avec l'idée d'un amour intellectuel de Dieu[27]. Le «sentiment cosmique religieux» d'Einstein va sans doute dans le même sens: ici, la totalité de la nature qui fait l'objet de recherches physiques, peut aussi entrer en un rapport plus 'personnel'; à ce moment-là, elle devient un lieu de Mystère et de Beauté grâce à la connaissance intuitive. A l'encontre de l'examen purement théorique, celle-ci ressemble plutôt à une contemplation (même si cette contemplation reste, jusqu'à un certain degré, liée à la connaissance rationnelle). Selon Einstein, le «sentiment cosmique religieux» n'est pas *simplement* religieux: il est co-déterminé par une vision du monde métaphysique particulière qui exclut toute conception personnelle de Dieu-Nature.

(26) Cf. K. BLACKWELL, *op.cit.*, p. 119: «If we are to make sense of Russell's later interpretation of the 'intellectual Love of God', we have to see in it an implicit recognition (...) of the necessary order of the universe.' Looking at events in this light and in the light of the whole, or at least in a larger context, does, according to Russell, 'enlarge the eternal part of you.'»

(27) Cf. *Ibid.*, p. 119.

5. La convergence unique d'une certaine expérience de nous-mêmes et de certaines idées métaphysiques résultant en une sorte d' 'émotion religieuse' peut nous aider à rendre compte de quelques traits saillants de la religiosité typiquement spinoziste. Certains commentateurs ont remarqué à juste titre que celle-ci se signale par une attitude respectueuse envers le «côté terrifiant de la nature[28]». Et pour ce qui est de l'atmosphère qui règne dans le discours spinoziste, Renan parle d'un «air du glacier[29]», typique du mode de vie propre de Spinoza. La nature particulière de cette religiosité (ou sagesse) est due aux idées métaphysiques qui la soustendent, c'est-à-dire aux idées foncièrement anti-anthropocentriques qui nous présentent une Nature à laquelle, certes, nous appartenons et dont nous sommes même l'expression, mais qui, malgré cette immanence, n'est pas là pour nous; la nature spinoziste transcende tous nos soucis, toutes nos préoccupations.

Le savoir intuitif implique non seulement un certain décentrement par rapport à nous-mêmes, mais aussi une certaine expérience de 'l'altérité de l'Autre' dont nous sommes en même temps des modes, des expressions. Cet Autre, Spinoza l'appelle 'Dieu' ou encore, dans un langage plus 'glacial', 'Nature' et 'Substance[30]'. Même désincarnés, ces noms propres de l'Autre sont indispensables afin que nous, entités particulières, soyons à même de nous y rapporter. En tant qu'individus, nous pouvons nous rapporter à l'Autre, le ressentir comme la 'profondeur' radicalement différente de notre existence. A partir de cette expérience-là, nous

(28) Cf. T. SPRIGGE, *Theories of Existence*, Harmondsworth, Penguin Books, 1984, p. 158.

(29) Cf. E. RENAN, *op.cit.*, p. 13.

(30) Sprigge décèle dans la conception spinoziste de la religion comme une sorte de vénération du «côté terrifiant de la Nature»: voir T. SPRIGGE, *op.cit.*, p. 158.

comprenons que les choses particulières renvoient toutes à la même substance qui, à son tour, s'exprime à travers elles, dans leur infinie diversité. Mais constat assez curieux: nous sommes capables d'*aimer* l'Autre d'un amour complètement désintéressé (E 5P19), d'un amour intellectuel (E 5P35-36). A ce propos et se référant clairement à Spinoza, Santayana parle d'une piété cosmique vis-à-vis de notre Substance[31].

Le sentiment cosmique religieux est une expérience qui nous décentre: soudainement, nous nous réalisons que nous appartenons à un ordre radicalement différent. Einstein insiste sur l'importance d'une *passivité fondamentale* qui semble sous-tendre n'importe quelle activité (sans pour autant la nier): or, dans l'expérience cosmique et religieuse, nous découvrons notre appartenance à l'Autre Radicalement Différent. Nous voilà donc devant une expérience paradoxale. Elle n'est ni vertigineuse ni paroxystique. Au contraire, il s'agit une expérience *d'authentique humilité combinée avec un sentiment d'acceptation* mêlé de joie et de gloire.

La connaissance intuitive établit une relation *concrète* avec Dieu-Nature, ce qui présuppose une certaine expérience de nous-mêmes et d'autres choses. La connaissance intuitive de Dieu ne saurait exister que sous la forme d'une relation à la Nature comme totalité et cela *par l'intermédiaire* de notre propre expérience de nous-mêmes et d'autres choses *singulières*; et, inversement, la connaissance intuitive d'essences singulières n'est concevable que dans la mesure où celles-ci nous apparaissent comme étant 'situées' dans 'quelque chose de plus

(31) Cf. G. SANTAYANA, *The Life of Reason III: Reason in Religion*, New York, Dover, 1982, p. 191: «The universe, so far as we can observe it, is a wonderful and immense engine; its extent, its beauty, its cruelty, makes it alike impressive (...). Why should we not look on the universe with piety? Is it not our substance? Are we made of other clay?»

global' ou comme l'expression de quelque chose qui 'transcende' les essences particulières tout en y restant étrangement immanent (je dis 'étrangement' parce que, malgré son immanence, la transcendance est complètement indifférente vis-à-vis du particulier). Une fois de plus, Spinoza semble exprimer une vérité importante dont beaucoup de gens ont eu une certaine intuition et que l'on retrouve dans nombre de genres du discours, même littéraires. Cette vérité nous dit que la religiosité n'est pas définie par un rapport direct à un sens ultime et absolu; le rapport à ce sens ultime est nécessairement médié par notre expérience d'une chose qui a de la valeur, de quelque chose ou de quelqu'un qui sont mortels et pourtant expriment l'Immortel non humain.

6. Einstein est convaincu qu'il existe une ressemblance de famille entre le 'sentiment cosmique religieux' et la tradition mystique séculaire (il invoque e.a. les noms de Bouddha et de François d'Assise). La question est alors de savoir ce qui se trouve à l'origine de telles expériences mystiques, puisqu'elles se situent en dehors du contexte strictement scientifique. D'où l'hypothèse que voici: certains événements au niveau de la vie quotidienne ressemblent, jusqu'à un certain point, à l'expérience mystico-contemplative en question, et l'examen attentif de ces événements peut élucider davantage les positions respectives de Spinoza et d'Einstein.

De quel genre d'événements s'agit-il? Un sourire gentil, tendre, par exemple, ou un certain état d'émerveillement. On dira que le rapport entre un sourire tendre et l'expérience mystique est tout sauf évident, et pourtant il est bien réel: on n'a qu'à penser au sourire mystérieux et serein de Bouddha, au tendre sourire d'un père qui est soudainement frappé par le charme de son enfant encore maladroit et vulnérable, au sourire avec lequel nous contemplons en toute tranquillité la frénésie souvent vaine qui agite la gent humaine. Et tout aussi soudainement, ce père peut se découvrir souriant et sourire, tout comme l'observateur serein peut prendre conscience de son observation, de son sourire et en tirer un plaisir redoublé.

Que se passe-t-il à de tels moments? Il *ne* saurait être question simplement d'une dissociation par rapport à la vie quotidiennne, à nos préoccupations habituelles. Par 'dissociation', j'entends une sorte de geste objectivant, de vision du dehors qui dégrade la réalité observée à l'état d'un objet pur et simple. Telle objectivation ne provoquerait certainement pas le sourire, bien au contraire: elle s'accompagne d'une attitude froide, démystifiante, indifférente. Le sourire présuppose plutôt une certaine *prise de distance* par rapport aux activités et aux relations quotidiennes, une prise de distance qui implique simultanément et paradoxalement un état d'acceptation: plus la distance est grande, plus grande sera la proximité (même si ce sentiment de proximité, pour celui qui observe et sourit, reste unilatéral). A travers le sourire, on se rend tout à coup compte de la vulnérabilité et de la contingence de ce que nous aimons. C'est le sourire qui nous révèle la 'vérité' de l'amour qui nous lie à nos proches, aux hommes, au monde. Loin de nous angoisser, cette 'vérité' intensifie cet amour. Si prise de distance il y a dans le sourire, celle-ci ne coïncide pas du tout avec une position d'extériorité, c'est-à-dire avec une position rassurante, intangible. Ce n'est pas l'objectivation, mais le sourire qui nous montre ce qu'il en est au juste de notre 'vérité'.

Le rapport à ce qui fait l'objet de notre sourire est donc paradoxal. Il en va de même du rapport à nous-mêmes: l'état de confiance ordinaire est suspendu sans que nous ne nous sentions bouleversés, choqués ou dégoûtés. Notre expérience en est une, *à la fois*, de perte de soi et d'acceptation de soi.

Le sourire, qui n'est pas synonyme de rire, ne diffère guère de l'expérience d'émerveillement, cet autre phénomène quotidien que je viens d'alléguer. Il *ne* faut *certainement pas* confondre l'émerveillement avec l'étonnement actif, curieux, analytique qui anime, par exemple, un scientifique lorsqu'il se demande comment *ceci* peut possiblement se rapporter à *cela*. L'émerveillement auquel je pense est plus contemplatif: on peut se sentir émerveillé, par exemple, par la 'richesse' infinie et inépuisable d'un visage humain, d'une fleur. Il s'agit donc d'une expérience qui s'empare de nous à certains moments intenses, un peu à la manière d'une grâce divine qui nous est accordée. L'émerveillement tolère mal notre frénésie quotidienne, nos ruminations ordinaires; il requiert un état particulier, de la sérénité, une mise entre parenthèses provisoire du train-train de tous les jours, donc un certain apaisement qui rend possible la révélation existentielle de la 'vérité' de nos activités et relations.

De nouveau, l'émerveillement naît de l'expérience soudaine du contraste entre l'univers familier, connu, peuplé de gens et de choses que nous chérissons d'une part et un certain arrière-fond d'autre part. Ce contraste désautomatise notre rapport ordinaire aux hommes et aux choses familières; il en découle une nouvelle perspective sur le réel, nous entrevoyons que, sous la surface des choses, se cache une 'réalité plus profonde', plus mystérieuse. Mais cette 'profondeur' ou ce 'mystère' ne sauraient être confondus avec la réalité découverte par ou étudiée dans la science. L'étonnement *scientifique* met à jour des relations complexes, il conduit à des solutions qui satisfont notre curiosité et qui font disparaître notre étonnement initial. L'émerveillement contemplatif, par contre, a trait au mystère qui se cache (ou se révèle) dans le contraste vécu lui-même. Ce mystère s'évapore dès que l'on adopte le point de vue scientifique et que l'on essaie d'expliquer ce qui, au départ, nous avait émerveillés. A ce propos,

Wittgenstein s'est exprimé de la sorte: «Bien sûr, le mathématicien est lui aussi capable de se sentir émerveillé par les miracles de la nature (par exemple celui du cristal); seulement, cette expérience survivra-t-elle le moment où la réalité contemplée est muée en problème[32]?»

Or, la *structure* fondamentale des expériences quotidiennes du sourire et de l'émerveillement est aussi celle de l'expérience religieuse dont parlent Einstein et Spinoza. En voici les composantes de base:

- l'expérience religieuse nécessite une certaine liberté par rapport aux soucis ordinaires, un esprit serein;
- à travers elle, ce qui nous est familier et cher acquiert une nouvelle signification grâce au contraste avec un certain arrière-fond qui nous révèle 'la vérité' de notre réalité vécue;
- elle mène à l'acceptation de la finitude de tout ce qui compte pour nous et, en outre, grâce à elle, nous sommes à même d'aller à la rencontre, avec joie et sans terreur, de cet arrière-fond, c'est-à-dire en des termes einsteiniens et spinozistes: de la Nature Naturante, de la Substance comme source impersonnelle de toutes choses.

Ces composantes, on les retrouve tant dans le sentiment cosmique religieux d'Einstein que dans la connaissance intuitive de Spinoza. Cependant, ce qui fait ici l'objet de la contemplation, c'est en premier lieu *le soi lui-même en tant qu'activité mentale*. Et l'arrière-fond qui engendre soudainement une nouvelle expérience du soi est celui d'une Nature qui, par le biais de la compréhension scientifique ou métaphysique, ne peut apparaître que comme un Autre impersonnel, indifférent. Ou encore: l'expérience de la 'vérité' sur soi-même est en même temps celle de la totalité de la Nature en tant

(32) L. WITTGENSTEIN, *Culture and Value*, Oxford, Blackwell, 1980, p. 57; notre traduction.

qu'Autre radicalement, absolument différent, certes, mais aussi en tant que source de notre existence, même de notre contemplation. Dans cette expérience, la source n'a plus rien d'une Indifférence terrifiante, au contraire: elle surgit, le temps d'un instant privilégié, comme quelque chose d'aimable.

La joie extatique et la douce acceptation de notre insignifiance par le biais de l'expérience particulière de la Nature peuvent, pour le scientifique ou le philosophe, conduire à une vie meilleure, à une vie moins prompte à se laisser séduire par toutes sortes d'illusions, bref: à une vie plus authentique et véridique qui n'est plus hantée par la chasse frénétique à la célébrité ni par la quête de découvertes purement utiles. Telle existence sera désintéressée, uniquement vouée à la vérité en tant que telle, à une vérité dont, en outre, on sait désormais qu'elle nous échappe toujours en partie (la vraie Vérité – le sens du tout – ne nous étant révélée qu'à travers la contemplation).

Cela peut paraître étrange, mais une telle vie ressemble au fond à celle du croyant authentique. Sans crainte ni contrainte, celui-ci met son destin dans les mains de l'Autre. Il fait ce qu'il doit faire, il mène une juste vie, il se met au service d'autrui et, certes, il attend une certaine rémunération mais dans un espoir qui est acceptation pure. Comme le dit Spinoza, une vie menée sous le signe du *bene agere et laetari* (d'actes justes et de joie) contient en elle-même sa propre récompense (E 4P73S).

NATURALISME ET RELIGION RÉVÉLÉE (SPINOZA II)*

Depuis quelque temps déjà, Spinoza s'est imposé comme un philosophe politique de premier plan. Il en va de même de sa philosophie de la religion dont la portée et la sophistication ont été méconnues trop longtemps. On rate effectivement l'essentiel si l'on réduit l'intervention de Spinoza dans ce dernier domaine à sa seule critique, d'ailleurs bien connue, de la religiosité ordinaire (Cf. *Ethique* I, Appendice) ou à son herméneutique résolument moderne de la Bible. On oublie trop souvent qu'il a aussi développé une conception naturaliste générale de l'origine et de la signification du phénomène religieux, y compris de la religion dite révélée.

1. Vers une conception naturaliste de la religion révélée

Pour nombre de croyants, la révélation tient du miraculeux, d'un événement qui, quant à son origine (le prophète) et à sa propagation (à travers le prophète), serait étroitement lié aux miracles, dont on prétend qu'ils contredisent le cours naturel des choses. Une absurdité aux yeux de Spinoza: «Car tout ce qui est contre la nature est contre la raison, et ce qui est contre la raison est absurde et, de ce fait, doit être refuté»

(*) Version originale: H. DE DIJN, «Spinoza en de geopenbaarde religie», in *Algemeen Nederlands Tijdschrift voor Wijsbegeerte*, 82 (1990), pp. 241-251; «Spinoza and Revealed Religion», in *Studia Spinozana*, 11 (1995), pp. 39-52; traduction française par Koenraad GELDOF.

(TTP VI, §15, 265)[1]. Indépendamment de sa définition précise, la révélation est un phénomène naturel, soumis aux lois de la nature et en principe compréhensible. Néanmoins, tant «les causes et [les] moyens» de la révélation que son contenu échappent à l'entendement humain, elle excède les lois de la nature humaine considérée en elle-même (TTP I, §15, 81; §27, 109). Même un rationaliste reconnaîtra que, dans la nature, certains faits se soustraient à l'explication rationnelle, ce qui ne signifie pas qu'ils ne se prêtent à aucune forme d'intelligibilité rationnelle ou intuitive (supérieure à celle de l'homme). Imaginez-vous la scène que voici – elle figure d'ailleurs dans l'«Appendice» à l'*Éthique* 1: le vent arrache une tuile, celle-ci tombe et croise péniblement le chemin du proverbial passant malchanceux. Pourquoi la tuile devrait-elle tomber à ce moment-là plutôt qu'à un autre? On ne saurait l'expliquer, la séquence des événements est trop compliquée: pour la comprendre, il faudrait une compréhension infinie. Pourtant, l'événement ne sort nullement de l'ordre naturel. Or, *mutatis mutandis*, le cas de la révélation est similaire. Le philosophe ou le scientifique ignorent ses causes exactes, la ou les modalités précises de ses manifestations ainsi que la loi naturelle qui assure son efficace dans la vie des croyants. Mais, cela ne les réduit pas forcément au silence total; le *Traité théologico-politique* (TTP) en fournit la preuve.

Dans le TTP, Spinoza aborde la question de la révélation de manière rationnelle sans pour autant vouloir ou pouvoir l'*expliquer*. Il s'y penche sur un phénomène solidement ancré dans la tradition judéo-chrétienne depuis Moïse et les

(1) **TTP** est le sigle de *Traité Théologico-Politique*. Quant aux citations tirées du TTP, voir Baruch de SPINOZA, *Œuvres III. Tractatus Theologico-Politicus / Traité Théologico-Politique* (Texte établi par F. Akkerman. Traduction et notes par J. Lagrée et P.-F. Moreau), Paris, Presses Universitaires de France, 1999.

prophètes[2], depuis Jésus et ses apôtres[3]. Spinoza étudie ce phénomène en utilisant des sciences telles que l'histoire, la grammaire et l'herméneutique, c'est-à-dire des sciences adaptées à l'étude de discours non scientifiques. Spinoza nous dit expressément que c'est grâce à une lecture herméneutique interne de la Bible qu'il a pu identifier les caractéristiques fondamentales de la prophétie. Quel en est le résultat? Selon lui, la prophétie peut être décrite comme impliquant la révélation, "par voie divine", d'un message relatif au salut (celui-ci sera temporel en cas d'un groupe d'individus particuliers, spirituel lorsqu'il concerne l'humanité tout entière). Ensuite, la révélation telle qu'elle est transmise par la Bible, se signale par deux constantes thématiques: elle incite invariablement à l'obéissance à Dieu par la justice et la charité tout en affirmant que cette pratique de la bienfaisance contient une promesse de salut. Enfin, le bien-fondé de la prophétie est renforcé par deux facteurs essentiels:

1). la prophétie est accompagnée de certains *signes* (de miracles, de prédictions);
2). et plus la vie du messager est exemplaire et vertueuse, plus grande sera la crédibilité de sa prophétie.

La révélation proprement dite – c'est-à-dire la manière précise dont un individu reçoit le message divin et se mue en prophète – échappe à l'explication rationnelle. Seulement, l'*expérience* (condensée dans la Bible) nous a appris que la révélation est étroitement liée à l'*imaginatio*, à cette faculté qui permet à l'homme de rêver, d'entendre des voix inaudibles pour autrui, de prédire le futur. Elle n'a pas d'origine rationnelle; nombre de prophètes étaient d'ailleurs

(2) Pour les commentaires de Spinoza au sujet de Moïse et des prophètes, voir TTP I-VI.

(3) Quant à l'interprétation spinoziste du Christ, voir TTP I-IV, ainsi que TTP XV, les Annotations 31 et 34; TTP XI traite des apôtres.

des gens peu cultivés. Pour la nature humaine considérée en elle-même, l'existence même de ce rapport entre *imaginatio* et révélation ne semble correspondre à aucune nécessité. De la même façon, il est impossible de déduire des lois de la nature humaine les miracles et les présages que l'on associe d'habitude à Moïse et aux prophètes, à Jésus et aux apôtres. On peut sans doute essayer de rendre compte de certains miracles en faisant appel à des lois de la nature et dire, par exemple, que la mystérieuse 'rétrogradation' du soleil au temps d'Isaïe n'est rien d'autre qu'un phénomène de parhélie. A y regarder de plus près, une telle explication hypothétique n'est que rarement possible: force est d'admettre qu'en règle générale nous devons nous contenter du simple constat de 'coïncidences' curieuses (qu'on pense aux présages annonçant, par exemple, le triomphe ou la défaite d'une nation). Autrement dit, il est impossible d'expliquer rationnellement le don lui-même miraculeux de l'*imaginatio* prophétique ou la plupart des miracles eux-mêmes. Et pourtant, ni l'*imaginatio* ni les miracles ne relèvent du 'surnaturel.' Ce qui est certain, c'est que Spinoza semble accepter la pure facticité d'un grand nombre de miracles.

L'efficace de la révélation résiste elle aussi à toute forme d'explication rationnelle. Comment, en effet, démontrer rationnellement que l'homme peut être sauvé par la seule obéissance à la Loi divine, c'est-à-dire en menant une vie juste et charitable, une vie entièrement mise au service de l'obéissance à un Dieu personnel (TTP XV, §10, 503)? Telle ambition serait vouée à l'échec d'autant plus que, rationnellement parlant, le salut est lié à l'amour intellectuel de Dieu qui, lui, résulte uniquement et exclusivement de la connaissance pure d'un Dieu-Nature impersonnel (TTP Annotation 34, 687). Tout cela est bien vrai mais n'annule aucunement l'existence incontestable du rapport entre obéissance et salut. Pour y voir clair, nul besoin d'invoquer l'aide de Dieu, puisque sans cette aide rien ne se passerait sur terre. C'est la raison pour laquelle on a distingué deux types de providence divine, l'une universelle, l'autre particulière[4]. La première, Spinoza l'identifie à la nécessité (universelle) des lois naturelles. Grâce à la seconde, un individu, un groupe, voire une espèce bénéficieraient, pour un temps plus ou moins long, de certaines circonstances favorables. Que penser de cette providence particulière? Elle implique clairement que la pratique même de se conformer au message de la révélation prophétique peut bel et bien conduire au salut; cette pratique ne nécessite aucune compréhension rationnelle, la croyance sincère suffit. L'acceptation du message de la révélation, sa concrétisation dans la vie quotidienne avec tous les effets avantageux qui en dérivent, voilà ce qui constitue, pour l'individu ou le collectif concernés, l'intervention de la providence divine particulière. Il en résulte effectivement un bien-être temporel ou 'spirituel.' En principe, nous dit Spinoza, même la providence divine particulière n'exclut pas d'explication naturelle, mais en fait sa complexité serait telle qu'elle dépasse infiniment la raison humaine.

Le lecteur attentif du *Traité théologico-politique* sera sans aucun doute frappé par un élément qui, dans l'*Éthique*, jouait encore un rôle plus ou moins marginal. Le *Traité*, en effet, confère à l'*imaginatio* une signification étonnamment positive: ici, c'est une force potentiellement bénéfique[5]. Cette valorisation positive de la connaissance du premier genre réapparaît dans les réflexions politiques de Spinoza: là où celui-ci s'arrête, par exemple, à l'effet bénéfique de l'*imaginatio* sur le politicien chevronné, il écrit qu'elle agit à la manière d'une sorte de 'rationalité' inconsciente, objective (*Traité*

(4) Voir, à ce propos, SPINOZA, *Court Traité*, Partie I, chap. V.

(5) L'écart entre le TTP et l'*Éthique* quant à la portée sémantico-normative de la notion d'*imaginatio* est dès lors plus que considérable.

politique I 1). A l'encontre de ce que l'on pourrait croire, l'*imaginatio* ne représente pas forcément l'envers de la raison: si les circonstances sont favorables, si elle peut s'appuyer sur une longue tradition et une expérience certaine, son impact sera décidément positif; ou encore: «(...) indépendamment de leur mode d'acquisition respectif, [l'*imaginatio*] est [parfois] susceptible d'engendrer [un savoir pratique analogue à celui impliqué dans la connaissance théorique][6].»

Sous l'angle naturaliste, l'effet salutaire de la religion peut être résumé de la sorte: dans la mesure où il est effectivement reçu et appliqué, le message de salut fonctionne à la manière d'une *cause* produisant, pour les individus ou le collectif impliqués, un *effet* favorable (le salut temporel ou spirituel). Même si elle défie toute démonstration mathématique – et Spinoza y insiste –, la révélation a des retombées réellement pratiques, utiles: dans certaines conditions[7], l'État en bénéficie et, sous sa forme non superstitieuse, elle constitue un atout pour ceux dont le développement intellectuel est resté modeste (TTP XV, §7, 499).

(6) La formulation est de F. Akkerman et elle figure dans une réaction à une version antérieure du présent chapitre.

Généralement parlant, l'*Éthique* focalise avant tout la question (éthique) de la puissance et de l'impuissance de la raison, là où l'*imaginatio* est surtout mise en rapport avec la servitude de l'homme. Le *Traité théologico-politique* et le *Traité politique*, par contre, offrent une interprétation beaucoup plus nuancée de cette même *imaginatio*: celle-ci donne lieu aussi bien à des croyances superstitieuses qu'à une forme de religiosité parfaitement acceptable. Dans le dernier cas, l'*imaginatio* ressemble un peu au *lumen naturale* inhérent à chaque homme. Et quant à la raison, le *Traité* en présente une image beaucoup moins différenciée que l'*Éthique*; ici, en effet, Spinoza a tendance à minimiser la problématique de l'impuissance de la raison et de la distinction entre raison et savoir intuitif.

(7) Qui, il est vrai, ne sont que très rarement remplies. Dans cette optique et toujours selon F. Akkerman (cf. la note précédente), le TTP se lit comme une intervention dont le but est de créer de telles conditions et cela à l'encontre de tout avatar superstitieux de la religion révélée.

De toute façon, il est impossible de mener une vie à cent pour cent rationnelle: comme c'est le cas dans le domaine de la religion (ou de certaines formes de religion), le bon sens génère une sagesse pratique qui n'est pas de l'ordre de la «certitude mathématique.» (TTP XV, §7, 499)

Pour les prophètes – et peu importe l'origine de leurs idées –, le message de salut signifie la découverte de certaines maximes pratiques comme celle-ci: «obéissez à Dieu à travers la justice et la charité, et vous serez sauvés.» En d'autres mots, la fidélité aux maximes révélées décide du salut. Tout se passe, donc, comme si les propos prophétiques avaient la valeur d'une *prédiction*: «si vous faites ceci, il en résultera cela.» A son insu, la prédiction prophétique accorde au message la même structure qu'à une proposition exprimant une quelconque loi naturelle: certaines conditions étant remplies, un effet (le salut) sera produit par une cause déterminée (un certain mode de vie). Bien sûr, pour les prophètes eux-mêmes, la prédiction n'a rien d'un impératif hypothétique qui exprimerait l'une ou l'autre loi naturelle concernant l'homme. La valeur prédictive de leur message, ils l'attribuent plutôt à la volonté divine: ils considérent l'effet ou le salut comme une récompense promise par Dieu, une récompense, en outre, révocable. Seul le Christ a intuitivement compris que l'Évangile est l'expression d'une loi naturelle: pratiquée dans un esprit de sincère obéissance et sans peur d'une quelconque punition, la bienfaisance garantit, pour tous, le salut. Cette proposition qui n'est pas rationnellement déductible de la nature humaine, le Christ l'a enseignée comme vérité à ses apôtres. Mais en même temps, il a compris que cette vérité ne devait pas être communiquée au peuple en tant que telle. Au lieu de prôner une vérité, les apôtres reçoivent en effet la tâche d'enseigner à ce même peuple le *devoir* d'obéissance.

Un esprit rationnel entrevoit aisément les effets salutaires de la justice et de la charité sans avoir à invoquer la révélation, l'obéissance ou la religion. C'est que la maxime pratique de la bienfaisance découle justement de la conception rationnelle de l'homme et de son salut. Rationnellement parlant, la maxime pratique en question ne constitue pas un commandement auquel nous devrions *obéir*; elle est liée plutôt à une compréhension adéquate de 'vérités éternelles' relatives à la nature humaine. Comme Salomon, l'homme rationnel se situe au-dessus de la loi (TTP IV, §12, 201-205). Lorsqu'on sait ce que signifie, pour l'homme, la connaissance, surtout celle de Dieu, on y aspirera spontanément et on saura démontrer rationnellement le lien entre connaissance d'une part et justice et charité d'autre part. Or, nous dit Spinoza, le génie du Christ tient au fait qu'il *sait* – d'un savoir qui dépasse la croyance des prophètes – que la seule *obéissance* (donc sans compréhension réelle) conduit tout de même au salut authentique. Le message du Christ et des apôtres signifie dès lors «aux mortels un grand soulagement (...), du salut [pour] presque tous les hommes» (TTP XV, §10, 503.) Tant pour les individus qui ont mis leur vie sous le signe de son message que pour les États au sein desquels les hommes tentent de mener une vie juste et charitable, l'apparition même du Christ en tant qu'être humain dans l'histoire de l'humanité signifie une 'chance' extraordinaire. Pour Spinoza, le Christ est synonyme d'une sagesse supérieure à celle de l'homme, d'une sagesse qui, sous une forme humaine, exprime l'Intellect Divin, l'Entendement Infini (TTP I, §18, 93)[8].

([8]) Quant à la signification précise de l'expression «une sagesse supérieure à la sagesse humaine», voir TTP, note III (p. 392). Suivant la doctrine de l'*Éthique*, l'Intellect ou l'Idée infinis de Dieu sont le mode immédiat et infini de l'attribut de la Pensée de la Substance divine (cf. E 1P21, P30; E 2P3 et 4). Pour plus de détails au sujet de l'Intellect divin en tant que Fils de Dieu, le lecteur pourra consulter *Court traité*, Partie I, chap. IX.

Comme Atilano Dominguez l'a remarqué à juste titre[9], la question épineuse du rapport entre l'enseignement biblique du salut par la foi et la doctrine spinoziste du salut à travers la connaissance pure et l'amour intellectuel de Dieu a donné lieu à deux lectures diamétralement opposées du *Traité théologico-politique*. Les uns mettent en vedette la contradiction des deux doctrines du salut; cette contradiction serait consciente ou inconsciente, ou encore due, de la part de Spinoza, à une ruse, à une certaine négligence, à la pression des circonstances. D'autres, par contre, ont tendance à minimiser la contradiction; pour eux, il est parfaitement possible de faire rimer la conception philosophique du salut avec la conception biblique. Aucune des deux lectures n'est vraiment plausible. Dominguez relativise encore davantage l'écart entre les deux types de connaissance – la foi et la raison – au point d'affirmer l'équivalence entre le salut par voie philosophique et le salut tel que l'entend la Bible. En faisant de la sorte, il opte *en fait* pour la deuxième lecture que pourtant il semblait rejeter. Ma propre solution consisterait plutôt à recourir à une conception plus nuancée de l'*imaginatio*: celle-ci serait alors une force naturelle qui, dans certaines conditions, produit des effets remarquables, analogues à ceux que produit la raison, sans être pour autant vraiment rationnelle.

Le TTP nous fournit une interprétation naturaliste tant de la religion révélée que de la politique. Spinoza y développe même une herméneutique rationnelle applicable à des textes non rationnels. Tout cela indique que la perspective du TTP, comme discours sur la religion, est très explicitement celle d'une philosophie rationnelle; Spinoza ne cache donc nullement ses intentions réelles derrière le message chrétien.

(9) Voir A. DOMINGUEZ, «La morale de Spinoza et le salut par la foi», in *Revue philosophique de Louvain*, 78 (1980), p. 346.

Bien au contraire: nous avons affaire à une tentative pour aborder de manière rationnelle la question de la religion révélée du type judéo-chrétien et celle de ses implications, même si ce phénomène ne saurait être expliqué ou déduit rationnellement de la nature humaine. Ce parti pris rationnel repose sur des assises naturalistes, bien que le naturalisme du TTP soit moins systématiquement articulé que celui de l'*Éthique*. En d'autres mots, le TTP est un traité naturaliste destiné au même public philosophique que l'*Éthique*, mais étant donné sa matière et son objectif pratique (qui est plutôt d'introduire à la philosophie), il requiert une stratégie de lecture appropriée (comparable à celle que requiert *Traité de la réforme de l'entendement* [10].

2. Superstition versus religion épurée

La nature humaine tend spontanément à la superstition. Dans la préface au TTP et tout au long du livre (par ex.: TTP VII, §1, 279; XII, §3, 431; XVII, §4, 541), Spinoza développe une série d'idées au sujet de la superstition qui prolongent l'interprétation de la religion avancée dans l'*Éthique* I Appendice. La superstition découle d'un penchant immodéré pour l'extraordinaire, le merveilleux. S'y mêle aussi le désir de s'accorder un rôle central et de maîtriser le merveilleux à l'aide de pratiques et de savoirs magiques, ésotériques. Plus profondément, la superstition trahit une existence hantée par la peur, parfois atténuée par de vains espoirs. Tout en faisant partie intégrante de la Nature, la superstition diffère néanmoins radicalement de la raison. Et vue sa nature foncièrement

(10) Voir à ce propos F. AKKERMAN, «La caractère rhétorique du *Traité Théologico-Politique*»,in *Les Cahiers de Fontenay (Spinoza entre Lumières et Romanisme)*, 1985, pp. 386-387.

anthropocentrique, l'on comprend que la superstition est au fond le moyen par excellence pour acquérir un certain pouvoir sur autrui. (De plus, avec l'apparition d'une science réellement scientifique naît aussi le risque d'une superstition d'autant plus puissante et séductrice qu'elle se présente sous des dehors scientifiques. Spinoza a l'air d'ignorer tout à fait ce risque pourtant réel.)

A la superstition (donc: à la religion anthropocentrique courante) s'oppose la religion judéo-chrétienne épurée, ce qui ne signifie pas que celle-ci soit complètement immunisée contre des éléments issus de celle-là (cf. Préface TTP). D'autre part, la religion révélée n'est pas opposée à cette autre émanation de la Parole divine, à savoir la Raison qui, elle, est en principe et sans médiation (prophétique) accessible à tout homme. Impossible, pour l'Écriture, de contredire la Raison, puisqu'au centre de son message – et la remarque vaut aussi bien pour l'Ancien que pour le Nouveau Testament – se trouve un message *moral* simple et parfaitement compréhensible pour tous: le message de la force salvatrice d'une vie juste, charitable, vécue dans l'obéissance à Dieu (TTP Préface, §10, 71).

La question n'en reste pas moins de savoir comment la religion se distingue au juste de la philosophie sans s'y opposer (comme c'est le cas de la superstition). On peut, nous dit Spinoza, le démontrer de manière scientifique, par le biais d'une herméneutique scientifique de l'Écriture sainte[11]. Cette herméneutique est neutre vis-à-vis de la dimension philosophique de la Bible, elle n'interroge pas la vérité du message biblique, mais uniquement son sens. Mais dès que le sens

(11) Pour une caractérisation plus approfondie de l'herméneutique spinoziste, voir e.a. H. DE DIJN, «Over de interpretatie van de Schrift volgens Spinoza», in *Tijdschrift voor Filosofie*, 29 (1967), pp. 692-693.

est mis au jour, l'herméneutique finit par tracer une ligne de démarcation nette entre religion et philosophie (TTP Préface, §11, 71).

L'étude scientifique de l'Écriture ne fait que confirmer ce que le croyant honnête sait déjà d'un savoir intuitif, ce que la vie pieuse lui a appris, à savoir que le salut par la foi n'est pas une affaire d'érudition; il présuppose plutôt une vie vertueuse, une vie dans laquelle la force rédemptrice inhérente au message chrétien peut être établie de manière, pour ainsi dire, 'expérimentale.' Le salut, donc, ne relève pas de l'intellect; loin de n'être accordé qu'aux *happy few*, il est accessible *à tous*. De là, la relative simplicité du message chrétien dont la portée fondamentale n'échappe à personne, surtout pas au sens commun. Ce qui n'a aucune importance ici, c'est la connaissance de tout ce qui, dans l'Écriture sainte, relève de l'information purement historique ou de discussions philosophiques diverses (cf. TTP XIII + XIV).

La vraie religion est la religion judéo-chrétienne révélée, réduite à l'essentiel, nettoyée de tout ce qui ne la concerne pas strictement, donc de tous ces éléments qui font de la superstition ce qu'elle est. La vérité que représente la religion épurée n'est pas celle de la philosophie; il s'agit plutôt d'une vérité telle qu'elle est vécue pratiquement à travers un mode de vie religieux. Elle tient donc à la certitude morale des croyants (TTP XV, §7, 495-7).

L'essence de la foi ne repose pas sur une doctrine qui, elle, ferait l'objet de spéculations fantaisistes, philosophiques ou autres. La vraie religiosité est immune contre toute exaltation sceptique ou dogmatique (TTP XV, §1, 483), elle est une affaire de bienfaisance, de justice et de charité (comme le veut le *Sermon sur la Montagne*). On devine l'idée sous-jacente: aux yeux de Dieu, nous sommes tous, tant les bons que les méchants, 'insignifiants', des «enfants» de Dieu.

L'essence de la foi ne se laisse pas réduire à certains rites et cérémonies ni à l'accumulation de toutes sortes de savoirs – historiques ou philosophiques – enfouis dans le texte biblique.

Cela dit, même si l'essence de la foi est d'ordre pratico-moral, la religion ne saurait pas non plus exister sans cérémonies (issues de la religion universelle «catholique») (TTP V, §13, 225), sans credo (un ensemble de dogmes) (TTP XIV, §9-11, 473-479), sans récits édifiants (et leur interprétation) (TTP XI, §16-19, 229-233). De quelles cérémonies s'agit-il? De quels récits? Et de quel credo? Sur ce point, Spinoza ne nous fournit que très peu de précisions. Ce qui est certain, c'est que la religion aura besoin d'une dose minimale de ces ingrédients. Spinoza lui-même a donné l'exemple de ce que pourrait être un *Credo* élémentaire: celui-ci inclurait certainement l'idée (plus ou moins anthropomorphe) d'un Dieu capable d'étayer une vie morale axée sur le bien-être de tous (TTP XIII, §8, 457-459). Quoi qu'il en soit, dans ce domaine un certain degré de diversité (certainement au niveau des interprétations) est parfaitement défendable, inévitable même: étant donné que l'homme est un être de bon sens, rien ne l'empêchera de réfléchir, rien ne le forcera à croire ce qui pourtant lui semble déraisonnable ou hérétique. Une interprétation ne devient vraiment condamnable ou schismatique que lorsqu'elle s'éloigne trop de la vie morale ou qu'elle vise un certain pouvoir à l'aide d'idées et de pratiques superstitieuses et tyranniques. Spinoza va même jusqu'à affirmer que – et je cite: «(...) si quelqu'un qui croit des choses vraies devient rebelle, sa foi est véritablement impie; si, à l'inverse, croyant des choses fausses, il est obéissant, alors sa foi est pieuse» (TTP XIII, p. 267).

3. Foi et raison, religion et philosophie (voir surtout TTP XV)

Selon Spinoza, un des principaux enjeux du *Traité théologico-politique* est de maintenir l'écart qui sépare la foi et la philosophie: «(...) entre la foi – c'est-à-dire la théologie – et la philosophie, il n'y a aucune relation ni aucune affinité» (TTP XIV, §13, 481). Il s'agit de deux domaines foncièrement différents, incommensurables: la philosophie relève de la vérité et de la sagesse, la foi de la piété et de l'obéissance (TTP XV, §6, 493). Si la foi peut conduire au salut, ce n'est pas grâce à certaines opinions relatives aux dogmes mais uniquement grâce à l'obéissance, à cette morale pratique qu'impliquent la justice et la bienfaisance.

L'on peut résumer les différences essentielles entre foi et philosophie – telles que Spinoza les conçoit – comme suit:

La FOI	*La PHILOSOPHIE*
* est basée sur des récits édifiants	* est basée sur une compréhension adéquate
* elle relève de la certitude morale	* relève de la certitude intellectuelle
* ne tolère ni crainte ni entêtement	* n'accepte ni erreur ni scepticisme
* fait de Dieu le fondement d'une vie morale.	* et envisage Dieu comme Nature.

Qui, à l'instar de Maimonide, par exemple, confond religion et philosophie, ne comprend au fond rien à la religion judéo-chrétienne et ôte, du même coup, à la plupart des hommes, l'espoir même d'un salut par voie d'obéissance, par voie pratico-morale. Les dogmes concernant l'obéissance constituent autant de vérités non pas dogmatiques mais religieuses, c'est-à-dire étroitement liées aux maximes pratiques de la charité et de la justice. A la lumière du message biblique toutes les opinions, toutes les philosophies se valent; ce qui, en fin de compte, est vraiment décisif, ce ne sont ni les paroles ni le savoir, mais nos actes[12].

Cependant, la différence entre foi et philosophie n'est pas absolue. En effet, l'enseignement moral de l'Écriture s'accorde parfaitement à la sagesse qui résulte de la vraie philosophie. Ainsi, foi et philosophie admettent tout de même une certaine harmonie fondamentale. Autrement dit, le comportement moral à l'égard des autres basé sur une compréhension rationnelle de la nature humaine, ne diffère pas du mode de vie inspiré par l'Écriture sainte. A ce propos, Spinoza parle d'une «religion (...) révélée par une lumière naturelle» (TTP XIX, §5, 609) – une raison qui, elle aussi, demande une attitude juste et charitable. Seulement, cette fois-ci, cette exigence ne découle pas d'un commandement divin; elle est plutôt l'effet d'une compréhension adéquate de Dieu et de la nature humaine. Cela revient à dire que ce que prescrit la raison, n'est au fond rien d'autre qu'une reformulation pratique de 'vérités éternelles' concernant certaines causes – nos actes – et leurs conséquences – notre bien-être – (TTP Annotation 34, 687).

Il convient toutefois de nuancer ce que je viens de dire. Si convergence il y a entre religion (ou théologie) et philosophie au point de vue moral, la distinction entre les deux ne s'efface pas complètement: religion et philosophie constituent deux royaumes à part entière. Ce que nous apprend le constat d'une certaine affinité, c'est en fait ceci:

(12) En dehors du monde judéo-chrétien, on retrouve une conception analogue de la religion dans le bouddhisme «Pure Land», surtout dans la variante du Jodo Shinshu; à ce propos, voir e.a. R. BELLAH, *Tokugawa Religion: The Cultural Roots of Modern Japan*, New York – London, The Free Press – MacMillan, 1985, pp. 68-69 *et passim.*

* *Primo*: la philosophie ne nuit pas à la religion; qui plus est, dans la mesure où elle se développe pleinement dans le sens d'une éthique philosophique de la sagesse, la philosophie ne contredit point le mode de vie prêché par la religion épurée;
* *Secundo*: l'*imaginatio* engendre des pratiques qui se signalent par une sorte de rationalité inconsciente, 'objective' et qui ressemblent donc à des actes explicitement rationnels;
* *Tertio*: quelle que soit leur affinité réciproque, la philosophie est tout de même supérieure à la religion; la vie juste à laquelle elle aboutit s'appuie sur l'intellect pur et le salut philosophique signifie une «*vera acquiescentia in se ipso*» qui, à son tour, est liée à une véritable compréhension de nous-mêmes en tant que moments d'un Dieu-Nature aussi bien qu'à un amour intellectuel de ce même Dieu-Nature (TTP Annotation 34, 689).

La religion se borne au seul bien-être de l'homme (TTP XVI, §20, 531). La philosophie, par contre, crée un état de béatitude à travers lequel nous faisons l'expérience de notre unité avec la Nature elle-même et elle y parvient en toute lucidité, c'est-à-dire sans concession anthropocentrique ou anthropomorphique aucune: «cela [la façon dont l'ordre de la nature et le cours de la vie humaine pouvaient s'accorder avec leur concept de Dieu] fut toujours parfaitement clair pour les philosophes qui s'efforcent de comprendre les choses non par des miracles, mais par des concepts clairs – du moins pour ceux qui situent le bonheur dans la vertu et la paix de l'âme seules, et qui cherchent à obéir à la nature plutôt qu'à être obéis d'elle; car ils savent assurément que Dieu gouverne la nature selon ce qu'exigent les lois universelles, et non pas les lois particulières de la nature humaine, et que Dieu tient compte non seulement du genre humain mais de la totalité de la nature.» (TTP VI, §10, 255)

4. Foi, vérité, véracité (voir surtout TTP VII & XIV)

La religiosité authentique consiste en une vie charitable et équitable, vécue sous le signe de l'obéissance à Dieu. C'est la bienfaisance réelle qui fait la foi: «Nul ne peut être connu que par ses œuvres» (TTP V, §20, 237); ou encore: «(...) la foi (...) sans les œuvres, est une foi morte» (TTP XIV, §6, 471). L'obéissance du croyant n'est pas motivée par l'une ou l'autre contrainte ni par la crainte d'une quelconque punition; elle est l'expression d'un état d'esprit serein, d'une attitude qui va de soi; elle présuppose la simplicité de l'âme et la véracité (TTP VII, §22, 323). Il s'agit, en d'autres mots, d'une «obéissance volontaire» au lieu d'une «obstination» craintive et égocentrique (TTP XIV, §8, 473). Dès lors est impie celui qui, croyant le vrai, devient rebelle (TTP XIII, §9, 461). Ce que condamne l'Écriture, ce n'est pas l'ignorance mais l'insoumission (TTP XIII, §3, 451).

La religiosité authentique dont il est question ici, d'où vient-elle, comment y parvenir? Selon Spinoza, elle dépend d'une bonne éducation et elle requiert, de la part du croyant, une certaine simplicité et indépendance d'esprit. Son développement sera favorisé par une pratique de l'admonition pieuse et fraternelle (TTP VII, §22, 323). Ce dernier élément montre à quel point Spinoza se rend compte de l'impact de certaines formes d'organisation sociale sur le type même de religion épurée visé. Spinoza connaissait et appréciait le mode de vie de sectes chrétiens comme les Collégiants, les Quakers et autres.

Pour le véritable croyant, le mode de vie moral apportera effectivement le salut, l'*acquiescentia in se ipso*, écrit Spinoza, donc de la sérénité et de la béatitude. La vertu du sage constitue sa propre récompense (l'*Éthique* V P42); or, il en va exactement de même du mode de vie du croyant authentique dans ce sens que la vraie religiosité tire d'elle-même sa propre certitude morale. C'est bien cela, le signe le plus sûr de la présence du Saint-Esprit: «la paix de l'âme que les bonnes actions font naître dans l'esprit» (TTP XV, §8, 501).

La *sérénité* qui imprègne l'existence de l'homme pieux est proportionnelle à l'*évidence* de sa conviction religieuse telle que l'exprime son *Credo*. Celui-ci se compose de dogmes qui sont à considérer comme autant de vérités moins spéculatives que religieuses, c'est-à-dire comme des vérités étroitement liées à la pratique éthico-religieuse de l'obéissance ou qui font tendre le cœur à une telle pratique. Entre hommes vertueux, ces dogmes s'élèvent au-dessus de tout soupçon (TTP XIV, §9, 475): ils sont de l'ordre de «choses qu'on peut [facilement] percevoir.» «Par ce qu'on peut concevoir, j'entends non pas seulement ce qu'on démontre rigoureusement, mais aussi ce que, ordinairement, on accepte avec une certitude morale et qu'on entend *sans surprise* même si cela ne peut jamais être démontré» (TTP Annotation 8, 661; nous soulignons). Pour cerner le sens des dogmes, pour être capable de les communiquer à autrui, on n'a besoin d'aucune intervention surnaturelle (TTP XI, §7, 423). Et, au fond, peu importe les parties bibliques qui défient notre compréhension (TTP VII, §17, 311), pourvu que notre interprétation des idées centrales aille dans le sens de l'obéissance (TTP XIV, §11, 479).

La vie pieuse est aussi celle du bon sens: le croyant authentique, en effet, accepte des 'vérités religieuses' simples et accessibles à tous. La 'paix du cœur' indispensable au service de l'obéissance présuppose évidemment que nulle hésitation, nulle réticence de la pensée ne vient s'intercaler entre le croyant et ses convictions religieuses (TTP XIV, §11, 479). Celui qui refuse de se laisser emporter par des histoires extraordinaires ou par des spéculations apparemment révolutionnaires, celui-là, il fait preuve d'une foi saine. Parmi les incroyants, les sceptiques et les fanatiques sont les pires.

L'authentique croyant ne s'inquiète pas outre mesure de la vérité et il n'est ni dévoré par un soupçon illimité ni par cette curiosité insatiable et toujours friande d'histoires et d'interprétations nouvelles. Ce qui définit le véritable croyant, c'est la paix intérieure, le respect et la charité.

Certes, il se peut que le croyant se heurte à des idées (nouvelles) qui vont à l'encontre de ses convictions religieuses et qui, par conséquent, risquent de nuire à cet état d'esprit serein tellement crucial. Si l'écart entre ces idées et les convictions religieuses d'un croyant dépasse un certain seuil, l'interprétation de celles-ci aura à s'adapter. Mais comme le mobile fondamental du vrai croyant est l'obéissance, comme ce même croyant n'a nullement l'ambition de mesurer sa foi à l'aune d'autres savoirs ni de la justifier vis-à-vis de la philosophie et de la théorie (la foi étant, par définition, autosuffisante), l'adaptation de ses convictions religieuses s'effectuera sans trop de problèmes, de son vivant même (ou dans la génération suivante). En plus, la rencontre sereine avec d'autres croyants – dont certains défendent des idées divergentes – finira par aiguiser, chez le croyant authentique, le sens de la tolérance, ce qui n'a rien de dramatique, ni même, sans doute, d'essentiel, puisque ce qui décide finalement d'un homme, ce ne sont pas ses intentions ou ses idées, mais ses actes. C'est là que se joue l'essentiel (TTP XIV, §1, 465-7).

Dès que l'on s'interroge intellectuellement sur les dogmes et les convictions religieuses, on entre dans le domaine de la philosophie, on s'engage dans une quête de la vérité. Si cette évolution implique qu'un mode de vie égocentrique substitue peu à peu à un mode de vie chrétien, elle est condamnable (et, dans ce cas, elle n'a probablement rien à voir avec la recherche de la vérité). Pourtant, seule la raison pure est à même de dire la *vérité* des convictions religieuses: la «raison, qui est vraiment la lumière de l'esprit et sans laquelle on ne voit rien que songes et fictions» (TTP XV, §6, 493).

Finalement, le fait de confondre l'obéissance avec la conformité obsessionnelle à certaines croyances religieuses particulières représente une erreur morale dangereuse, puisque cette confusion divisera les esprits (TTP XIV, §13, 481; TTP VIII, §1, 279). Arrivera-t-on jamais à résoudre de manière vraiment satisfaisante des querelles relatives à des problèmes spéculatives en imposant une certaine forme d'obéissance religieuse? C'est fort peu probable, puisque l'esprit est tout simplement incapable de se désavouer. Bref: là où règne la liberté de pensée, la foi prospérera. Et cette liberté d'esprit n'a rien de menaçant vu que très peu d'idées sont vraiment pernicieuses (parmi celles-ci, tout ce qui mine la pratique religieuse – c'est-à-dire l'obstination, la haine, la jalousie, etc.) (TTP XIV, §13, 481; XX, §9, 641).

5. La liberté de pensée

L'enjeu fondamental du TTP – la Préface nous le dit – est de montrer que la liberté de pensée et d'expression n'a rien de menaçant, bien au contraire: c'est d'elle que dépend la prospérité tant de l'État *que de la religion* et, partant, celle de l'individu.

Négativement parlant, l'on a tort de réprimer la pensée et la parole pour les raisons que voici. Tout d'abord, cette répression est condamnée à l'échec: l'homme pensera toujours comme bon lui semble. Les hommes, «[m]êmes les plus habiles (...) ne savent se taire»(TTP XX, §4, 637). Ensuite, le pouvoir interdira des idées pourtant jugées justes et inspirantes, et aussitôt les citoyens se lanceront dans des activités subversives, clandestines et, à coup sûr, très nuisibles au souverain (TTP XX, §11, 645). Ceux qui attendent des citoyens l'obéissance la plus totale, même pour ce qui est de leurs convictions les plus intimes, n'ambitionnent en fait qu'une seule chose: un pouvoir débridé (TTP XX, §15, 651).

A tout bien considérer, mieux vaut donc encourager la liberté de pensée et d'expression. C'est dans l'intérêt de l'État, mais aussi dans celui de la religion. Écoutons Spinoza: «(...) j'ai cru faire œuvre méritoire et utile en montrant (...) qu'on ne peut la [cette liberté] supprimer sans supprimer aussi la paix de la république et la piété» (TTP Préface, §8, 63). C'est que l'homme est incapable de démentir ses convictions intimes, d'embrasser ce qui lui paraît de toute façon absurde. Il faut dès lors créer un climat religieux dans lequel prime l'idée d'un mode de vie juste et équitable, dans lequel les vérités religieuses sont sans cesse corrélées à l'idée et à la pratique de l'obéissance et dans lequel, finalement, une certaine liberté intellectuelle même à l'égard de vérités religieuses fondamentales est paisiblement tolérée. La foi – nous l'avons vu plus haut – bénéficie plus de dogmes pieux que de dogmes vrais (TTP XIV, §8, 473). Apprenez les gens à juger de manière indépendante et sereine, et ils seront mieux armés contre toutes sortes d'interprétations absurdes, contre tout sectarisme soi-disant inédit.

Le philosophe peut lui aussi tirer un certain profit de cette défense de la liberté de pensée et de parole dans le domaine religieux (et politique). Spinoza le dit dans une lettre à Oldenburg (Lettre 30[13]): la défense de la liberté d'expression protège aussi le philosophe contre les attaques de la part de fanatiques religieux, tout comme la défense, dans le TTP, de la religion et de la liberté religieuse protège contre le soupçon d'athéisme et d'irréligiosité. Puis, cette même défense de la liberté de pensée et d'expression favorise l'éclosion d'un espace social à l'intérieur duquel tout individu aura l'occasion de donner libre cours à son

(13) «Lettres» in *Œuvres de Spinoza*, Paris, Classiques Garnier.

désir de vérité et de sagesse. Dans la mesure où le TTP suggère la possiblité d'une voie non religieuse vers le salut, ce traité, quant à son style, à sa teneur, ressemble fort bien à cette autre introduction spinoziste à la philosophie qu'est le *Tractatus de Intellectus Emendatione*[14].

([14]) Pour une analyse convaincante de la complémentarité entre le TIE et l'*Éthique,* voir e.a. B. ROUSSET, «La scolie de l'*Éthique*? La réforme de l'entendement», in *Bulletin de l'Association des Amis de Spinoza*, 24 (1990), pp. 1-9.

UN NATURALISME IRONIQUE (HUME I)*

0. L'anthropologie philosophique comme science englobante

Toutes les sciences et les disciplines, aussi celles qui, telle la science de la nature, sont à première vue sans rapport avec l'homme, s'interrogent en somme sur une seule problématique, à savoir la constitution de la nature humaine. La science de l'homme est donc la vraie science unifiée: c'est à elle et non à la science de la nature que toute recherche aura à se rapporter. Voilà le point de départ du *Traité sur la Nature Humaine* (*Treatise of Human Nature*) de Hume[1], une idée étonnante qui est alors approfondie dans les chapitres suivants. Le parti pris a quelque chose d'insolent, mais qu'on ne s'y trompe pas: l'enjeu du *Traité* n'est certainement pas de mettre en valeur l'individu humain ou le sujet. Celui-ci, explique Hume, est en effet régi par une *nature humaine,* c'est-à-dire par un ensemble de principes structuraux qui génèrent l'illusion de l'individu ou du Sujet. La pratique scientifique, qui elle aussi est un produit de cette nature humaine, nous permet de comprendre les mécanismes qui nous déterminent. Le savoir qui en résulte est incompatible avec notre perception immédiate de nous-mêmes et peut susciter, au moins chez certains et dans certaines circonstances, une expérience d'émerveillement para-

(*) Version originale: H. DE DIJN, «David Hume: filosoof van de menselijke natuur», in P. DE MARTELAERE & W. LEMMENS (red.), *David Hume*, Kapellen - Kampen, Pelckmans - Kok Agora, 2001, pp. 51-69; traduction française par Koenraad GELDOF.

(1) D. HUME, *A Treatise of Human Nature* (ed. L.A. Selby-Bigge), Oxford, Clarendon Press, 1978 (reprint); sigle: *T.*

doxal. La mise à jour de la vérité insoupçonnée de la condition humaine engendre chez d'aucuns, pour citer Hume, «a delicate pleasure.»

Les articulations fondamentales du *Traité* sont celles-ci: Hume examine d'abord la compréhension humaine (Book 1, «*Of the Understanding*»), ensuite il s'arrête à la vie émotive (Book 2, «*Of the Passions*») et, finalement, il est question des aspects éthiques et socio-politiques de la vie sociale (Book 3, «*Of Morals*»).

1. La compréhension humaine

Au niveau de la pratique du savoir, l'homme dépasse de loin l'animal, bien que celui-ci soit déjà à même de transcender l'immédiat. En effet, tant l'homme que l'animal ont cette capacité de synthèse sensorielle qui leur permet de transformer la ressemblance sensuelle de certaines choses en une perception de similitude et de saisir la juxtaposition ou la succession d'éléments perçus l'un après l'autre ou l'un à côté de l'autre. A cela s'ajoute la capacité fondamentale de transcender le présent, d'anticiper des situations futures ou de revenir à des situations passées. Ce sont là des facultés littéralement vitales sans lesquelles le sort de l'homme comme espèce serait scellé. La liberté à l'égard du présent dépend de la capacité de traduire, d'interpréter nos perceptions en des termes causaux. De ce fait, le champ du réel – c'est-à-dire: ce qui est visé par nos convictions et nos actes – s'élargit considérablement, puisqu'il englobe le passé autant que le futur. Les trois liens 'naturels' (similitude, contiguïté dans le temps et l'espace, causalité) font en sorte que le réel ne soit pas vécu comme un chaos, mais comme un ensemble de rapports, un monde constitué qui dépasse l'immédiat. Curieusement, Hume ne s'attarde guère à cette extraordinaire capacité d'organisation spatio-temporelle ou de perception de similitudes. Il se contente d'en affirmer l'existence.

En revanche, les liens de causalité l'intéressent davantage. A l'encontre de toute une tradition philosophique, Hume affirme que nos inférences causales ne sont pas rationnellement fondées. En effet, ni la raison ni l'expérience ni leur rapport n'expliquent pourquoi certains éléments nous paraissent liés entre eux d'une façon nécessaire (cf. *T*, I.III.XIV). Au rationalisme, Hume préfère la psychologie. Notre croyance en la causalité découle, selon lui, de la constitution psychologique de l'esprit humain et l'expérience quotidienne est là pour le prouver: il suffit que deux éléments A et B apparaissent régulièrement de manière conjointe pour que la réapparition de A crée, dans l'esprit, la vive attente de B. L'idée de causalité est donc inextricablement liée à des convictions (*beliefs*) qui définissent l'extension de notre réel. De la sorte, celui-ci ne se cantonne plus au présent, mais englobe également le passé et le futur. La conviction n'est rien d'autre qu'une, je cite, *«lively idea»* produite dans la relation causale. Ainsi, l'imagination est-elle capable de prendre au sérieux aussi bien le présent que le non-présent (*T*, 97).

Pour Hume, la raison (*reason)* est le principe qui nous permet d'être en attente d'un événement à venir et de tenir compte du passé. Ce principe, la raison, n'est pas à prendre au sens cartésien du terme. En effet, des êtres 'sans raison', tels que les enfants et les fous, mais également les animaux, en disposent tout autant qu'un esprit sain. C'est donc une sorte de *raison animale: «a wonderful and unintelligible instinct in our souls»* (*T*, 19). Cette raison opère par le biais des rapports ou liens 'naturels' de similitude, de contiguité et de causalité. Cependant, l'être humain dépasse la raison animale ou naturelle de deux façons. Hume aborde la question dans la troisième et la quatrième partie du premier livre du *Traité*, intitulé *«De la compréhension»* (*«Of Understanding»).* Il y écrit que la particularité de l'esprit humain tient à deux facteurs. Tout d'abord, il est capable de raisonnements scientifiques, donc d'établir des rapports appelés non plus «naturels», mais «philosophiques» qui, à leur tour, engendrent soit un savoir pur (*épistèmè*), soit une connaissance non démonstrative, appellée «probable» (*doxa).* Les mathématiques d'abord, puis la physique constituent les variantes prototypiques de cette faculté scientifique. A cela s'ajoute, en deuxième lieu, la capacité typiquement humaine de développer des idées philosophiques relatives au monde et au soi, à Dieu et à l'autre.

A vrai dire, l'activité cognitive n'explique pas à elle seule la différence entre raison humaine et animale. La question ne concerne pas que la seule capacité de former et de combiner des idées entre elles. C'est pourquoi Hume revient sur le thème de l'activité scientifique ou de la formation du Sujet, au moment où il aborde la dimension émotionnelle de la nature humaine (cf. *T*, II.I, *«Of Pride and Humility»* et *T*, II.III.X, *«Of Curiosity, or the Love of Truth»*). Ainsi, il insiste sur la nature excessive du désir (*insatiable desire*) qui se trouve à l'origine de l'activité scientifique: celle-ci, en effet, est insatiable par essence, en dépit de ce qu'elle prétend elle-même pour justifier une curiosité sans bornes, notamment la grande utilité du savoir scientifique (*T*, 453). Les constructions intellectuelles philosophiques ou scientifiques sont le fruit d'une imagination libre, qui, dans certains cas, se détache du présent immédiat et du carcan de la raison animale pour générer des constellations d'idées parfaitement autonomes. En d'autres mots, l'imagination est une capacité créatrice à la fois ludique et analytico-synthétique qui, au gré de ses envies, lie ou délie des idées (*T*, I.I.IV; Appendix 629). C'est sur cette puissance ludique que reposent les arts et la science – si ce n'est que dans les deux cas, l'imagination est régie par certains codes. La science est donc comparable à la chasse (*T*, II.III.X): elles observent toutes les deux des règles préétablies et, soucieuses de leur respectabilité sociale respective, elles se donnent un air d'utilité. Tout se passe comme si la science, les arts et la chasse étaient autant de façons de tuer le temps pour une certaine classe sociale (*leisure class*). Quoi qu'il en soit, dans les trois cas, il s'agit d'une activité qui, *primo*, respecte des règles, *secundo*, comporte un certain défi et découle d'un désir excessif, et, *tertio*, manifeste un intérêt social ou utilitaire. Chasser des fauves, s'adonner à la création artistique ou à la science: apparemment les solutions ne manquent pas pour pimenter le cours ordinaire d'existence naturelle.

La science suppose un réel dépassement de la raison animale: elle implique une capacité de réflexion développée, ainsi qu'un recul nécessaire. Pas de science sans l'établissement de relations 'philosophiques' dont la nature est en quelque sorte artificielle. Contrairement à la raison animale, la raison scientifique lie et délie des impressions et des idées sous des angles différents[2]. En témoignent les mathématiques, ce domaine de la raison pure dont le travail consiste à créer des liens de similitude ou de différence '*philosophiques*' entre des unités de grandeur établies à l'aide de mesures conventionnelles. Quant à la réflexion méthodique (tant analytique que synthétique), elle trouve aussi son lieu d'expression par excellence dans les mathématiques. Hume ne met donc pas en cause le modèle cartésien de la raison pure. Seulement, il demande à la raison cartésienne de justifier ses prémisses et cette justification résistera mal à un examen poussé[3]. Qui plus est, la rationalité cartésienne ne s'applique pas aux sciences naturelles. Celles-ci s'appuient en effet sur des liens de causalité qui, contrairement à ce que pense Descartes, ne sont aucunement réductibles à des liens de similitude[4].

(2) Sur les rapports philosophiques, cf. *T*, I.I.V, «*Of Relations*».

(3) Cf. *T*, I.IV.I, «*Of Scepticism with Regard to Reason*». Pour une critique analogue de la justification de la déduction, cf. L. CARROLL, «What the Tortoise said to Achilles», in *Mind*, 4 (1895), pp. 278-280.

(4) Quant la conception cartésienne de la causalité, voir K.C. CLATTERBAUGH, «Descartes' Causal Likeness Principle», in *The Philosophical Revue*, LXXXIX:3 (1980), pp. 379-402.

Les sciences naturelles sont le résultat d'une activité complexe. Elles se rapprochent le plus, comme Nelson Goodman le dira bien plus tard, des arts (plastiques)[5]. Ceux-ci, toujours selon Goodman, forment une pratique artificielle obéissant à un ensemble de règles ou de canons qui résultent d'un processus de réflexion portant sur une activité proto-artistique au cours duquel nous prenons conscience des compétences et des caractéristiques nécessaires à la production d'une œuvre jugée 'réussie'. Ces canons, devenus plus ou moins explicites, finissent alors par diriger la pratique artistique et conditionnent tout ce qui relève du jugement esthétique. Ils n'ont aucune validité absolue, n'étant de rigueur que dans le contexte évoluant de la production et de l'évaluation artistique. Il en va de même, *mutatis mutandis*, des sciences naturelles: celles-ci s'enracinent dans la raison animale et sa capacité d'établir des connections causales et de former des convictions (*beliefs*). Mais en même temps, elles dépendent d'un processus de réflexion, qui, grâce au recul nécessaire, permet à la raison philosophico-scientifique de s'interroger sur les règles implicites qui déterminent la pratique quotidienne des liaisons causales. Cette réflexion met à nu des règles qui, après systématisation, devriendront les canons de la logique inductive (*T*, 173-176). Parmi ces règles, par exemple, celle de la contiguité, dans l'espace et dans le temps, de la cause et de l'effet; ou celle de l'antériorité de la cause sur l'effet, etc. Ayant été systématisées, ces règles réflexives peuvent diriger et corriger la pratique scientifique. Tous les liens de causalité possibles, y compris ceux qui ne se produiraient pas spontanément dans la nature, seront envisagés sans exception. C'est ce qui fera l'objet de la soi-disant 'philosophie expérimentale' (*T*, 175). Cependant, celle-ci reste dépendant

(5) Pour une justification similaire de l'induction, voir N. GOODMAN, *Fact, Fiction, and Forecast*, Indianapolis - New York, Bobbs - Merill, 1973, p. 66.

de la raison animale, car les liens de causalité possibles qui ne se vérifient pas dans le réel ne feront jamais l'objet de vraies convictions (*T*, 92). Quel que soit le degré de complexité des modèles théoriques construits par les physiciens, seule l'expérience garantit la validité des liens de causalité. La scientificité de la physique n'est donc pas réductible à celle des mathématiques. En vérité, la physique relève moins de la science que de la *doxa;* elle appartient moins au domaine du savoir strict qu'à celui que Hume appelle le domaine du probable. Hume conteste d'autres piliers de la physique cartésienne, tels que la capacité de relater la vraie réalité objective du monde. Tout comme il récuse le recours à l'idée de Dieu pour justifier la physique[6].

Cependant, la raison 'philosophique' ne se limite pas aux mathématiques et à la physique. Elle continuera, nous l'avons vu, à s'interroger sur la validité de ces deux disciplines. La raison pure n'est pas en mesure de se justifier par elle-même. Il en va de même des inférences causales, qu'elles soient de l'ordre de la raison animale ou philosophico-scientifique. Dans les deux cas, en effet, ces inférences reposent sur l'idée d'une nature uniforme. Or, cette uniformité est indémontrable à l'aide de la raison pure ou de l'expérience: la thèse contraire relèverait de la pétition de principe[7]. Nous avons affaire ici à un scepticisme philosophiquement irréfutable, certes, mais sans trop de conséquences. Notre instinct de survie et notre soif de connaissance l'emportent normalement sur le scepticisme, sauf au moment même où nous nous heurtons à l'impossibilité d'une justification ultime.

Le même constat vaut pour les idées qui jouent un rôle prépondérant au niveau de la vision du monde et de l'expérience de soi de chaque individu. Je pense plus

(6) Cf. *T*, I.IV.IV, *«Of the Modern Philosophy»*.
(7) Cf. *T*, I.III.III, VI & XIV.

particulièrement aux idées qui peuvent avoir une base philosophique ou pré-philosophique, comme les idées 'métaphysiques' relatives au monde extérieur, au soi (à l'âme), ainsi qu'à Dieu. Cette dernière idée n'est guère abordée dans le *Traité sur la Nature Humaine*. Hume y revient en détail dans *L'Histoire naturelle de la religion (The Natural History of Religion)* et dans les *Dialogues sur la religion naturelle* (*Dialogues concerning Natural Religion*) – ouvrage que, non sans raison, Hume a préféré publier à titre posthume[8]. Quant aux deux autres idées – celles du monde extérieur et du soi –, l'impitoyable rigueur de notre philosophe mène à des conclusions des plus sceptiques[9]. A nouveau: malgré l'inconsistance ou le manque de fondement de ces idées, Hume ne nous demande pas d'y renoncer. Philosophiquement parlant, il s'agit de fictions, de purs produits de l'imagination qui ne dépendent pas – ou du moins: pas en premier lieu – de la raison philosophique. Et tant qu'elles passeront sous silence la vie affective de l'homme, les sciences humaines n'arriveront jamais à en expliquer l'origine. L'idée, par exemple, que nous sommes des sujets pourvus d'une identité propre restera insuffisamment comprise aussi longtemps qu'elle ne sera pas mise en rapport avec la vie émotive ou avec l'activité concrète de l'individu dans une communauté[10].

Dans ce contexte, Hume annonce Kant sur deux points précis. Tout comme ce dernier, il associe les idées métaphysiques à l'agir (émotionnel et moral) humain. Ensuite, il partage

([8]) Quant à la réception de ces textes, voir W. LEMMENS, «Hume en het mysterie van de religie», in D. HUME, *De natuurlijke geschiedenis van de religie,* Baarn - Kapellen, Agora - Pelckmans, 1999, pp. 7-46.

([9]) Voir à ce titre *T*, I.IV, «*Of the Sceptical and other Systems of Philosophy*».

([10]) A ce titre, voir le rapport entre *T*, I.IV.VI («*Of Personal Identity*»), *T*, II.I.II. («*Of Pride and Humility; their Objects and Causes*») et *T*, Appendix p. 633 sq. En ce qui concerne l'idée de Dieu, voir W. LEMMENS, *art. cit.*, p. 24.

avec Kant la conviction que l'être humain ne cessera de chercher un fondement rationnel à ces idées et de les ordonner dans un système rationnel[11]. L'homme est un animal métaphysique. Ce qui, en soi, n'est pas grave, sauf si la spéculation est prise trop au sérieux ou a pour but de limiter la liberté de pensée, ou encore empiète sur la vie pratique d'individus ou de communautés. Hume est le dernier à se priver du plaisir de la spéculation métaphysique[12]. Apparemment, l'être humain ne peut s'empêcher de croire en une certaine harmonie entre notre nature humaine et la Nature avec majuscule; le recours à une instance divine est plus fort que nous. Or, il importe de ne pas se laisser berner: faute de justification rationnelle, cette spéculation ne sera jamais plus qu'un jeu. Les principales activités humaines, y compris la science ou la religion, n'ont en tout cas pas besoin d'un fondement métaphysique pseudo-scientifique.

Emanations directes et inévitables de l'imagination, les idées métaphysiques centrales jouent un rôle important dans la vie émotionnelle de l'individu. En d'autres mots, anthropologiquement parlant, ces 'fictions' sont inévitables, mais tout aussi dépourvues de consistance rationnelle que les élucubrations d'un esprit dérangé. Pis, l'idée de Dieu peut être périlleuse, lorsqu'elle se voit récupérée par le fanatisme ou la superstition[13]. La distinction entre ce qui est raisonnable et ce qui ne l'est pas ou plus ne saurait se faire par la raison pure. Elle coïncide plutôt avec l'écart entre le normal et l'anormal; écart qui, lui, est d'ordre social, c'est-à-dire

(11) Cf. *T*, I.IV.III & IV et *Dialogues concerning Natural Religion.* Pour une interprétation 'kantienne' de Hume, voir de G. DELEUZE, *Empirisme et subjectivité,* Paris, PUF, 1973.

(12) Ce qu'illustrent parfaitement les *Dialogues concerning Natural Religion.*

(13) Voir W. LEMMENS, *art. cit.*, p. 19.

tributaire de pratiques et de codes de comportement qui structurent la vie sociale.

Quelle image le premier Livre du *Traité sur la Nature Humaine* offre-t-il de l'être humain en tant que sujet de connaissance? Certainement pas celle d'un esprit rationnel réduit à la logique calculatrice. La raison pure serait plutôt une excroissance de la raison animale – une excroissance qui ne voit le jour que grâce à des facteurs non rationnels grâce aussi à l'évolution de l'espèce humaine. Sujet pensant, l'être humain est bien plus que la simple somme des raisons animale et scientifique, il est en outre doué d'imagination. Celle-ci associe des images qui, pour des raisons diverses, ont un impact décisif sur nos émotions et nos actions. Ce n'est donc pas tant les combinaisons rationnelles d'idées qui détermineraient notre existence, mais plutôt les processus associatifs et émotifs qui ne sont pas réductibles au primat utilitaire ou à l'instinct de survie. La société accepte nos idées et nos convictions non pas en vertu de leur rationalité intrinsèque, mais parce qu'elles se conforment à des pratiques valorisées sur le plan social et qu'elles relèvent donc du sens commun. L'identité personnelle est dépourvue de justification rationnelle. Pourtant, elle est vitale: *«y renoncer nous ferait trop mal»* (*T*, 270). En revanche, celui ou celle qui, tel le fou, ne peut se défaire de certaines images ou qui est trop déviant dans ses attitudes et ses pensées, ne trouvera pas sa place dans la communauté humaine. Le sens commun n'a donc rien à voir avec la raison cartésienne, mais plutôt avec des formes de pensée et d'action qui assurent la viabilité d'une vie en commun. Bref, ce qui nous détermine, même au niveau de la pensée, est donc moins la certitude rationnelle qui nous conduirait tout droit au désespoir (*T*, I.IV.VII), que la confiance quasi animale impliquée dans notre capacité d'adopter des pratiques et des comportements à la fois historiques et culturels.

2. Des émotions et des désirs

Dans les second et troisième Livres du *Traité*, Hume analyse la nature humaine du point de vue émotionnel. Ce sont encore les ressemblances entre l'homme et l'animal qui l'intéressent[14] et certaines réflexions ont même une consonance étrangement darwinienne. Les analyses concrètes de l'émotivité humaine, développées dans leur rapport à la vie morale et socio-politique, révèlent l'extrême complexité de la nature humaine. Hume est d'avis que, pour comprendre le comportement humain dans ce qu'il a de spécifique, il faut se concentrer sur les façons dont celui-ci dépasse le côté animal de sa nature.

Tout d'abord, Hume soulève la question de la différence entre émotions indirectes (telles que la fierté et la honte, l'amour et la haine) et émotions directes (l'attraction et le dégoût, la joie et la tristesse, l'espoir et la crainte) qui, elles, sont plus proches des instincts[15]. Ensuite, il en vient aux émotions et aux vertus dites '*artificielles*' telles que la justice, qui assurent l'organisation socio-politique de la vie sociale (*T*, III.II.I & II). Ces émotions à la fois indirectes et artificielles sont dans un rapport dialectique avec des objets qu'aujourd'hui, nous qualifierions de *symboliques*; sans cette structure émotionnelle spécifique, la nature humaine ne serait pas ce qu'elle est.

Le niveau des émotions directes est dépassé dès lors que les objets de passions telles que l'attraction et le dégoût, la joie et la tristesse entrent dans un rapport avec nous-mêmes ou avec les autres (*T*, 574). Cela signifie que les émotions indirectes émergent en même temps que les objets (symboliques) du

(14) Voir à ce titre *T*, II.I.XII, «*Of the Pride and Humility of Animals*».

(15) Ce que Hume entend par «passions», nous le désignons aujourd'hui par des «émotions». Quant à la spécificité des émotions directes et indirectes, voir respectivement *T*, II.III.IX et *T*, II, I & II.

Même et de l'Autre, des objets qui à leur tour impliquent la reconnaissance mutuelle du Même et de l'Autre. Ainsi, les émotions indirectes que sont, par exemple, la fierté et la honte sont-elles en corrélation immédiate avec la construction d'une notion de soi. Ces émotions sont donc des points de condensation de la conscience de soi (conscience de soi qui, en même temps, signifie: respect de soi). Quant aux émotions indirectes, telles que l'amour et la haine, elles sont intrinsèquement liées à la constitution de la notion de l'Autre défini comme un autre Même. En ces émotions-là se condensent nos rapports aux autres, considérés comme autant de Soi.

L'analyse concrète des émotions montre que la constitution d'objets symboliques ne peut se faire sans la transformation simultanée des biens naturels – biens vers lesquels s'orientent nos émotions directes – en biens non naturels ou symboliques qui font l'objet de désirs d'un Soi orienté vers Autrui dans un jeu de reconnaissance mutuelle. La fierté en tant que telle, par exemple, n'existe pas: elle implique en effet que le Même se trouve dans une relation spécifique (de propriétaire par exemple) avec des objets qui sont valables également aux yeux d'Autrui et dont la valeur se reflète sur le Même. Quant à la valeur de ces biens, elle ne se traduit pas en termes d'utilité ou de satisfaction des besoins naturels[16]. La fierté, tout comme les notions du Même et de l'Autre, supposent donc un monde de biens qui ne se limite pas à ce qui est bien (ou mal) en fonction de besoins naturels[17]. En d'autres

([16]) J'emprunte la notion de «biens non naturels» à K. BRITTON, «Hume on Some Non-Natural Distinctions», in G.P. MORICE (ed.), *D. Hume. The Bicentenary Papers*, Edinburg, Edinburg University Press, 1977, pp. 205-209; MacIntyre préfère, quant à lui, parler de biens «internal to a practice» (voir A. MACINTYRE, *After Virtue: A Study in Moral Theory*, London, Duckworth, 1981, p.175 *et passim*.

([17]) Cf. H. DE DIJN, «Fierheid en persoonsidentiteit», in *Tijdschrift voor Filosofie*, 47:4 (1985), p. 572.

mots, le monde symbolique a ses propres lois, différentes de celles qui gouvernent le monde de la satisfaction des besoins; ce qui importe ici, c'est, par exemple, l'authenticité ou la véracité de ce qui nous intéresse (ce qui, paradoxalement, revient à dire que le désir d'être en contact avec la réalité elle-même ou avec les choses elles-mêmes, relève du désir symbolique)[18]. Au niveau de la satisfaction naturelle, peu importe de savoir si la maison que je viens d'acheter est véritablement celle où vécut jadis telle ou telle personnalité: il suffit qu'elle puisse m'abriter. En revanche, dans le monde symbolique, où tout individu est en quête de reconnaissance, la chose est parfois d'un intérêt capital.

Le dépassement à l'œuvre dans la constitution d'émotions artificielles et des vertus telles que la justice est intrinsèquement lié à la vie politique. La justice ne se réduit pas à une combinaison de vertus 'naturelles' telles que la bonté, le courage ou la générosité. Elle est coextensive à la formation, à travers l'histoire, de cet artifice qu'est la société avec ses institutions et ses symboles spécifiques. Pour être plus précis, elle est étroitement liée à la création de l'institution symbolique par excellence, à savoir: la propriété. Ces institutions sont valorisées pour ce qu'elles sont *en elles-mêmes*: les respecter fait preuve d'une attitude morale à l'égard d'une structure que l'on juge morale. Cependant, leur survie dépend de la conviction des citoyens que la vie en commun est en fin de compte profitable à la survie et à la prospérité des citoyens[19].

En distinguant ainsi clairement les émotions naturelles des émotions artificielles, Hume ne suggère-t-il pas indûment qu'il s'agirait ici de deux formes de dépassement de la nature

(18) Quant à l'idée d'authenticité, voir A. BURMS, «Het eigene: reëel en symbolisch», in *Algemeen Nederlands Tijdschrift voor Wijsbegeerte*, 91:1 (1999), pp. 45-57.

(19) Voir *T,* III.II.

animale indépendantes l'une de l'autre? Il est probable que la formation d'émotions indirectes, déterminant les rapports du Même à l'Autre, dépend de celle d'émotions dites artificielles, qui, à leur tour, sont liées aux principales institutions socio-politiques (et inversement).

L'analyse des émotions (voir le Livre II), ainsi que de la morale et de la politique développée dans le troisième Livre du *Traité* reflètent bien l'anti-rationalisme de Hume. La vie pratique n'est pas plus dirigée par la raison pure que la vie cognitive. Du point de vue de la *ratio* cartésienne, la moralité est incompréhensible[20]. Elle est générée par une sympathie naturelle ou une empathie à l'égard de l'autre. Une empathie qui revêt la forme d'un sens moral (*moral sense*, *T*, III.I.II). Celui-ci étend donc la sympathie que l'on ressent pour ses plus proches aux Autres: Hume parle à ce titre d'une *«extensive sympathy»*, seule à même de mener à des jugements moraux qui dépassent – et de loin – l'arbitraire de chacun[21]. De même, la vie socio-politique est incompréhensible du point de vue rationnel que présuppose la théorie du contrat social. Elle est plutôt le résultat d'une dialectique qui intègre à la fois les institutions, l'éducation au sentiment de justice, et la conviction que l'intérêt général équivaut, *grosso modo*, à l'intérêt particulier. Quiconque ne voit en la société qu'un instrument d'émancipation ou d'utilité ne comprendra jamais rien à la complexité de la figure du citoyen, qui, certes, y cherche son propre intérêt, mais qui, en tant qu'animal social, est formé par différentes modalités d'identification symbolique.

(20) Cf. *T*, III.I.I, *«Moral Distinctions not Deriv'd from Reason»*.
(21) Cf. *T*, III.III.I (p. 586).

3. Le naturalisme non réductionniste

Hume est un philosophe des Lumières. Le plus souvent, on se fait une fausse image de lui: celle d'un penseur réfractaire aux préjugés pré-philosophiques, religieux ou métaphysiques et qui inviterait le lecteur à accepter en toute lucidité son existence dans un monde sans but ni dieu[22]. Reste à savoir ce que Hume entend par cette lucidité. Il ne s'agit certainement pas pour lui de faire l'apologie d'un sujet émancipé, qui, fort de sa seule raison, se construirait sa propre loi (que ce soit la loi de l'utilité la plus grande ou le fameux Impératif Catégorique). Comment donc définir la conception humienne de la nature humaine? Pourrait-on qualifier cette version des Lumières de naturalisme scientiste? Certainement pas. Un naturalisme scientiste ou réductionniste réduit l'homme à l'état de chose naturelle: dès lors, les pensées humaines, les sentiments, les désirs et les comportements ne sont rien d'autre que le résultat de processus neurologiques ou hormonaux. Une question de gènes, de conditionnements, ou la combinaison de tels facteurs. Le plus souvent, ce type de naturalisme va de pair avec un idéal progressiste tant individuel que social. Les révélations de la science doivent être enseignées, partagées, et tout ce qui n'est pas scientifique sévèrement critiqué et banni. Une émancipation progressive devrait nous permettre de ne plus agir à l'égard du réel et de nous-mêmes qu'en fonction de la vérité scientifique. Hume n'accepte pas un tel scientisme. Il opte plutôt pour un naturalisme non réductionniste[23].

(22) Cf. P. GAY, *The Enlightenment: An Interpretation. The Rise of Modern Paganism*, New York - London, Norton & Cie., 1966, p. 401 *et passim.*

(23) Pour une présentation d'un tel naturalisme non réductionniste, voir P. STRAWSON, *Scepticism and Naturalism: Some Varieties*, New York, Colombia University Press, 1985.

Ce n'est certainement pas la raison pure qui permet à l'homme d'acquérir une connaissance de soi et de sa place dans le monde. Considérée du point de vue rationnel, cette connaissance est dénuée de fondement scientifique, elle ne concerne que des fictions. C'est le scepticisme bien connu de Hume; mais ce scepticisme est «futile, non fatal»[24], car nos convictions ont beau être réfutées par la science et désespérer le philosophe, elles demeurent décisives dans notre vie quotidienne. Si naturalisme il y a chez Hume, c'est bien dans le sens que voici: la nature humaine est plus forte que la raison. L'homme ne coïncide donc pas avec la raison. Ni animal rationnel ni être de besoin, il est plutôt un être d'images et d'imagination, à la quête de désirs que celle-ci éveille en lui. Ou encore: l'espèce humaine se distingue de l'espèce animale par ses désirs – qui ne peuvent apparaître que comme insensés dans l'optique des besoins naturels. Ainsi par exemple l'envie d'être le premier non pas pour se réserver le meilleur morceau de viande, mais pour la gloire d'un titre ou d'une médaille.

Ce naturalisme particulier teinte aussi la réflexion morale de Hume. Ainsi, la constitution d'une personnalité unique ne s'appuie-t-elle guère sur la raison. Celle-ci peut tout au plus relater les faits et en expliquer les causes: cependant, jamais elle ne sera à même de nous apprendre à nous conduire comme il se le doit en société. En effet, c'est le cœur (*«the heart»*, *T*, 586) défini comme l'aptitude à développer des sentiments complexes tels que la fierté (qui sous-tend l'idée de l'identité personnelle) ou l'empathie (qui, elle, génère le respect d'autrui) qui conditionnent la morale. Les

(24) Cf. P. De Martelaere, «Hume's 'gematigd' scepticisme: futiel of fataal?», in *Verhandelingen van de Koninklijke Academie voor Wetenschappen, Letteren en Schone Kunsten van België – Klasse der Letteren*, 49:123 (1987).

sentiments de fierté ou d'empathie ne relèvent pas non plus de la seule impression: ils s'appuient sur une imagination complexe dont l'impact sur nos actes est réel. En d'autres mots, l'agir humain n'est pas déterminé par les besoins naturels de base que sont la faim ou la soif, mais par des images et des émotions que celles-ci évoquent. Les besoins naturels ne disparaissent pas pour autant, ils sont intégrés et transformés par les désirs. Ce qui explique que l'être humain peut manger, boire ou s'adonner à la jouissance avec excès – un excès qui parfois frôle l'autodestruction. D'où encore la série de tabous et de devoirs que la sociologie et l'anthropologie culturelle nous permettent de découvrir dans le sillage de penseurs comme David Hume.

Toujours dans le *Traité sur la nature humaine,* Hume montre de manière détaillée comment le comportement humain concret suppose la formation et la transmission d'émotions complexes, le développement aussi d'un *habitus* moral et civilisé, l'émergence de structures socio-politiques qui reposent sur les idées de propriété, d'ancêtres, de nation, etc. Et c'est aussi parce que l'être humain n'est pas un être de besoin mais de désir que des disciplines telles que les mathématiques ou la physique ou même une théorie de la nature humaine ont pu voir le jour. Autrement dit, l'instinct de conservation ne peut opérer que par le biais de désirs excessifs comme la curiosité ou la soif de la gloire.

Le naturalisme humien est dès lors non réductionniste dans la mesure où il réfute l'idée que la science ou la philosophie peuvent déterminer l'existence humaine. Celle-ci est conditionnée par les images, l'imagination et les *beliefs* dont il a été question plus haut. L'univers humain est un 'monde imaginaire', peuplé d'individus qui se rapportent les uns aux autres comme père et fils, ami et ennemi, etc. Un monde aussi où règnent la vérité autant que le mensonge, le leurre autant que la lucidité. Le savoir théorique gouverne notre vie instrumentale: il nous aide à mieux comprendre certains phénomènes (notamment dans leur rapport causal) et à optimiser ainsi nos ressources en tout genre. Seulement, c'est le cœur et non la raison qui décide en fin de compte des buts ultimes de la vie.

La survie de l'homme n'est pas garantie par la science et les techniques. Celles-ci constituent peut-être bien plutôt une menace pour la survie de l'homme. C'est la fascination pour certaines images qui assure paradoxalement la conservation de l'espèce humaine: cette fascination est source d'une énergie considérable. On pourrait dire que la nature se sert de cette ruse – le recours à l'imagination – pour maintenir l'être humain en vie. En termes darwiniens, la Nature comme '*blind watchmaker*' (Dawkins) atteint son objectif – assurer la survie de l'espèce ou du patrimoine génétique – derrière le dos de ceux qui sont concernés. L'homme, en effet, ne cherche pas tant à survivre sans plus qu'à vivre *d'une certaine façon,* d'une façon jugée intéressante, c'est-à-dire en menant une vie régie par l'imagination (Hume anticipe ici d'une certaine façon l'analytique de la sublimation de Sigmund Freud).

Cela revient à dire que la raison théorique n'influence notre quotidien qu'à condition de se plier aux finalités du cœur. A ce titre, Hume parle de la raison comme *«esclave des émotions»* (*T*, 415). Nous avons appris depuis – chose qu'en son temps, Hume ne pouvait prévoir – à ne pas sousestimer l'impact de la science sur la vie et l'imagination. Un exemple: les découvertes récentes dans le domaine génétique bouleverseront de fond en comble nos idées (symboliques) du rapport entre homme et femme, entre parents et enfants. Ces images (la femme, l'homme, etc.) sont inextricablement liées au corps humain, qui les incarne. Or, ce corps est de plus en plus rabaissé au niveau de simple objet d'interventions techno-scientifiques.

Outre son ingérence instrumentale dans la vie pratique, le savoir théorique peut également se faire récupérer par l'imagination et le désir. Ainsi, les spéculations métaphysiques peuvent renforcer des désirs anthropocentriques, au point même d'alimenter, d'entretenir la superstition ou de servir de tremplin au fanatisme religieux. La science humaine humienne elle-même peut, de par ce qu'elle dévoile sur nous, provoquer par moments '*a delicate pleasure*'. Le savoir théorique peut donc, dans un moment d'émerveillement, nous révéler la 'vérité' sur nous-mêmes. Pour autant que la raison théorique ou philosophique a une influence sur la vie, elle requiert donc l'appui (ou le contexte) de l'imagination et des désirs. Si elle veut avoir une influence sur la vie, la raison ne saurait se passer de l'imagination. Le désir de vivre sous l'autorité de la raison n'est lui-même rien d'autre que la fascination par une certaine image de soi-même.

Un naturalisme non réductionniste reste toujours un naturalisme: même si l'homme n'est pas un être de besoin agissant en fonction de sa seule survie, il reste une machine signifiante. D'autre part, le naturalisme non réductionniste dévoile néanmoins les limites de toute théorie: jamais la raison, même pas dans la forme d'une théorie non réductionniste ne sera en mesure de remplacer le vécu. Notre personnalité, notre moi ne sont forgés qu'à travers des rapports émotionnels déterminés par des constructions imaginaires. C'est précisément la philosophie qui dévoile le caractère fictionnel de notre perception de nous-mêmes, qui nous apprend l'inévitabilité de telles fictions. En conséquence, le naturalisme non réductionniste est comme un garde-fou contre les aberrations possibles du scientisme prêchant l'impossible adaptation de la vie humaine aux 'vérités' scientifiques. Arme redoutable contre l'idéologie scientiste, le naturalisme non réductionniste en met à nu la contradiction inhérente: la défense de certaines valeurs (par ex. l'eugénisme) à partir des seuls constats scientifiques (en matière de biologie ou de génétique) n'est pas seulement contradictoire, elle offusque la sensibilité morale de tout un chacun. L'idéologue scientiste se verra donc jugé non pas au nom de la science, mais à celui de la morale. La valeur et le sens de la vie (humaine) ne se laissent pas dicter par ce qui lui est extrinsèque.

En réfléchissant sur les implications possibles d'une hégémonie de la raison scientifique, Hume conçoit une science de l'homme critique au service du sens commun. Entreprise critique qui est tout sauf spéculative ou abstraite. La philosophie nous fournit les outils nécessaires pour lutter contre l''enthousiasme' de la superstition et les fanatismes de tout genre (*T*, 271-271). Ceux-ci ne disparaîtront jamais tout à fait, mais ils s'imposeront moins facilement qu'auparavant. On pourrait dire qu'en quelque sorte, Hume devance l'idée althussérienne d'une «lutte (des classes) dans la théorie». Le scientisme en prend également un coup, ce qui rapproche les idées de Hume de la philosophie du sens commun de Berkeley[25]. Qui oserait encore prétendre que la science est à même d'atteindre LA vérité (qui importe dans la vie) et que l'homme peut mener une vie vraiment humaine en fonction des découvertes purement scientifiques? Finie l'arrogance des sciences. Il importe, en effet, d'abandonner pour de bon ces idées à la fois tenaces et pernicieuses. A la philosophie désormais de protéger le sens commun contre ces attaques externes et de démontrer à quel point l'idéal des Lumières s'avère illusoire.

Finalement, la pratique philosophique doit être sensible à la question du style. N'étant pas une activité neutre ou stérile, mais génératrice de sens et d'expériences de sens, le philosophe

([25]) Pour une lecture pertinente de Berkeley, voir G. ARDLEY, *Berkeley's Renovation of Philosophy*, Den Haag, Martinus Nijhoff, 1968.

a tout intérêt à développer ses critiques et ses idées philosophiques d'une manière convainquante. Hume renoncera progressivement à la rédaction de traités, préférant désormais les études (*Enquiry*) et même les essais[26]. Il s'invente une nouvelle écriture, un nouveau style. Que signifie cette métamorphose? Que la vérité philosophique dépasse infiniment la production de propositions vraies: elle se manifeste surtout là où la raison sait toucher le cœur.

(26) Voir à ce propos de G.J. MOSES, *The Doing of Philosophy in the Philosophical Works of David Hume*, Leuven, Hoger Instituut voor Wijsbegeerte, 1985 (thèse de doctorat inédite).

THÉORIE, PRATIQUE ET PRATIQUE DE LA THÉORIE CHEZ SPINOZA ET HUME*

1. Hume et la vertu

Voici une vision simpliste, utilitariste de l'action humaine. Comme tous les organismes vivants, l'homme lutte afin de survivre. Cette lutte pour la survie se manifeste dans l'organisme sous la forme d'expériences de douleur et de plaisir et de réactions suscitées par celles-ci. Dès lors, l'homme tentera d'éviter la douleur et de maximiser le plaisir: se basant sur l'expérience, il juge bonnes certaines actions parce qu'elles apportent du plaisir; d'autres seront considérées comme nuisibles et, partant, mauvaises. Dans ce contexte, le savoir concernant les liens causaux est très important: grâce à l'expérience (que prolonge, en partie, la science), il se transforme en une connaissance pratique des moyens et des fins. Ainsi, la connaissance est elle-même incorporée dans l'action comme un moyen en vue de certaines fins désirables. Or, comme notre savoir ne cesse de croître, on se rend parfois compte que certaines pratiques agréables s'avèrent plus nuisibles qu'il n'y paraît. Cela n'implique d'ailleurs nullement que nous résistions toujours à nos penchants spontanés. Parfois, en effet, l'attrait du plaisir immédiat va même jusqu'à effacer le savoir concernant les actions qui sont bonnes ou mauvaises à long terme; c'est ce qu'on appelle

(*) Version originale: H. De Dijn, "Theory and Practice, and the Practice of Theory", in M. Senn & M. Walther [Hrsg.], *Ethik, Recht und Politik bei Spinoza. Vorträge des 6. Internationalen Kongresses der Spinoza Gesellschaft*, Zürich, Schulthess, 2001, pp. 47-58; traduction française par Koenraad Geldof.

dans la tradition anglosaxonne, 'the weakness of the will', la faiblesse de la volonté.

Bien que Hume soit souvent considéré comme un utilitariste dans le sens que l'on vient d'expliquer, certains passages de son œuvre ne sont guère compatibles avec une telle interprétation. Ainsi, par exemple, affirme-t-il que des relations spécifiques, telles que les relations d'amitié, sont poursuivies par l'être humain pour des raisons non utilitaires. Nous n'aspirons pas à l'amitié parce qu'elle mènerait à autre chose: l'amitié constitue plutôt une finalité en soi. Lorsque nous y parvenons, nous éprouvons une espèce bien particulière de plaisir, qui est fort appréciée, à savoir le plaisir de l'amitié[1]. Ce plaisir *particulier* peut être considéré comme un sous-produit, une expérience agréable que l'on ne saurait viser directement[2]. Le plaisir particulier qu'offre l'amitié est un sous-produit précisément en ce sens qu'il n'est pas et ne saurait être directement visé ou voulu. En d'autres mots, entre certains états particuliers (de plaisir) et les 'moyens' qui nous y amènent, il existe une corrélation qui est tout sauf contingente. Si le plaisir n'est pas obtenu par ce 'moyen' spécifique, nous ne sommes pas vraiment intéressés. Le plaisir que nous procure la compagnie d'amis n'est pas désirable si, au lieu d'être l'effet produit par une relation amicale authentique, on découvre que les compagnons qui recherchent notre amitié le font à cause d'un quelconque intérêt égoïste, ou si on découvre que le plaisir est purement imaginaire. Mêmes l'incroyable Hulk et le capitaine Kirk – comme je l'ai appris dans le temps en regardant la télé et en lisant des

(1) Cf. D. HUME, *Enquiries concerning the Human Understanding and concerning the Principles of Morals* (ed. by L.A. Selby-Bigge), Oxford, Clarendon Press, 1970, p. 295 sq. (Appendice II).

(2) Cf. les états dont parle J. Elster et qui sont essentiellement des sous-produits: J. ELSTER, *Sour Grapes: Studies in the Subversion of Rationality*, Cambridge, Cambridge University Press, 1985, p. 43sq.

bandes dessinées avec mes enfants – préfèrent les risques inhérents aux relations humaines réelles aux plaisirs imaginaires promis par les drogues, les dieux ou les ordinateurs qu'ils découvrent lors de leurs fabuleuses aventures.

L'amitié est donc voulue comme une fin en soi; comme toute vertu, elle est sa propre récompense. Or, en quoi la thèse selon laquelle une activité vertueuse, telle que l'amitié, n'apporte le plaisir que comme un sous-produit, diffère-t-elle de celle qui affirme que cette même activité constitue sa propre récompense? Lorsque nous la qualifions de 'sous-produit', nous nous mettons, pour ainsi dire, dans la position de l'observateur (externe) qui n'envisage les actions qu'en fonction de leurs résultats. Mais, clairement, décrire le plaisir de l'amitié comme un 'sous-produit' n'implique pas qu'il s'agisse d'un lien purement contingent entre l'action vertueuse et le plaisir ou la satisfaction qu'elle procure: c'est l'activité *en elle-même* qui est déjà vécue comme étant agréable et gratifiante. Pourrait-on d'ailleurs imaginer la vertu comme quelque chose de tout à fait neutre, voire de négatif?

La notion de 'sous-produit' est aussi révélatrice d'une autre consideration. Dans l'activité vraiment vertueuse et donc bienheureuse, la recherche consciente du bonheur ou du plaisir ne joue pas de rôle primordial, pas plus, d'ailleurs, que l'auto-réflexivité explicite (N'est-ce pas ce dont témoigne toute méditation nostalgique du bonheur passé, d'un bonheur vécu dans l'immédiat, presque inconsciemment? Pensez à l'expression bien connue: «Qu'on était heureux autrefois, presque sans le savoir au moment même»). La force qui nous pousse à agir vertueusement ne trouve pas son origine dans un manque ou une certaine insatisfaction vis-à-vis de l'état actuel des choses. Elle nous pousse d'une manière *spontanée*, sans qu'il ne soit question d'un manque ou d'une dissatisfaction particulière. Est-ce la raison pour laquelle l'action authentiquement vertueuse est intrinsèquement agréable?

Ce ne sont pas seulement l'amitié et le plaisir qu'elle suscite qui sont des fins en soi. Selon Hume, il en va de même de l'activité de l'entendement. L'entendement (le savoir) est souvent considéré comme un moyen visant autre chose, comme un instrument qui permet de mieux garantir le plaisir (ou la survie), ou comme une façon d'échapper à l'angoisse et de se convaincre que tout ira pour le mieux. Même la métaphysique fait un usage instrumental du savoir théorique lorsqu'elle l'utilise afin de justifier certaines convictions (comme l'existence de Dieu ou l'immortalité de l'âme) qui, à leur tour, sont liées à des désirs particuliers (comme la volonté de survivre ou le refus de la contingence totale de l'homme comme produit de la nature). Ainsi, les spéculations métaphysiques peuvent renforcer certains désirs anthropocentriques. En combinaison avec certaines idées religieuses, elles peuvent conduire à la superstition et au fanatisme. Cela dit, il existe aussi des cas dans lesquels l'entendement constitue une fin en soi; des cas donc, où l'activité de l'entendement est valorisée en tant que telle, même si les résultats minent nos croyances et nos certitudes les plus intimes. Là aussi, Hume parle d'une activité humaine qui s'accompagne d'un plaisir très particulier et qui, de nouveau, est un sous-produit. Hume sait très bien que la mise en valeur autotélique du savoir en tant que savoir ne s'observe que rarement, mais il avoue que, personnellement, il serait incapable de s'en passer: «l'absence du savoir pour le savoir m'ôterait un certain plaisir» («I feel I should [then] be a loser in point of pleasure[3]»). Ce plaisir lié à l'activité de l'entendement pour l'entendement, Hume le qualifie de «délicat[4]». Que signifie 'délicat?' Tout d'abord, et évidemment, que le plaisir en question n'est pas de nature sensuelle. Deuxièmement, que

(3) D. HUME, *Treatise*, p. 271 (*Treatise*, Livre I, Ch. IV, Sect. VII).
(4) *Ibid.*, p. XXII (*Treatise*, Introduction).

le plaisir concerné, pour nombre de gens, s'oppose diamétralement au plaisir véritable: ils ne comprennent pas que le fait même de découvrir les limites de la nature humaine et plus particulièrement de la raison peut susciter un certain plaisir. L'activité de l'entendement telle que Hume le décrit, trahit, effectivement, une certaine disposition anti-anthropocentrique, ce qui est désagréable pour la plupart des gens. En fait, le plaisir dont il parle est délicat à la manière d'un certain type d'ironie, l'ironie envers soi-même. Dans les deux cas, l'on accepte ce qui, aux yeux d'un observateur externe, peut paraître plutôt négatif. Quoi qu'en pense ce dernier, le fait de connaître et d'accepter ses propres limites peut paradoxalement comporter une dimension gratifiante. La disposition anti-anthropocentrique qui caractérise le pur désir de savoir montre d'ailleurs que celui-ci diffère du désir métaphysique ou du désir de contrôler la nature par le moyen de la connaissance. Comme l'auto-ironie, la vision anti-anthropocentrique nous libère de certaines illusions, de l'ambition vaniteuse et illusoire, par exemple, de tout savoir et de tout contrôler. Le savoir théorique des sciences humaines («l'homme n'est qu'une machine sémiotique, qu'un être de désir inséré dans et contrôlé par un ordre symbolique qui le dépasse») peut donc, lorsqu'il est visé pour lui-même, révéler une 'vérité' particulière qui prend la forme d'une espèce d'émerveillement tonifiant. Le 'plaisir délicat' est lié à un ébahissement momentané concernant le moi, un ébahissement qui paradoxalement va de pair avec l'acceptation de soi. Ceci n'implique pourtant nullement que, par le biais de cette 'vérité', l'on atteigne son moi profond, que l'on puisse vivre 'dans' ou 'selon' la vérité. Qui s'imagine pouvoir vivre rationnellement à l'aide des acquis théoriques des sciences humaines, n'a rien compris à ce que ces sciences humaines nous apprennent. Celui-là est aveuglé par la fascination d'une certaine image illusoire de soi (l'image d'un sujet susceptible, pour ainsi dire, de se contempler de l'extérieur et de mettre sa propre nature au service de soi-même). Or, ce point de vue extérieur depuis lequel l'on pourrait déterminer le sens ou la valeur de notre existence n'est qu'un mirage de notre esprit.

Il en va de même de pratiques comme l'amitié. Qui s'engage dans des relations amicales ne saurait exclure la possibilité de la trahison; on doit même être prêt à l'accepter. L'amitié présuppose, en outre, la sincérité envers soi-même: il ne faut pas se leurrer, il ne faut pas qu'il y ait des mobiles cachés pervertissant la relation dans laquelle on s'engage. Bien évidemment, cette exigence de sincérité envers soi-même ne doit pas non plus dégénérer en une méfiance obsessionnelle. Au contraire, l'amitié présuppose aussi des qualités telles que la loyauté et la confiance. Il s'agit de relations et de pratiques fragiles puisque axées parfois sur des objets auxquels l'on n'aurait pas dû se fier (ou sur des sujets qui se révèlent indignes ou incapables de telles relations). Mais il n'en reste pas moins que la méfiance obsessionnelle envers soi-même ou envers les intentions et les activités d'autrui demeure incompatible avec l'attitude amicale. Or, ce qui vaut pour l'amitié, vaut pour toute activité vertueuse et non utilitaire; même la quête de la vérité requiert un honnête-homme: elle s'effectuera sans empressement («pas de zèle»)[5] et le sujet connaissant restera conscient du côté quelque peu futil et vulnérable de son entreprise – côté qu'il acceptera. Celui qui cherche la vérité ne saurait en effet jamais oublier que même les activités les plus rationnelles ne se justifient pas complètement. Cette réalité, il doit l'accepter, l'embrasser pleinement tout en poursuivant sa recherche. En ce sens donc, entre le philosophe qui s'abandonne aux plaisirs de l'amitié (lors d'une promenade le long de la rivière ou lors d'une partie de backgammon) et ce même

(5) C'est aussi l'avis de Berkeley; voir G. ARDLEY, *Berkeley's Renovation of Philosophy*, The Hague, Martinus Nijhoff, 1968.

philosophe qui donne libre cours à sa soif de connaissance, à son désir de dissiper ce qui relève de l'illusion, nulle différence fondamentale.

2. Spinoza ou l'envers de l'utilitarisme[6]

En tant que penseur naturaliste, Spinoza estime que le *conatus* se trouve à la base de *toute* activité humaine. Tant le bien que le mal ne sont concevables, compréhensibles qu'en fonction de notre survie en tant qu'organisme corporel et spirituel. C'est la raison pour laquelle nous cherchons le plaisir (ou l'utile) et évitons la douleur (ou le nuisible). La vertu n'a pas de sens si ce n'est sous la forme de la 'puissance' (E4 Déf.8). L'amitié, par exemple, est une vertu parce qu'elle est un moyen très puissant dans la lutte pour la survie (E4 P35 C1 cité dans E4 P71 Démonstration).

Pourtant, cette idée ne fait pas de Spinoza un utilitariste, loin de là. On trouve des indices à ce propos dès le début de sa carrière. Dans l'introduction au *Tractactus de intellectus emendatione*, par exemple, Spinoza oppose deux manières foncièrement différentes d'aspirer au bien. Certaines pratiques se rapportent aux trois types (traditionnels) de biens qui apportent du plaisir: la richesse, les honneurs et tout ce qui suscite un plaisir sensuel. Il s'agit donc de biens constituant autant de moyens purs et simples; ici la fin, c'est le plaisir qu'ils produisent. Cependant, ces moyens sont peu fiables parce qu'ils dépendent de circonstances extérieures que nous ne maîtrisons jamais tout à fait. Et même si la poursuite de ces biens peut inclure l'information et le savoir eux-mêmes

(6) Traduction utilisée: SPINOZA, *Œuvres Complètes.* Texte nouvellement traduit ou revu, presenté et annoté par R. Caillois, M. Francès et R. Misrahi. Paris, Gallimard, coll. "Bibliothèque de la Pléiade", 1954.

envisagés comme des moyens, la vie montre que la poursuite du plaisir repose sur des illusions particulières, métaphysiques, celles notamment que Spinoza décrit dans l'appendice au premier livre de l'*Ethique*: la liberté, la téléologie et la théologie.

D'autre part, il existe aussi une pratique qui concerne la recherche du *véritable* bien et qui peut nous aider à échapper à *la fortune,* à la contingence. C'est la pratique de l'entendement, une pratique qui comporte sa propre récompense, la consolation qu'offre l'exercice même de la pensée philosophique (TIE §11). Dès que l'entendement domine la vie humaine, les pratiques du premier type changent de sens: subordonnées à l'activité de l'entendement, elles deviennent inoffensives (TIE §17) et le moyen (l'entendement) s'érige en fin en soi.

Suivant l'*Ethique,* l'impact de la pratique de l'entendement est bien réel à condition qu'elle domine l'existence. Le bien n'a alors plus rien d'hétéronome, il ne dépend plus des circonstances extérieures. «[L]'esprit, en tant qu'il se sert de la Raison, ne juge pas qu'autre chose lui soit utile, sinon ce qui le conduit à comprendre.» (E4 Déf.1; E4 P26 Démonstration) Dès que cette activité prime, nous évitons indirectement le mal, et tout ce qui relève du bien (même s'il ne s'agit pas d'une qualité intrinsèquement bonne) se subordonne à l'activité principale. Ce qui montre l'aversion spinoziste à l'égard de l'ascétisme (E4 P54 S2). Selon Spinoza, n'importe quelle activité engendrée par les passions peut s'accomplir aussi par ou dans le contexte de la seule Raison (E4 P59 + S). Le meilleur remède à la maladie est la santé (E4 P63 S2). Si la maladie, la faiblesse ou la défaite nous frappent, nous ne devons pas forcément nous plaindre, mais plutôt nous efforcer de «bien faire, comme on dit», et de nous réjouir, «d'être dans la joie» (E4 P50 S). La récompense de cette action vertueuse n'est pas située en dehors de l'activité elle-même; la vertu ne connaît d'autre récompense qu'elle-même: «La Béatitude n'est pas la récompense de la vertu, mais la vertu elle-même; et nous n'en éprouvons pas de la joie parce que nous réprimons nos penchants; au contraire, c'est parce que nous en éprouvons de la joie que nous pouvons réprimer nos penchants.» (E5 P42)

C'est la nature soit intuitive, soit rationnelle de l'entendement qui décide en fait de son impact moral[7]. L'entendement rationnel de la nature et de la condition humaine n'efface pas complètement les 'vieux' désirs et émotions. Contre ce retour occasionnel du refoulé, l'esprit se défend et désire la continuation ou le retour de l'activité rationnelle. Inévitablement donc, il concevra la notion de l'homme idéal et libre et il formulera des préceptes rationnels qui permettent de 'gouverner' et de 'contenir' les passions. On devine que ce développement n'est pas exempt d'une certaine ambivalence: en effet, les notions et préceptes en question sont le fruit d'une activité qui ressemble plus à la raison instrumentale qu'à la raison pure ou autotélique. D'autre part, est-ce que l'homme peut ignorer ce qu'il sait? Certes non: impossible de ne pas utiliser la connaissance relative à la nature humaine d'une manière instrumentale. Le savoir se subordonne inévitablement à la poursuite du bien. Mais la connaissance relative à l'idéal et aux préceptes moraux ne suffit pas toujours, surtout pas dans des circonstances difficiles. C'est ici que cette inquiétude très particulière de la raison – dont parle aussi le poète – trouve son origine: même l'homme rationnel «voit [parfois] le meilleur, l'approuve et fait le pire» (E4 P17 S). Il en va, au fond, de même de certains fumeurs: ils n'ignorent rien des dangers de la cigarette, ils décident d'agir en conséquence tout en sachant, pourtant, qu'ils n'en sont pas nécessairement capables. L'impuissance

(7) Ce qui suit peut être considéré comme le résume de H. De Dijn, *Spinoza: The Way to Wisdom*, West Lafayette (Ind.), Purdue University Press, 1996 (chap. 11).

de la raison – selon V. Goldschmidt[8], le thème principal du livre IV de l'*Ethique* – mène parfois à une tristesse toute spécifique (E4 P17 S). Cette impuissance tient au fait que la connaissance rationnelle du bien et du mal reste, malgré tout, abstraite (E4 P62 S). Heureusement, selon l'*Ethique* V, cette connaissance abstraite peut être transformée en une méditation sur notre vie émotionnelle, en une réflexion qui nous touche au plus profond de notre être (E5 P6 S, P10 S, P20 S). A ce moment-là, elle devient une activité intuitive qui est une fin en soi, une vertu comportant sa propre récompense.

Lors de cette activité intuitive, notre désir devient lucide et conscient de soi, il prend la forme de mobile essentiel de la nature humaine, à savoir l'usage de la pensée pour la pensée elle-même. Ce processus n'est pas linéaire, même si le mouvement linéaire qui va du *Tractatus de intellectus emendatione* jusqu'à l'*Ethique* reste indispensable. Il s'agit plutôt d'une contemplation, d'un 'séjour' dans un enchaînement complexe de pensées et d'émotions qui nous permet d'entrevoir l'unité de notre propre activité d'une part et de la Source de toute activité de l'autre; ou encore, et de manière plus précise: l'unité en question est moins entrevue que vécue comme quelque chose d'intrinsèquement agréable. Le plaisir éprouvé est donc lié ou – mieux – confronté à l'idée de la Source suprême comme source même de cet agrément et mène ainsi à l'amour intellectuel de Dieu (E5 P36 + S). Or, cette méditation contemplative, Spinoza la considère comme la vraie réponse à la condition de servitude dans laquelle se trouve tout homme dominé par la passion. Même si certaines émotions désagréables comme la douleur sont inévitables, la pensée peut les envisager de telle

(8) Cf. V. GOLDSCHMIDT, «La place de la théorie politique dans la philosophie de Spinoza», in *Manuscrito. Revista di filosofia*, II (1978), pp. 113-114.

manière que leur impact négatif sur l'esprit se voit annulé et que la série de conséquences qu'elles entraînent normalement est interrompue. Ainsi, mêmes des émotions désagréables peuvent donner lieu à un ensemble qualitativement différent de pensées, ensemble qui s'appelle Béatitude (E5 P4 & P20 S).

3. Un naturalisme non réductionniste

On le voit: le naturalisme spinoziste n'est ni cru ni réductionniste. Certes, Spinoza rejette certaines vertus chrétiennes telles que l'humilité, le repentir et la pitié parce qu'elles diminueraient notre pouvoir (E4 P50 S & P54 S). Mais il dit en même temps que ce rejet n'est acceptable que si l'homme a déjà réussi à développer une activité vertueuse supérieure, celle de l'entendement. «Car, qui n'est poussé ni par la raison ni par la pitié à être secourable aux autres, on l'appelle justement inhumain» (E4 P50 S). Comble de paradoxe donc, c'est en tant que naturaliste que Spinoza nous propose un idéal de la plus haute perfection morale.

Sans l'ombre d'un doute, Spinoza est un naturaliste pur sang. Quelle que puisse être la forme qu'il prend, le désir du bien, selon Spinoza, est uniquement déterminé par le *conatus*, c'est-à-dire par l'appétit de vivre et non pas par les qualités intrinsèques du bien lui-même qui attirerait notre attention et dirigerait notre volonté. Au dire de Spinoza, ce n'est pas la bonté naturelle des choses qui nous séduit et nous attire, bien au contraire: c'est parce que nous sommes *conatus* que nous les jugeons bonnes, c'est notre volonté qui les métamorphose en biens désirables (E3 P9 S). Ou encore: le *conatus* crée le contexte de la distinction entre le bien et le mal. Le mobile fondamental qu'est le *conatus* prend la forme de désirs concrets pour des biens particuliers en fonction de nos expériences passées: est jugé bon tout ce qui augmentera notre puissance d'agir; sera mauvais, tout ce qui contrecarre cette puissance (E4 P19). Au fur et à mesure qu'il se concrétise dans la vie de tous les jours, le *conatus* dépendra des circonstances externes et des informations fortuites qui en résultent: il se caractérise donc inévitablement par la passivité, par l'hétéronomie (E3 Déf.3).

Pourtant, la nature humaine étant très complexe, dans des circonstances favorables, ce même *conatus* peut revêtir une forme active: les pensées, les émotions, les désirs et les actions qu'il engendre alors ne sont plus déterminés de l'extérieur, mais répondent à une dynamique interne; le *conatus* se mue en 'cause adéquate' (E3 Déf.1). L'entendement de figures géométriques en est un vrai paradigme. Dans son exercice concret, cet entendement présuppose évidemment d'autres facultés que la raison – je pense au regard, à la mémoire – que la pratique de la pensée géométrique n'efface pas du tout; seulement, tout ce qui n'appartient pas strictement au domaine de la pensée géométrique se subordonne à cette seule activité rationnelle, devenue ainsi autotélique, autonome. En cela, la raison géométrique exprime directement l'autosuffisance de la Substance. Je précise: l'activité de l'entendement géométrique *est* une expression modale, c'est-à-dire intellectuelle et émotionnelle, de la Substance; dans cette 'partie totale' se déploie l'immanente activité de la *Causa sui* elle-même.

Or, même si toute activité humaine repose sur l'égoïsme métaphysique du *conatus*, il n'en découle nullement que l'homme ne saurait agir de manière non égoïste. Au contraire, l'activité la plus élevée du *conatus* peut même aboutir à ce qui, à première vue, apparaît comme un comportement autodestructeur. «L'homme libre n'agit jamais déloyalement, mais toujours de bonne foi» (E4 P72). Autrement dit, même confronté à une menace mortelle, l'homme libre refuse la mauvaise foi (E4 P72 S), ce qui, à la rigueur, ne constitue pas du tout un comportement autodestructeur (et, au fond, impossible, voir E3 P10 & E4 P20 S); c'est plutôt la preuve d'une attitude conséquente dont un des effets secondaires peut être la mort. Pour le *conatus* qui a atteint le niveau de la raison autonome, ce serait la mauvaise foi qui équivaut à l'autodestruction au sens strict du terme. La loyauté et l'honnêteté sont des vertus intrinsèques de l'homme libre.

Aux yeux de Spinoza, l'entendement pur et, plus particulièrement, la connaissance de Dieu sont le prototype même de l'activité vertueuse (E4 P26 & P27). Chose frappante: il établit des liens très étroits entre ce genre d'activité et l'amitié (ou la vie communautaire des amis) (E4 P36 & P37). Je dirais même plus: les deux paradigmes de l'activité autosuffisante abordés chez Hume, n'en font qu'un dans le texte spinoziste. L'activité de l'entendement mène automatiquement à la communauté d'amis rationnels et, inversement, cette communauté n'existerait pas sans l'activité partagée de l'entendement.

L'amitié, du moins l'amitié entre êtres rationnels, est un bien recherché pour lui-même et non pas en fonction d'avantages extérieurs à la relation d'amitié en tant que telle et accessibles, en principe, par d'autres moyens. Même si l'amitié *est* utile (E4 P35 C1), on n'y aspire pas au nom de cette seule utilité. Des amis spinozistes «s'efforcent dans un pareil élan d'amour de se faire du bien les uns aux autres» (E4 P71; ce passage se réfère à E4 P37) et c'est pourquoi ils sont reconnaissants les uns envers les autres. Si donc avantage il y a, il n'est pas d'ordre purement utilitaire ou utilitariste. L'amitié spinoziste est inextricablement liée à l'activité de l'entendement rationnel et c'est pourquoi il s'agit d'une relation vraiment pure. Normalement, les relations interhumaines sont *ou bien* égoïstes et mènent, dès lors, à la discorde surtout dès que les biens visés deviennent rares, *ou bien* elles sont dominées par la loi de «l'imitation de sentiments» (E3 P27 & S1) qui finit très vite par saper les fondements de la vie communautaire. L'amitié rationnelle, par contre, ne saurait être perturbée, puisque la vertu est «un bien commun à tous les hommes» (E4 P36). Dans ce cas-ci, l'imitation des sentiments produit une réciprocité dont profitent tous ceux qui s'engagent dans des relations d'amitié sans arrière-pensées (E4 P37 Démonstration). En somme, l'amitié est caractérisée par la vertu de l'*honestas*, par le désir de s'unir aux autres au sein même de (cette) amitié (E4 P37 S1).

On revient toujours à la même conclusion: le naturalisme spinoziste n'est ni cru ni réductionniste. Il ne suffit pas de dire que, dans le système spinoziste, la vertu *est* puissance, qu'elle appartient au domaine du *conatus,* sans préciser ce que signifie une telle assertion. Ce n'est pas parce que la vertu n'est rien d'autre que de la puissance, que *toute* pratique du pouvoir est nécessairement vertueuse au sens actif du terme. Paradoxalement, le désir ordinaire de l'agréable et de l'utile n'est pas *vraiment* vertueux, même s'il est positif. Ainsi donc, Spinoza n'a rien en commun avec l'hédonisme matérialiste ni avec l'utilitarisme qui réduisent tous les deux la vertu au plaisir et à l'utile. Il en va de même de son rapport à l'idéalisme ascétique (le stoïcisme) qui ne semble prendre en considération que le côté négatif des passions. Le naturalisme spinoziste intègre la vertu d'une manière non réductionniste, précisément en l'envisageant comme la forme la plus achevée de la puissance (E4 P24, référant à E4 Définition 8). Par 'achevé', j'entends: parvenu à un tel stade d'activité autonome que Dieu n'a pas besoin d'autre chose que de l'action humaine afin de produire des résultats particuliers. (Cette idée de l'activité d'une 'partie totale' résume en fait à l'extrême un raisonnement très complexe dans l'*Ethique,* raisonnement dont les étapes cruciales et étroitement liées entre elles sont les passages que voici: de E4 P24 Démonstration à E3 P3, dont la démonstration se réfère à son tour à E2 P38 Corollaire, qui se réfère à son tour, par le biais de E2 P38 Démonstration au corollaire crucial E 2 P11.)

Etant naturaliste, Spinoza a besoin de l'opposition métaphysique entre activité et passivité pour expliquer la distinction entre action utilitariste et activité vertueuse. Cette distinction lui permet d'ailleurs de prendre en compte une caractéristique fondamentale de la vertu au sens commun ou humien du terme, à savoir le fait même qu'il s'agit d'un bien recherché pour lui-même, d'une activité qui est sa propre récompense. Plus loin, il nous faudra nous demander si la conception spinoziste de la vertu inclut aussi d'autres aspects de l'activité vertueuse telle que nous l'entendons communément. Mais avant d'en arriver là, une dernière remarque à propos du naturalisme spinoziste s'impose.

En tant que penseur naturaliste, Spinoza s'interroge toujours sur la raison d'être des choses, leur fondement non contingent. Ainsi, par exemple, se demande-t-il si c'est un hasard que le souverain bien est commun à tous les hommes (E4 P36 S). Spinoza ne croit pas que ce bien soit imposé à l'homme comme une fin commune qui attirerait tout être humain. A son avis – et c'est ce qui trahit son parti pris naturaliste –, les hommes partagent une seule et même nature humaine à laquelle il appartient «d'avoir une connaissance adéquate de l'essence éternelle et infinie de Dieu» (E4 P36 S). Selon Spinoza, «l'homme ne pourrait ni être, ni être conçu, s'il n'avait le pouvoir de tirer sa joie du souverain bien» (E4 P36 S). Ces structures communes sont le fondement réel de la vertu humaine; elles expliquent pourquoi le souverain bien est universel, bien qu'il ne soit vécu comme tel que par ceux qui sont capables de développer effectivement, à partir du 'premier genre' de connaissance, une connaissance du 'second' et du 'troisième genre.'

Ce qui nous conduit à la question ultime du naturalisme. Pourquoi la vertu est-elle tellement gratifiante? Comment expliquer que la Béatitude réside dans les activités vertueuses qui n'ont pas de buts extérieurs à l'activité elle-même? Se pourrait-il que ces activités ne constituent pas le souverain bien, la Béatitude la plus élevée que l'on puisse atteindre? Est-ce possible qu'on se rende compte au fil du temps que les activités vertueuses ou la Béatitude soient moins gratifiantes qu'on ne l'avait cru? Qu'est-ce qui lie cette Béatitude, que nous avons appelée un sous-produit, aux pratiques et aux activités vertueuses elles-mêmes? On sait que selon Spinoza, le plaisir ordinaire est suscité par une augmentation de notre puissance d'agir. Or, cette explication ne s'applique pas à la Béatitude. Suivant Spinoza, «la Béatitude doit être le fait que l'esprit est doué de la perfection même» (E5 P33 S). Le paradigme de ce type de joie est l'expérience d'une activité ou d'un être qui est pleinement lui-même, sans médiation aucune, pour ainsi dire. C'est la joie d'être tout court, d'être pleinement ce qu'on est. Reste pourtant la question de savoir si la réponse est vraiment satisfaisante: n'est-ce pas possible que l'homme ne voie plus le sens d'une activité purement autotélique (comme c'est le cas de l'activité de philosopher ou de méditer) et que, par conséquent, toute motivation pour cette activité se perde complètement? A l'instar de Hume, l'on pourrait répondre que, certes, l'homme peut perdre son intérêt pour telle ou telle activité vertueuse, mais pas pour *toutes* les activités dans lesquelles l'on s'engage pour le seul plaisir de l'activité elle-même. En tout cas, on a raison de se demander si la réponse spinoziste à la question pourquoi l'activité de l'entendement constitue la béatitude – une réponse en termes (métaphysiques) d'activité pure – convainc vraiment.

4. Spinoza et Hume: une affinité réelle ou imaginaire?

Ce qui frappe dans le discours spinoziste, c'est l'équivalence quasi totale entre activité vertueuse et entendement, tout comme celle entre amitié et activité commune intellectuelle. Liée à l'entendement, la vertu semble reposer sur la vérité (Spinoza prétend chercher «non pas la meilleure, mais la vraie métaphysique»), ainsi que sur une espèce de réflexivité parfaite. Le sujet de la connaissance intellectuelle sait qu'il sait; conscience de soi et connaissance de soi s'impliquent mutuellement. Toutes ces caractéristiques semblent séparer nettement la vertu spinoziste de l'activité recherchée pour elle-même telle que Hume la conçoit dans son analyse de l'amitié. Chez Hume, c'est plutôt la véracité que la vérité, l'irréflexivité plutôt que la réflexivité qui sont identifiées comme conditions nécessaires. Pour lui, l'auto-réflexivité obsessionnelle risque à tout moment de détruire la spontanéité que présuppose l'amitié. Qui plus est, l'activité vertueuse de l'entendement dont parle Spinoza semble même différer sensiblement de l'activité du philosophe humien, une activité qui est, rappelons-le, ironique, ludique et modeste. Comment rendre compte de cet écart, de ces façons si différentes de penser l'activité vertueuse? Comment l'activité vertueuse peut-elle différer tellement d'une description à l'autre. Est-il vraiment possible de comprendre la vertu en des termes métaphysiques comme le suggère Spinoza?

Avant d'avancer une réponse, je voudrais insister sur le fait que Spinoza semble admettre l'existence d'une activité vertueuse reposant sur l'amitié, sans que celle-ci soit directement liée à l'entendement. Il s'agit (cf. plus haut) de l'activité de l'homme vraiment religieux tel qu'il est décrit dans le *Tractatus Theologico-politicus*. Spinoza y oppose la religion à la superstition; celle-ci est caractérisée comme un système de croyances et d'actions dominant ceux qui sont victimes d'une fortune adverse. La superstition va inévitablement de pair avec des illusions métaphysiques dogmatiques (E1 A). L'activité du véritable croyant judéo-chrétien, par contre, implique l'obédience à Dieu à travers la charité et la justice. Or, pour Spinoza, cette activité est plus ou moins réalisée dans certaines sectes religieuses telles que les Quakers (qui s'appellaient d'ailleurs la Société des Amis). Une telle vie d'amitié, sans lien direct avec la recherche de la vérité scientifique ultime, mène elle aussi au salut, même si celui-ci n'est pas parfait[9]. La vérité n'est pas requise ici, pas question d'une recherche des fondements ultimes des choses; ce qui compte, c'est la piété, des actes spontanés de charité et de justice, ainsi que la confiance en la bonté divine. Sans rejeter la pratique même de l'entendement, le chrétien authentique ne doit pas se soucier à outrance de la validité rationnelle de ses croyances religieuses. Est vraiment décisive, la certitude morale de vivre une vie juste, une certitude vécue *à travers* l'activité morale elle-même et le repos qu'elle donne à l'esprit.

Retournons à la question de savoir si la conception de l'activité vertueuse dans l'*Ethique* diffère vraiment de celle de Hume. A première vue, l'activité spinoziste de l'entendement semble s'écarter foncièrement de l'activité ironique et lucide du penseur humien. Pourtant, ce sont paradoxalement certains éléments (contenus) de la métaphysique spinoziste qui transforment l'activité intellectuelle de telle façon qu'elle se rapproche de l'activité vertueuse comme celle-ci est comprise par Hume. Selon Spinoza, l'entendement nécessite une perspective parfaitement réflexive sur soi-même et les amis. Mais cette réflexivité est pour ainsi dire transcendée dans un contexte global dans lequel elle devient inoffensive: le sujet qui se connait lui-même (tout comme il connaît les autres

(9) Cf. H. De Dijn, «Spinoza and Revealed Religion», in *Studia Spinozana*, 11 (1995), pp. 39-52 (voir aussi le chap. 3).

sujets) sait aussi que sa connaissance (réflexive) n'est rien d'autre que l'activité de la Source même de toute activité. Le décentrement du sujet qui caractérise la spontanéité de l'activité vertueuse, caractérise aussi le savoir intuitif tel que le conçoit Spinoza[10]. On y retrouve aussi un élément d'humilité joyeuse ou même glorieuse et de lucidité. L'activité la plus élevée de l'entendement n'est pas simplement une activité de possession de ou de présence à soi, mais plutôt la conscience d'être l'expression de l'énergie divine, ainsi que l'acceptation de cette réalité. Voilà pourquoi l'entendement donne lieu à 'l'amour intellectuel de Dieu'. L'expérience de la béatitude de l'âme n'est pas identique au détachement de l'esprit prométhéen; c'est l'expérience d'un étant qui est par et dans l'Autre. C'est la Gloire dans laquelle le sujet sait intuitivement que son propre rayonnement n'est autre que le rayonnement de l'Autre à travers soi-même (E5 P36 & S).

Comment finalement définir le naturalisme non réductionniste de Spinoza et de Hume? On peut le faire à l'aide de trois propositions:

- la vérité est naturaliste: l'homme n'est qu'une partie de la Nature;
- la vérité n'est pas incompatible avec une vie vertueuse qui produit la béatitude comme un sous-produit;
- la vérité explique elle-même pourquoi le bonheur ou la béatitude ne relèvent point d'un quelconque programme basé sur cette même vérité.

(10) Cf. *Ibid.*, pp. 260-261; voir aussi le chapitre II1.

III

SCIENCE, ÉTHIQUE, RELIGION ET SENS COMMUN

SCIENCE, SENS COMMUN ET SAGESSE*

1. Les limites de la rationalité scientifique

L'homme moderne a tendance à associer – presque automatiquement – le vrai savoir à la science. C'est que, pour nous, celle-ci semble être synonyme de connaissance ou de savoir objectifs; c'est elle qui concrétise de manière exemplaire la quête passionnée du pourquoi et du comment des choses du monde. La science, en effet, se signale par une curiosité sans bornes; elle procède à coup d'observations minutieuses, d'expérimentations, d'hypothèses ingénieusement construites, de modèles et de théories et si besoin en est, elle n'hésite pas à questionner et à repenser radicalement le savoir acquis. Le bilan que peut présenter cette pratique particulière et *intrinsèquement* liée au développement impressionnant de la technologie est à la fois spectaculaire et étrange. Il suffit d'écouter attentivement certains scientifiques contemporains – et grâce à la médiatisation intense de la science, on en a amplement l'occasion – pour se rendre compte à quel point l'univers que nous habitons est fascinant et étrange; on a l'impression que la frontière entre science et 'science-fiction' est devenue infiniment mince.

L'éclosion de la science et de la technique modernes a complètement révolutionné l'image de la nature et de l'homme qui en fait partie, ce qui a provoqué indéniablement un certain désenchantement: les manières dont l'homme se rapporte spontanément à soi-même et au monde

(*) Version originale: H. DE DIJN, "Soorten weten: wetenschap, common sense en wetenschap", in *Onze Alma Mater*, 54:4 (2000), pp. 467-481; traduction française par Koenraad GELDOF.

vécu ont perdu leur évidence (existentielle) d'antan. La théorie évolutionnaire, la sociobiologie, la neurologie, les sciences cognitives et la microbiologie ont fini par créer une image de l'homme qui a de quoi étonner, certes, mais qui, en même temps, implique un certain degré d'aliénation: c'est comme si l'homme n'était rien d'autre que la résultante passive de forces aveugles et arbitraires, comme si la conscience n'était, après tout, qu'un épiphénomène dû à des interactions neurophysiologiques qui s'expliquent sans référence aucune à l'idée même de 'conscience'. Dans ce contexte, la situation actuelle semble donner raison à Spinoza: «étant conscient de sa volonté et de ses désirs, l'homme se croit libre, mais [il est incapable d'entrevoir] – même pas dans ses rêves –, les causes qui le prédestinent à cette volonté et à ces désirs parce qu'il les ignore» (*Éthique* I, Appendice). Cela dit, l'hypothèse même de la corrélation étroite entre science moderne et aliénation n'est pas unanimement acceptée. Certains intellectuels – croyants et laïques confondus, allant de Polkinghorne à Prigogine – la contestent en effet: pour eux, les développements récents des sciences de la nature confirmeraient plutôt nos convictions les plus intimes concernant le sens de l'évolution ou de la liberté humaine. D'autres scientifiques et penseurs tout aussi prestigieux, par contre, – je pense à Steven Weinberg, un des coryphées de la science naturelle pure –, affichent une opinion contraire. La 'théorie des noeuds', par exemple, avancée par Edward Witten, un des protagonistes de la physique avancée, semble exclure à tout jamais l'idée d'une certaine convergence entre science et sens commun; impliquant jusqu'au rejet des catégories fondamentales comme l'Espace ou le Temps, cette théorie de l'origine de l'univers coupe les ponts non seulement avec un certain horizon de sens quotidien, mais aussi avec toute une tradition scientifique. Ma position pourrait se résumer de la sorte: indépendamment de la question de sa plausibilité, il faut abandonner l'idée suivant laquelle le progrès scientifique constituerait un point de repère décisif pour mesurer la vérité et la valeur du sens commun. Plusieurs éléments m'ont poussé dans cette direction. Tout d'abord, la science ne cessant d'évoluer, ses résultats restent forcément hypothétiques et ne sauraient servir de base stable pour le sens commun. Ensuite, comment arriverait-on jamais à penser, à expliciter pleinement en quoi consisterait cette convergence entre science et sens commun, entre, par exemple, tel ou tel théorème physique actuel et une certaine idée de liberté (même philosophiquement révisée)? Et qui définirait la nature exacte de ladite convergence ou au nom de quelle légitimité pourrait-on la nier? Quant au dernier point, force est de constater que la physique moderne n'est accessible qu'à une infime minorité de chercheurs qui, à leur tour, n'ont souvent qu'une compréhension très inadéquate de ce qui se passe dans le domaine du sens commun ou de la philosophie. Est-ce que cela signifie que nous, la grande majorité des non-initiés, n'ayons qu'à prendre pour argent comptant ce que prétendent quelques experts?

Dans une interview télévisée, Edward Witten déclare que des notions comme celle de 'bonheur' (tout comme celle, peut-être, de 'conscience') échappent à toute analyse réductionniste et que, dès lors, une explication en termes de facteurs psychologiques ou neurologiques s'avérera toujours d'une certaine façon insatisfaisante. C'est que, toujours selon Witten, de telles notions fonctionnent plus ou moins à la manière des notions primitives des mathématiques: il faut les postuler pour pouvoir comprendre et expliquer d'autres états de choses. Mais ce qui m'a frappé le plus dans les propos de Witten, c'est le paradoxe suivant: tout ce que la science n'arrive pas à expliquer – le bonheur, par exemple –, nul, au fond, ne l'ignore, tandis que seule une toute petite minorité est capable de comprendre l'explication scientifique d'un quelconque phénomène – explication pourtant parfaitement intelligible. Une situation fort remarquable.

Certaines réalités – le bonheur, la conscience, etc. – sont immédiatement, c'est-à-dire sans le détour d'une explication théoriquement fondée – accessibles à tous. Il doit donc y avoir un mode de connaissance qui ne relève ni de la recherche scientifique ni de la rationalité (théorique), un savoir qui s'acquiert d'une manière tout à fait particulière. Or, ce savoir, il existe effectivement[1]. Il résulte de l'appartenance à une *forme de vie* (*form of life*[2]), de la familiarité avec un ensemble plus ou moins partagé de certaines manières de faire, de certaines manières de se rapporter à autrui et au monde qui nous entoure. Ce savoir n'est donc pas de nature théorique mais pratique, à condition toutefois de ne pas confondre 'pratique' avec 'utilitaire'. L'épithète 'pratique' concerne tant les rapports entre parents et enfants, hommes et femmes, amis et voisins que ceux entre l'homme et les animaux, l'homme et la nature. Ce savoir pratique est régi en profondeur par des règles explicites et implicites, évaluatives ou normatives qui définissent l'acceptable et l'inacceptable, l'admissible et l'inadmissible. Autrement dit, notre regard sur le monde et autrui n'est ni neutre ni objectif: même là où il paraît purement descriptif, il est teinté d'éléments axiologiques. Prenons les deux énoncés que voici: «Ce n'est qu'un animal» ou «le soldat a violé des femmes, même des enfants». Ils ont l'air d'être simplement descriptifs. En réalité, il n'en est rien: ils trahissent un rapport au monde qui est de part en part imprégné de jugements de valeur.

(1) En ce qui concerne les avatars sémantiques de la notion de *sens commun*, voir H.-G. GADAMER, *Wahrheit und Methode. Grundzüge einer philosophischen Hermeneutik,* Tübingen, Mohr, 1965², pp. 21-27 (Je remercie Rudolf Bernet de cette information).

(2) L. WITTGENSTEIN, *Philosophical Investigations* (Transl. G.E.M. Anscombe), Oxford, Blackwell, 1968, p. 8: I-19.

Étant donné que sens commun, savoir pratique et forme de vie constituent des réalités étroitement corrélées, que faire alors de cette idée prônée par certains que notre perception préscientifique de l'homme et du monde devrait se plier au progrès scientifique même si cela signifie que celle-là finit par s'effacer entièrement au profit de celui-ci? Or, la fin de cette vision du monde préscientifique serait en même temps – et nécessairement – celle de notre forme de vie, de nos rapports sociaux et intersubjectifs, de notre attitude face à la nature, face à nous-mêmes. Il en irait de même des valeurs qui informent notre existence. Et c'est effectivement à cette conclusion qu'ont abouti certains philosophes – ceux, par exemple, qui ont *déduit* de la thèse du déterminisme physique la faillite du mode de vie traditionnel: sous l'angle rigoureusement déterministe, comment en effet *justifier à fond* la justice, l'idée de responsabilité ou celles de culpabilité, de gratitude, etc. Heureusement, rares sont ceux qui ont suivi les philosophes sur cette voie-là. Plus récemment, les héritiers lointains de nos philosophes déterministes affirment que l'image de l'homme comme soi, comme être conscient, autonome et responsable de ses actes n'est au fond qu'un mirage, qu'une illusion produite par des processus psychologiques ou neurologiques. Comble de contradiction performative: si l'assertion était vraie, nul besoin forcément de la prendre au sérieux.

La science ne nous permet ni de maintenir ni de modifier notre conviction que l'homme est en premier lieu une *personne*. C'est qu'il y va du fondement même de notre rapport à autrui, à nous-mêmes et ce rapport renvoie à un mode de vie moral. Pour user de la terminologie d'Edward Witten (et qui est aussi celle de Kant): la conviction dont il s'agit ici équivaut à un postulat.

Selon le point de vue scientifique, l'homme n'est que la simple somme d'un ensemble de propriétés, de fonctions et de capacités. L'attitude de respect à l'égard de l'être humain ne saurait être fondée là-dessus. Si, *per impossibile*, le respect y trouvait sa fondation, il ne concernerait que des individus strictement identiques; il devrait même concerner plutôt certains animaux adultes que des êtres humains dont le développement est ou bien inachevé, ou bien défectueux. Ce qui, de toute évidence, n'est pas le cas et me conduit à l'idée suivante: le fait même d'accepter l'être humain en tant que *personne* implique l'acceptation de la vieille notion préscientifique de l'*âme*. Selon une longue tradition philosophique et théologique, c'est grâce à celle-ci, à l'âme ou à l'esprit qui dépassent le pur instinct vital, que l'homme, plus que n'importe quel animal, mérite un respect particulier. L'âme est alors conçue comme une nature, une sorte de super-qualité inhérente à chaque individu humain, même si rien, dans le comportement concret de cet individu, n'en porte les traces visibles. Selon cette tradition, on a souvent tendance à dire que l'homme mérite du respect *à cause* de son âme, alors que c'est plutôt le contraire qui est vrai. Wittgenstein le dit ainsi: «Mon rapport à lui est un rapport à une âme. Je ne suis pas *convaincu* qu'il possède une âme[3].» L'attribution d'une âme à autrui ne découle pas d'une *opinion* plus ou moins solidement fondée; il en va de même de l'attitude respectueuse. L'attribution de l'âme et l'attitude respectueuse constituent, en d'autres mots, l'envers et l'endroit de la même médaille. L'on peut parler d'une sorte de croyance en l'existence de l'âme à condition de ne pas définir la croyance comme un savoir provisoire, plus ou moins lacunaire et dont je dois me contenter pour être à même de postuler l'existence d'une entité

(3) *Ibid.*, II-iv, p. 178: «My attitude towards him is an attitude towards a soul [*eine Einstellung zur Seele*]. I am not of the *opinion* that he has a soul». Voir à ce propos P. WINCH, «Eine Einstellung zur Seele», in *Proceedings of the Aristotelian Society*, LXXXI (1981), pp. 1-15.

quelque peu douteuse, bref: comme un savoir qui sera un jour perfectionné (peut-être dans l'au-delà). Ou encore: la croyance en l'âme n'est pas une *opinion* falsifiable, elle reste valable même lorsqu'elle semble être contredite par de nouvelles informations[4]. Imaginez la scène suivante: quelqu'un nous démontre avec des arguments vraiment irréfutables que l'idée de l'âme en tant que super-qualité est intenable. Quelle sera notre réaction? Est-ce que nous perdrions le respect pour des êtres humains? Ou est-ce que notre respect ne concernerait plus que les êtres dont les qualités dépassent un certain seuil combinatoire? Mais qu'est-ce qui fait de ce seuil – quelle que soit sa nature – un critère qui décide que certains, plutôt que d'autres êtres, méritent du respect? D'un point de vue neutre, objectif, cette question est condamnée à rester sans réponse.

En définissant le respect sur la base de la pitié qu'un être sensible éprouve à l'égard d'autres êtres sensibles, on admet de toute manière que le respect n'est pas fondé sur un *savoir* (empirique ou scientifique) relatif à la présence de l'une ou l'autre qualité. Cela dit, la pitié n'explique pas non plus les formes complexes de respect dont l'homme, en règle générale, est capable. A l'origine du respect ne se trouve ni un savoir ni une croyance ni même un rapport purement empathique à d'autres êtres sensibles.

La prise de conscience du fait que l'homme possède une âme passe par le *regard*: on voit le *corps* humain *comme étant* digne de respect. Selon Wittgenstein, «[l]e corps humain est le miroir parfait de l'âme[5].» Ou encore: le contact avec l'âme

(4) P. STRAWSON, «Freedom and Resentment», in Idem, *Freedom and Resentment and Other Essays*, London, Methuen, 1974, pp. 1-25. Pour une interprétation analogue de la notion de 'croyance' (au sens de *belief*), voir M. DE CERTEAU, «Une pratique sociale de la différence: croire», in *Faire Croire,* Rome, Ecole Française de Rome, 1981, pp. 363-383.

(5) L. WITTGENSTEIN, *op. cit.*, p. 178: «The human body is the best picture of the human soul.»

est médié par le corps et plus particulièrement par le visage. Si l'on a du mal à accepter l'âme, cela est moins dû à un manque d'informations ou de preuves qu'à un aveuglement individuel ou collectif face aux besoins réels de corps humains, face aussi au regard brisé ou suppliant.

Vu ce lien étroit entre l'âme et le corps, le respect à l'égard de l'homme, à l'égard de l'homme en tant que *personne* se concrétisera, bien sûr, souvent sous la forme de comportements, d'attitudes et de gestes à première vue irrationnels: je pense aux soins que l'on apporte à des patients déments ou comateux ou à des personnes gravement handicapées, je pense aussi à la veille au chevet d'un mourant, à la commémoration des noms de ceux qui ont disparu. Si le respect dépendait simplement de la présence de certaines capacités ou qualités, tous ces comportements, attitudes et gestes seraient au fond dénués de sens puisqu'axés sur des corps qui, devenus inutiles, ne méritent plus aucune attention particulière. Mais même là où nous avons affaire à des gens parfaitement capables de conversations et d'actions responsables, nos réactions ne seront pas uniquement conditionnées par des qualités ou des prestations en tant que telles. Prendre au sérieux les autres, cela signifie: découvrir leurs comportements, leurs paroles et leurs émotions comme étant *les leurs,* comme provenant d'un centre de responsabilité. D'autre part, autrui ne coïncide jamais à cent pour cent avec ces comportements, paroles et émotions, ce qui garantit un respect minimal même dans des situations où certains gestes ou propos précis ne méritent guère notre estime[6].

Chaque personne se définit par une singularité ou une particularité irréductibles, liées au corps; celui-ci décide de la place que chacun occupera dans une totalité d'êtres singuliers,

(6) Cf. H. De Dijn, *De herontdekking van de ziel. Voor een volwaardige kwaliteitszorg*, Kapellen, Pelckmans, 2002.

une totalité symbolique à l'intérieur de laquelle chaque individu se manifeste *a priori* comme une *personne*[7]. L'attribution d'une âme est inconcevable sans la présence simultanée d'un corps particulier – un *corps* qui relie chaque individu à d'autres corps humains pour former une totalité *spirituelle* (un corps mystique)[8]. Notre corps nous inscrit dans cette succession immémoriale de générations se signalant – chacune d'elles – par une histoire spécifique, liée à son tour à une conjoncture spatiale et temporelle tout aussi spécifique. Et il ne s'agit pas ici d'un lien neutre, ou des temps et d'espaces interchangeables qui feraient l'objet d'un savoir scientifique. Non, les rapports auxquels je pense sont plutôt de nature mystique; le lieu et le moment définit l'histoire irréductiblement spécifique et, partant, la signification de l'individu, que celui-ci le veuille ou non. L'âme n'est pas une abstraction intemporelle: elle possède une dimension historique essentielle, une dimension qui ne fait pas l'objet d'un choix et qui échappe à toute forme de contrôle[9].

Le corps mystique coïncide avec un rapport qui précède toute décision humaine individuelle et qui devient réel, efficace dès qu'un corps se voit *marqué* par un certain signe matériel donné (comme dans un baptême). Celui-ci dote l'individu d'une signification qui dépasse toute matérialité sans pour autant s'en détacher complètement (d'où l'idée traditionnelle que, même dans l'au-delà, l'âme ne saurait se passer du corps). L'âme et le corps constituent l'envers et

(7) Cf. A. BURMS, «Het eigene: reëel en symbolisch», in *Tijdschrift voor Filosofie*, 61:1 (1999), pp. 45-57.

(8) Cf. H. DE DIJN, *Hoe overleven we de vrijheid? Modernisme, postmodernisme en het mystiek lichaam*, Kapellen - Kampen, Pelckmans - Kok Agora, 1997[4], p. 3 *et passim*.

(9) En ce qui concerne la relation entre mémoire et identité, voir R. BREEUR, «Over geschiedenis, het leven en het zelf», in *Tijdschrift voor Filosofie*, 60:3 (1998), pp. 447-474.

l'endroit d'une seule et même réalité. Comme le corps, l'âme est individualisée par un nom propre (un nom de famille, un prénom, parfois même rien que le nom d'un village). Par le biais de signes matériels – comme les noms propres –, l'individu devient membre d'une communauté et cela indépendamment de ses autres qualifications, de ses mérites, indépendamment même de ses propres décisions (et de décisions futures au cas où le fait d'avoir été marqué implique une promesse). Les corps mystiques rendent possible la création d'âmes qui, elles, présupposent des corps marqués. Sans cette appartenance du corps à des corps mystiques, sans ces rituels qui confèrent du sens aux corps individuels, pas d'individus animés, pas de corps dignes de respect.

Le réalisme de notre regard sur autrui, vu comme âme, comme personne, ne diffère en rien de celui à travers lequel nous nous découvrons comme soi. Et le même réalisme est à l'œuvre lorsque une série de sons se métamorphose en une chaine signifiante ou en une chanson, ou des mouvements musculaires en rire, ou encore la rose en une fleur exquise. L'âme, la personne appartiennent vraiment au monde, au monde réel, au monde qui compte vraiment pour nous, bref: au *monde vécu*. Le monde vécu ne contredit pas la science: celui-là ne pourra que se soustraire aux découvertes de celle-ci. Pourtant, le monde vécu diffère sensiblement de celui de la science. «Quand quelqu'un sourit, ce que nous voyons c'est de la chair humaine qui bouge à la suite d'impulsions neurologiques. Le phénomène ne suspend aucune loi naturelle; nous ne sourions pas malgré la nature, mais grâce à elle. Cela dit, pour nous, la signification du sourire se situe toutefois ailleurs: il relève moins de la chair que de l'esprit (spontanément révélé). S'il y entre toujours de la chair, le sourire n'en est jamais la simple résultante[10].»

(10) R. SCRUTON, *The Philosopher on Dover Beach. Essays*, Manchester, Carcanet, 1990, p. 9.

L'acte même d'envisager l'autre comme une personne, comme une âme ne dépend d'aucune hypothèse théorique. Ce regard particulier sur l'autre n'a rien non plus d'une projection falsifiable et à laquelle pourrait alors se substituer une vision plus exacte et correcte. (Si nous n'étions plus capable de voir en autrui une personne, nous vivrions un véritable cauchemard.) Le regard réaliste est aussi justifié et adéquat que la compréhension immédiate et responsive de sons humains comme un enchaînement signifiant de mots. En tant qu'univers d'interactions langagières dialogiques, en tant que tissu de conversations, le monde vécu *précède* le monde de la science, et non pas l'inverse[11]. Le fait même d'appartenir au 'monde vécu' signifie que l'on prend au sérieux des notions, des concepts, des classifications et des catégories qui, par principe, débordent le langage strictement scientifique: c'est que leur signification et leur fonction sont irréductibles au simple transfert d'informations neutres et d'explications causales; ils nous aident à nous *orienter* – en tant que *personnes* – dans un monde défini par un certain horizon de sens et par certaines valeurs.

Ce que je viens de dire ne signifie cependant pas que les attitudes et les réactions fondamentales et inhérentes au monde vécu soient conditionnées par nos propres sentiments subjectifs: elles sont tout sauf arbitraires. La perception d'autrui comme personne ou la traduction d'une chaîne sonore en un tout signifiant ou de mouvements musculaires en sourire ne sont pas le fruit de la volonté. Au contraire, la volonté et le sentiment présupposent plutôt une aptitude originaire à ces attitudes et réactions fondamentales[12]. C'est

(11) A ce sujet, voir aussi A. DE WAELHENS, *La Philosophie et les expériences naturelles*, La Hague, Martinus Nijhoff, 1961.

(12) Cette aptitude relève d'une sorte de rationalité (*reasonableness*) appartenant à la forme de vie, au sens commun: cf. M. OAKESHOTT, *Rationalism in Politics and Other Essays*, London, Methuen, 1977, pp. 100-101.

sur ce fondement sans fond que peuvent se greffer d'éventuelles préférences 'subjectives'. Il m'est impossible de décider que je me sentirai coupable lorsque j'ai manqué de tact à l'égard d'autrui. L'absence éventuelle de remords n'est pas l'indice d'un dépassement de sentiments subjectifs; c'est plutôt la preuve d'un épouvantable manque, même si la personne concernée ne s'en rend pas/plus compte.

La croyance en l'âme ou plutôt le regard qui envisage l'autre comme un être animé ne sont pas scientifiquement ou théoriquement fondés. Ils renvoient à des attitudes fondamentales typiques du monde vécu et ce qu'ils ont en commun avec celles-ci, c'est une certaine fragilité. Si je parle de fragilité, ce n'est pas parce que la croyance et le regard en question seraient dépourvus de fondement (empirico-)théorique, mais justement parce que les attitudes fondamentales dans lesquelles ils s'enracinent sont fragiles. Pourquoi? Parce que certains, par exemple, resteront à tout jamais incapables d'une telle croyance, d'un tel regard, ou qu'ils ont perdu cette compétence toute particulière en cours de route. Aucun remède ne saurait pallier ce genre de déficiences. En outre, la possibilité même de la perception de l'autre comme personne se voit hypothéquée à cause de facteurs d'ordre idéologique. Bien que l'idéologie n'efface jamais complètement les attitudes fondamentales, son influence, par moments, est réelle et parfois paralysante. C'est du moins ce dont témoigne l'obsession excessive de l'efficacité – une obsession née du rêve illusoire du contrôle instrumental tout-puissant. Dans ce dernier cas, le rêve de l'efficacité totale oblitère l'horizon de sens ultime qui définit pourtant sa signification et qui échappe lui-même à l'idée d'efficacité et d'instrumentalité. L'idéologie de l'autodétermination agit dans le même sens: à cause d'un nombrilisme extrême, on finit par perdre de vue tant sa propre âme que celle d'autrui. Sans la référence à des personnes concrètes, constituant des corps mystiques, on sombre dans la désorientation la plus totale, la plus débridée – un aveuglement lourd de conséquences. Est-ce que cela veut dire que le monde vécu soit tout à fait non problématique, qu'il soit le meilleur des mondes possibles? Bien sûr que non. Mais faites-en abstraction, et tout ce qui vous reste, c'est le chaos, une ruine. Sans la participation aux rituels collectifs de corps mystiques, pas d'existence humaine digne de ce nom, une existence animée et partagée avec d'autres âmes. Sans ce contexte vécu, le sens et la finalité de la vie s'évanouissent.

Apparemment, la notion d'âme suscite, au moins chez certains, un sentiment d'inquiétude. Mais pourquoi la nature non scientifique ou le manque de justification théorique de cette notion nous effraieraient-elles? Inversement, le fait que l'on écarte certaines interprétations métaphysiques par trop essentialistes n'entraîne pas forcément la non-pertinence totale de l'idée d' 'âme' (tout comme l'usage superstitieux ou métaphysique de certains concepts scientifiques n'implique pas forcément leur faillite théorique). L'inquiétude qu'inspire la notion de l'âme se nourrit précisément d'un désir de certitude, de fondement(s) ultime(s), désir que le monde vécu est toutefois incapable d'assouvir. Et dès qu'on se rend compte de cette impossibilité insurmontable – elle tient à l'essence même du monde vécu –, certains, au lieu d'abandonner ce désir de certitude et de justification, s'en prennent au monde vécu pour y subsituer l'un ou l'autre succédané. Malheureusement, celui-ci n'offre aucun point de repère vraiment solide: ainsi la science ne nous est d'aucune utilité lorsqu'il s'agit de comprendre ce qui excède l'utilitaire, ce qui compte *réellement*. Plus la science, à l'aide de ses taxinomies, se proposera de fonder les valeurs qui gouvernent le monde vécu, plus ce fond reculera, à l'infini. Seule la familiarité avec *la surface* du monde vécu peut nous sauver.

Cela dit, aucune séduction idéologique ne réussira à gommer sans reste nos intuitions de ce qui compte *vraiment*. Elles sont trop fortes. Doutera-t-on jamais sérieusement que le sourire tendre d'un père adressé à son enfant soit 'justifié'? Que les handicapés soient des *personnes* qui méritent plus de respect et plus de soins que les primates? (seuls ceux qui n'ont jamais rencontré des handicapés oseront sans doute répondre par l'affirmative – ce qui montre, à son tour, que l'isolement social des handicapés peut soulever, à moyen terme, un problème moral grave). Qui prendra un sourire pour la grimace d'un zombi? La confiance en la réalité du monde vécu est originaire, d'une évidence existentielle fondamentale, même si cette confiance n'est pas théoriquement fondée ou justifiée, même si elle n'est pas strictement inébranlable[13]. Dans ce domaine, le doute exacerbé minerait la possibilité même de tout questionnement (y compris du questionnement scientifique). S'il était possible, le pyrrhonisme pur et conséquent serait moins l'expression d'un sens critique aiguisé au maximum que le symptôme hyperbolique d'un état pathologique.

L'on parle souvent du *mystère* de la personne humaine, dont le visage serait en quelque sorte la trace visible. Ce langage suggère parfois que, malgré la sophistication du savoir scientifique contemporain au sujet de l'homme, l'infinie complexité de la *psychè* humaine nous échappe toujours et nous échappera peut-être à tout jamais. Notre respect particulier vis-à-vis de l'homme serait donc motivé par cette idée de complexité et par l'hypothèse corrélative que celle-ci restera toujours suffisamment unique pour justifier ce respect? Et si, un jour, le mystère était dissipé et la complexité soi-disant unique déchiffrée et donc réduite à des proportions 'normales'? Dèjà de nos jours, certains scientifiques sont d'avis

([13]) Quant à la problématique de la confiance, voir H. DE DIJN, *Hoe overleven we de vrijheid?*, chapitre 6.

que – vu la frontière génétique extrêmement mince entre l'homme et certains primates –, il nous faut inclure ceux-ci dans notre communauté morale. Clairement, le mystère de la personne n'a rien à voir avec un certain degré de complexité qui défierait la compréhension théorique et scientifique. Ce mystère est accessible *à tous*, même à ceux qui ignorent tout de la science.

Le monde vécu est fait d'innombrables mystères non mystérieux, c'est-à-dire d'innombrables événements qui nous émerveillent nonobstant le fait que nous savons qu'ils se prêtent sans difficulté aucune à une explication scientifique: je pense, par exemple, au mystère de la naissance d'un enfant; celui-ci se voit doté d'une signification irréductible avant même que l'on puisse associer à cet être des qualités et des capacités concrètes. Les mystères du visage, du sourire et de la tristesse vont dans le même sens. Ces mystères n'exigent aucune investigation rationnelle ou scientifique, seulement des réactions appropriées comme la gratitude, le respect ou la compassion. C'est la réaction (l'attitude réactive comme dirait Strawson[14]) qui montre qu'on a compris, qu'on est raisonnable ou non.

Tout ce qui précède n'est pas uniquement valable à l'égard du corps humain. Au niveau du monde vécu, il existe des rapports similaires, par exemple, vis-à-vis de la nature. «Les merveilles de la nature. On pourrait dire: l'art nous *montre* les merveilles de la nature. Il est *fondé* sur le concept de merveille de la nature. (Le bourgeon qui s'ouvre. Qu'y a-t-il là de magnifique?). On dit [simplement]: Regarde comme il s'ouvre[15].)» Rien – ni même le savoir scientifique – ne saurait vraiment mettre en cause notre regard réaliste sur le

(14) Voir la note 4.

(15) L. WITTGENSTEIN, *Remarques mêlées* (trad. de l'allemand par Gérard Granel), Trans-Europ-Repress, s.d., p. 69.

monde vécu, rien, en effet, ne nous interdira de percevoir des mouvements musculaires comme un sourire ou de voir en autrui une personne, une âme. «Dans la vision du monde scientifique, rien n'exclut l'expérience du sacré; la science nous dira seulement que cette expérience est l'effet d'une cause naturelle. N'empêche que celui qui cherche le sens est indifférent à l'ordre de la causalité (...)[16]».

Le mystère de la personne n'a rien d'un problème qui serait trop complexe[17]. Il est connu de tous ceux qui sont capables d'entrer en contact avec autrui, d'être et de se savoir interpellé par le visage d'autrui. Pour comprendre ce mystère *en tant que* mystère, point n'est besoin de recourir à un savoir scientifique sophistiqué. Ce qui est, par contre, indispensable, c'est une sorte de sensibilité, de sens moral. Selon le célèbre philosophe chinois Mencius (IVe siècle avant J-C), la morale et la civilisation ont vu le jour au moment où nos ancêtres ont pris la décision d'enterrer leurs morts (d'abord leurs parents). Ce moment-clé coïncide donc avec une certaine prise de conscience, avec l'avènement de l'idée – contraignante, normative – qu'un certain état de choses n'est plus tolérable. Je cite Mencius: «Dans un passé très lointain, il y a eu, selon toute probabilité, des gens qui n'enterraient pas leurs morts et qui abandonnaient les corps de leurs parents dans des fossés. Puis, un jour, passant par le même endroit, les fils ont revu ces corps, déchirés par les renards et dévorés par les mouches. A cause du spectacle horrible, leur front fut immédiatement couvert de sueur – la sueur (...) étant le signe d'une très forte émotion. Les fils rentrèrent pour aller chercher des corbeilles et des pelles. S'ils ont

(16) R. SCRUTON, *op.cit.*, p. 10.

(17) Pour ce qui est de la distinction entre 'mystère' et 'problème', voir surtout G. MARCEL, *La Dignité humaine et ses assises existentielles*, Paris, Hubier-Montaigne, 1964, p. 111.

eu absolument raison d'enterrer les cadavres de leurs parents, tous les fils consciencieux et tous les gens bienviellants ont le devoir d'agir de la sorte[18].»

Le sens moral n'a rien de purement subjectif: il repose sur la reconnaissance de certaines valeurs qui transcendent ma propre subjectivité et qui m'interpellent comme elles interpellent autrui. A travers cette sensibilité particulière, je me découvre comme être responsable. Il est possible que mon rapport aux autres ainsi que leurs réactions vis-à-vis d'une valeur morale donnée m'aident à entrevoir que mon sens moral est encore inadéquat, manque de maturité ou de sophistication. Dans ce processus, le rôle de l'autre n'est donc pas sans importance: il incarne parfois un sens moral exemplaire, digne d'être suivi: c'est en observant ses réactions, en écoutant ses paroles que nous apprenons peu à peu le sens et la portée réels de certaines valeurs. Ici, l'orthodoxie – le savoir correct – sera avant tout une affaire d'orthopraxie, de rectitude pratique.

Ce ne sera dès lors pas le manque d'information ou d'intelligence théorique qui rendra ce genre de savoir défectueux; en cas d'incompétence, celle-ci sera due à l'incapacité de réagir de manière appropriée à l'épiphanie du visage humain. On a donc tort – je le répète – de dire que notre savoir moral et tout ce qu'il implique sur le plan pratique sont provisoires et qu'un jour ou l'autre de nouveaux savoirs scientifiques vont nous obliger d'oublier tout cela. Cette prétention montre non seulement qu'on ignore tout de la différence essentielle entre savoir moral et savoir scientifique; elle trahit «a lack of moral nerve», un manque de tact moral.

Faut-il en déduire que le mystère est réfractaire à toute justification, à toute description? Je ne le crois pas. Les poètes et les penseurs n'ont jamais rien fait d'autre. Certaines

(18) *Mencius*. Transl. with an introd. by D.C. Lau, Harmondsworth, Penguin Classics, 1983 (reprint), p. 105.

analyses du sens moral par des penseurs éthiques – de Mencius à Levinas – reflètent adéquatement la vie, le savoir et la sensibilité moraux de nombre de lecteurs. Mais description ou justification ne sont pas synonymes d'*explication* du mystère. La justification présuppose déjà une certaine familiarité avec le mystère, une certaine proximité; elle ne fera donc pas abstraction des modalités concrètes sous lesquelles le mystère se manifeste. Le lien entre le mystère de la personne et le visage de celle-ci est absolument vital (la prise de conscience de la plénitude du mystère ne sera, par conséquent, jamais identique à la contemplation d'une essence éternelle).

2. Sagesse quotidienne, sagesse du quotidien

Jusqu'ici, j'ai parlé de deux types de savoir qui – soit dit en passant – sont également intéressants, également indispensables, en l'occurrence le savoir technico-scientifique et le savoir typique du monde vécu. Or, les réflexions précédentes appellent un complément. Celui-ci *complexifiera* la problématique qui nous concerne mais c'est aussi grâce à cette plus grande complexité que nous serons à même de mettre au jour la nature de la *sagesse*.

Le savoir quotidien – on l'a vu – utilise des notions et des catégories dont la valeur est à la fois descriptive et évaluative; elles signifient dans la mesure où elles sont inscrites dans nos rapports aux autres, au monde et à nous-mêmes, et elles sont étroitement liées à des valeurs, qui, elles, sont matérialisées à travers des systèmes axiologiques (sociaux, éthiques, politiques, etc.) et des institutions. L'inscription sociale de l'individu – donc le fait qu'il se conforme à des institutions, à des normes et à certaines habitudes (collectives) –, présente un avantage majeur: elle permet à l'individu de participer à la vie communautaire, sans que cette participation ne dépende des états d'esprit individuels parfois fort fluctuants. Par ailleurs, cependant, l'appartenance sociale comporte aussi un risque considérable: la vie de l'esprit a tendance à s'engourdir, de sorte que la conscience de significations cardinales et relatives, justement, au mystère, s'estompe au fil du temps. Certes, jusqu'à un certain point, ce fléchissement de la conscience axiologique est inévitable: le cours ordinaire des choses exige lui aussi sa part de notre énergie et de notre attention. Quoi qu'il en soit, le fait est là, une certaine routine s'installe et de 'fondamentales' les valeurs qui définissent les contours du monde vécu deviennent 'pragmatiques'; c'est comme si leur signification était désormais teintée d'une certaine neutralité – un peu à la manière de la neutralité du langage scientifique. D'où peut-être ce penchant – au niveau du monde vécu quotidien – pour des solutions dites 'pragmatiques', 'réalistes' ou 'de bon sens'.

Malgré donc l'affinité qu'ils entretiennent, le savoir de la sagesse transcende le savoir quotidien. C'est sans doute là la raison pour laquelle on l'associe si souvent à un savoir *ésotérique* qui serait de loin supérieur au savoir technico-scientifique, à un savoir qui doterait celui ou celle qui le possède d'un pouvoir étrange. Les sages, quant à eux, ont toujours récusé ce rapprochement comme étant trompeur et certainement fort peu intéressant[19]. La vraie sagesse n'a rien à voir avec des secrets fantastiques ou des trucs; elle implique la présence la plus simple aux choses du monde et, pour le spectateur, elle ne se distingue guère de la vie quotidienne elle-même. Le sage authentique n'a pas l'ambition de maîtriser le réel, mais se montre sensible au mystère qui se dégage

(19) Cf. R. GUÉNON, *Aperçus sur l'initiation*, Paris, Eds. Traditionnelles, 1992, chap. 2.

avant tout des choses les plus ordinaires de la vie quotidienne. C'est, du moins, ce que nous apprend l'exemple de Frank Rozelaar, le protagoniste du journal fictif intitulé *Scènes de la vie de Frank Rozelaar* et écrit par Lodewijk van Deyssel[20].

Comment le sage se rapportera-t-il à cette réalité qu'incarne l'enfant? Qu'est-ce qu'un enfant? L'on pourrait dire tout d'abord que c'est évidemment une catégorie biologique autour de laquelle tout un savoir scientifique s'est déjà cristallisé. Mais dans la vie quotidienne, la signification de cette même réalité (de l'enfant) est infiniment plus sophistiquée. Là, l'idée d'enfant désigne aussi une origine (juridique) grâce à laquelle l'enfant est inscrit, par son nom, dans un ordre symbolique généalogique décisif pour la vie ultérieure. L'histoire et la sociologie peuvent nous donner une image encore plus précise et diversifiée du champ sémantique de l'enfant, mais n'oublions pas non plus les poètes et les écrivains. Ceux-ci réussissent parfois à lever un peu le voile du mystère de la réalité telle que l'entrevoit le sage. Ecoutons Van Deyssel: «Très tôt ce matin, je me suis promené pendant quelque temps avec le petit garçon. Aucune idée particulière ne m'a traversé l'esprit, mais je me suis néanmoins rendu compte de la présence du garçon. Je l'ai vu accourir au trot sur le sentier de sable, entre la verdure bronze, scintillante. Regardez ses petites jambes lorsqu'il court au petit trot, au grand trot, en sautillant sur une jambe, puis sur l'autre. Cette danse, elle m'a ému – de manière inexprimable.» (III, p. 12) La réalité que représente le garçon, l'écrivain l'a très bien rendue et la qualifie d' «indicible». C'est une réalité qui nous échappe parfois et à laquelle, d'habitude, nous nous montrons souvent si peu sensibles. Et pourtant nul doute quant à la réalité de la scène décrite par Van Deyssel. Même si la biologie et la science

(20) L. VAN DEYSSEL, *Uit het leven van Frank Rozelaar*, Amsterdam, Querido (Salamander), 1985[4].

cognitive, en combinaison avec la sociobiologie, nous disaient que de telles expériences de sens ne sont au fond que la résultante de longs processus psychosociaux évolutionnaires, elles resteraient parfaitement incapables de détruire le mystère 'indicible' de ce petit garçon qui, dans la forêt, vient à notre rencontre en sautillant. Le savoir qui anime notre perception du garçon n'est pas neutre; grâce à l'expression littéraire, ce savoir illumine, nous prend par la gorge, émerveille.

Ce sont nos enfants qui nous donnent un certain sens de la réalité la plus profonde; celle-ci se dévoile grâce à la rencontre avec autrui et l'autre, dans cette optique, est bien plus qu'un simple *spécimen* de l'espèce biologique du *homo sapiens sapiens*: il est une personne possédant une âme qui anime le visage et même les mouvements de son corps. Et cette réalité profonde concerne *aussi* les choses les plus banales: il suffit de les regarder d'une manière appropriée, d'y prêter *attention*.

Le doute concernant la réalité révélée par l'oeil spirituel est dû, selon Van Deyssel, à une déficience quasi morale. «Les moments de grande intensité existentielle annulent la distinction entre subjectivité et objectivité. Rien n'est plus vrai, rien n'est plus sûr que la beauté parfaite de la maison. Il n'*y a* plus de distance entre le sujet et l'objet. Celui qui est frappé par la beauté, tout en se disant que cette beauté n'est que l'effet de son propre regard, celui-là ne mène pas la meilleure vie.» (XXV, p. 29) Il existe deux manières de méconnaître la réalité profonde et mystérieuse qui est en même temps la plus quotidienne. La première découle de l'incapacité presque pathologique d'entrer en contact avec ce réel. L'insensibilité face au côté mystérieux du quotidien ne fait pas preuve de lucidité ou de réalisme; elle trahit, malgré la possibilité d'un certain degré d'intelligence, un état d'esprit psychopathe et débile. (Chesterton écrit à ce propos: «Le fou n'est pas celui qui a perdu la raison. Le fou, c'est celui qui a tout perdu sauf la raison[21]»). La deuxième forme de méconnaissance est l'effet d'une réflexivité excessive: celle-ci nous fait douter de la réalité vue et vécue; elle nous donne le sentiment que le mystère entrevu n'est qu'illusoire, ne serait que le fruit de notre propre imagination et n'aurait donc aucune densité objective. C'est ici qu'il faut chercher l'origine de cette conviction que nous serions capables de manipuler, voire de produire des mystères comme des effets purement subjectifs; ce qui, à son tour, dégrade le mystérieux révélé au rang de simple sensation, de simple virtualité subjective. Une telle stratégie est en même temps dangéreuse et vouée à l'échec.

En tant que savoir, la sagesse s'enracine dans le concret. Mais celui-ci relève en même temps de l'indicible mystère: le garçon, la bien-aimée, la rose. Il en va de même de l'*aleph* dont parle Borges: le mystère du Tout enfoui dans une cave quelque part à Buenos Aires[22]. Nous en sommes profondément conscients: le mystère, c'est ce qui transcende notre désir, notre savoir, notre regard. Par ailleurs, il est aussi toujours incarné, lié à un détail, à quelque chose de contingent et de fortuit mais qui nous frappe et nous révèle le mystère. Souvent, le plus révélateur sera aussi le plus insignifiant: la marche si typique du père âgé, la fossette au bas du menton, les petits pieds du bébé, l'odeur qui se dégage de la maison. Van Deyssel s'exprime comme suit: «Les imperfections [ou les détails] font aboutir la perfection. Elles ressemblent aux petits poils dans la nuque de la bien-aimée, des poils qui tombent ingénument et sont des plus adorables. Penser à elles fait vibrer une certaine luminosité à travers l'esprit (...). Comme la bien-aimée est de part en part divine, elle est absolument pure.» (CXLVI, pp. 99-100)

(21) G.K. CHESTERTON, *Orthodoxy*, New York, Doubleday, 1959, p. 19.

(22) J.L. BORGES, *L'Aleph* (traduit de l'espagnol par R. Caillois et René L.-F. Durand), Paris, Gallimard, 1967, pp. 189-211.

Les détails donnent accès à l'essentiel. Bien que celui-ci ne se réduise nullement au détail, il en est indissociable. C'est la raison pour laquelle, par exemple, l'attitude éthique par excellence est liée au visage humain, à des traits humains: c'est là que se manifeste, à travers le plus vulnérable, le plus absolu[23].

Le mystère implique toujours une *coincidentia oppositorum*: s'y rencontrent le plus indicible et le plus concret, le plus familier et le plus étrange, le plus fondamental et le plus fragile. La vérité du mystère nous confronte à une dimension de la réalité qui est réfractaire à toute forme d'explication. Ou plutôt: quand toutes les explications possibles auront été données, quand le problème sera résolu, le mystère n'aura pas pour autant livré son secret. Les amoureux s'étonnent du fait même de leur rencontre: seraient-ils prédestinés l'un à l'autre? Il n'est sans doute pas difficile d'inventer un récit expliquant à fond leur rencontre: ils ont le même âge, ils fréquentent la même université, le même restaurant, etc. Tout cela ne détruira pas pour autant le côté mystérieux de la rencontre – un côté mystérieux que nous connaissons et comprenons mais d'un savoir qui ne ressemble en rien au savoir théorético-scientifique; et aucune explication n'affectera la validité de la conscience du mystère en tant que mystère.

Aux yeux de Van Deyssel, la connaissance du mystère est aussi celle de quelque chose de divin, une connaissance qui nous rend immortels: «Le Divin est sans cesse à l'œuvre. Il imprègne chaque instant, chaque geste. Même si vous êtes avec quelqu'un sans remarquer quoi que ce soit, sans éprouver la moindre émotion, quelque chose de divin s'est pourtant passé,

(23) Voir aussi Th. ZWEERMAN, «Als een schelpdier. Gedachten over kwetsbaarheid en weerbaarheid», in Idem, *Om de eer van de mens. Verkenningen op het grensvlak van de filosofie en spiritualiteit*, Delft, Eburon, 1991, pp. 190-209.

sans que vous ne vous en rendiez compte. Et plus profonde sera, par la suite, la prise de conscience de ce qui s'est passé, plus votre conscience s'approchera du divin – le divin qui venait d'avoir lieu.» (CCXLI, p. 162)

3. Sagesse et savoir religieux

Le savoir dont il est question ici – un savoir en principe accessible à tous mais qui reste parfois à l'état virtuel –, ce savoir du mystérieux quotidien est au fond très similaire au savoir religieux, même si celui-ci – et le constat vaut pour toutes les grandes religions – implique l'idée d'une révélation qui transcende (par définition) la réalité humaine. La croyance en l'âme et tout ce qu'elle implique, trouve pour ainsi dire une prolongation dans la croyance et la pratique religieuses. Savoir comment réagir – par exemple se montrer reconnaissant pour ce qui nous advient –, cela présuppose en fait l'acceptation de quelque chose qui ressemble à la croyance religieuse en une providence particulière. Celle-ci ne concerne pas les soins généraux que Dieu apporte à la création en tant que telle, mais sa bienveillance particulière, spécifique à notre égard, à l'égard de nos proches. La gratitude que nous éprouvons lorsque le destin nous est favorable, renvoie presque inévitablement à une sorte de providence particulière. Cela vaut aussi pour les non-croyants. Ainsi, l'on retrouve dans l'autobiographie littéraire de Nabokov des descriptions exquises relatant des moments de bonheur suprême. L'émotion que Nabokov éprouve à de tels instants d'éternité, il la caractérise comme «un sentiment de gratitude à l'égard de je ne sais qui ou quoi[24].» Qu'on pense

(24) V. Nabokov, *Speak, Memory: An Autobiography Revisited*, Harmondsworth, Penguin Books, 1982, p. 110.

aussi à Wittgenstein: «*Personne n*'est ici, écrit-il, et pourtant je parle, je remercie, je supplie. Dira-t-on, par conséquent, que ce discours, ces remerciements et cette supplication soient le signe d'une illusion[25]?»

Quand on comprend le mystère de l'enfant ou de la rose, on a déjà, selon Van Deyssel, une certaine intuition du divin. Inversement, le savoir typique des religions n'est pas sans rapport avec la compréhension 'naturelle' du mystère. «Entre le comportement de l'Anglais qui s'endimanche pour aller Manger et celui du prêtre catholique qui s'habille pour célébrer la divinité du Pain et du Vin, il existe une ressemblance de famille.» (CCXXXIX, p. 161)

La religion ne serait-elle pas, pour l'homme, la révélation inespérée et, au fond, peu méritée du mystère de notre impuissance face à l'être même du mystère, une révélation à travers laquelle nous découvrons quelque chose du Mystère ultime, de la Transcendance ultime? Nous ne savons pas spontanément comment nous rapporter au miracle même du mystère et au bonheur ou à la douleur qui en découlent. Tant l'expérience de plénitude ou de bonheur que celle de l'absurde ou du malheur requièrent une réaction appropriée: la gratitude ou l'éloge, le repentir ou la culpabilité. Je l'ai déjà dit: à de tels moments, nous nous rendons compte que la réalité transcendante à laquelle nous nous rapportons – la/le bien-aimé(e), le défunt –, est étroitement liée à la réalité plus profonde qui nous est alors révélée. Le fait donc que nos rapports à des réalités transcendantes – comme l'enfant, nos proches ou une personne quelconque – sont canalisés par des rites religieux susceptibles de muer en expérience vécue la rencontre entre le mystère transcendant et

(25) L. WITTGENSTEIN, *Denkbewegungen: Tagebücher 1930-32 / 1936-37* (Hrsg. Ilse Somavilla) (Teil I: Normalisierte Fassung), Innsbruck, Haymon, 1997, p. 97.

la Transcendance ultime n'a dès lors rien d'étonnant. C'est la nécessité à laquelle obéit la religion. Ou plutôt, une nécessité parmi d'autres, puisque la religion peut également jouer un rôle lorsque, dans l'existence quotidienne, nous nous heurtons à l'absence (plus ou moins prolongée) de mystère. C'est alors la religion qui rend tolérables la sécheresse et l'ennui qui en résultent et qui marquent mainte existence[26].

S'il existe effectivement – et j'en suis convaincu – un lien étroit, presque évident entre le savoir quotidien qu'est le sens commun et le savoir religieux, nous pouvons généraliser ce que nous avons déjà dit au sujet de la relation entre sens commun et science: ni le savoir religieux ni la sagesse plus intramondaine ne doivent se soucier outre mesure du savoir scientifique; leur validité n'est jamais une affaire de conformité au savoir théorético-scientifique, elle n'est même pas affectée par la prétendue absurdité de certaines images, de certains articles de foi. Comme c'était le cas de la sagesse naturelle, seule est décisive ici la question du sens de la forme de vie liée à ces images et à ces articles; l'adéquation par rapport à l'état le plus récent de la recherche scientifique n'entre à aucun moment en ligne de compte. Lorsqu'un homme, confronté au désespoir le plus abyssal, se met à prier ou qu'il prie pour que telle situation lui soit à tout jamais épargnée, dira-t-on qu'il se trompe? «Quelqu'un *doit* se tordre les mains; il *doit* supplier. Comment prétendrait-on à son propos qu'il erre ou qu'il rêve[27]?»

(26) M. OAKESHOTT, *On Human Conduct*, Oxford, Clarendon Press, 1975, pp. 83-84.

(27) L. WITTGENSTEIN, *op.sit.*, p. 86.

SCIENCE ET RELIGION*

1. Dans le contexte prémoderne, la religion, la science et la philosophie ne constituent pas encore des savoirs autonomes. Ce n'est qu'avec la modernité naissante, qui inaugure un processus de différenciation, qu'elles ont pris les allures de disciplines indépendantes[1]. Évidemment, cette dynamique de différenciation a provoqué toute une série de malentendus concernant les nouvelles fonctions des savoirs désormais autonomes. Ainsi a-t-on dû repenser les rapports entre science et religion. Quoi qu'il en soit, cette évolution a été très graduelle et les différents savoirs ont mis du temps à reconnaître – de part et d'autre – leur spécificité et leur autonomie respectives. Ce qui se comprend aisément si l'on prend en considération le contexte culturel dans lequel l'autonomisation a eu lieu: la science, par exemple, a dû affirmer son autonomie contre la religion qui, elle, avait occupé jusque-là et pendant des siècles une position absolument privilégiée par rapport à tous les autres savoirs.

Depuis l'époque de Pascal jusqu'à nos jours, de nombreuses théories au sujet de la relation entre science moderne et religion ont vu le jour. Hume, par exemple, a mis en rapport la religion avec toutes sortes de croyances (*beliefs*) plus ou moins absurdes, ce qui ne permet au fond qu'une seule conclusion: au nom du bon sens, il fallait la rejeter et essayer d'expliquer, par voie généalogique, la ténacité avec laquelle de telles croyances ne cessent de renaître[2]. Cette interprétation est

(*) Version originale: H. DE DIJN, "Religie en waarheid", in *Tijdschrift voor Filosofie*, 51 (1989), pp. 407-426; traduction française par Koenraad GELDOF.

(1) Voir plus haut: chapitre 1.

(2) Cf. W. LEMMENS, «Hume en het mysterie van de religie», in D. HUME, *De natuurlijke geschiedenis van de religie* (Vertaald, geannoteerd en van

d'autant moins étonnante que la religion, à l'époque de Hume, tâchait de défendre sa légitimité face au 'nouveau savoir'. D'autres – comme Spinoza – ont réinterprété la religion en termes d'un mode de vie éthico-religieux, ce qui lui a permis de l'accepter – sous une forme plus ou moins épurée –, comme une force sociale positive[3]. En même temps, la science nouvelle semble nier ou, pour le moins, aller à l'encontre de l'essence même de la religion qui, malgré la nouvelle conjoncture, continue à s'affirmer comme un savoir supérieur à tous les égards. Aujourd'hui, la suprématie du savoir scientifique – vu comme savoir théorique – est incontestable; mais l'inadéquation de ce même savoir théorique dans le domaine du sens et du devoir moral l'est aussi, ce qui rend sans doute possible une conception plus sophistiquée des rapports réciproques entre science et sens.

Les croyants ont souvent du mal à se reconnaître dans l'image de la religion telle qu'elle est offerte par les philosophes et les scientifiques. Cela ne signifie pas automatiquement que cette image soit *infirmée* par la perception personnelle de ces croyants. Il est possible d'être un excellent scientifique et d'avoir néanmoins des idées inadéquates à propos des sciences. Il en va de même des croyants et de leur conception de la religion. D'autre part, le philosophe doit essayer de cerner au maximum la spécificité et la complexité du phénomène religieux. Mais il est presque impossible que sa réflexion ne soit pas marquée par ses propres conceptions et expériences en la matière.

Religion et vérité se prolongent réciproquement: c'est ce que prônent tant les représentants croyants de la *process philosophy* que les penseurs holistes athées. Le scientisme et le fondamentalisme religieux prétendent le contraire: religion et vérité scientifique se contrediraient. Je voudrais

inleidende essays voorzien door W. Lemmens en W. Van Herck), Baarn - Kapellen, Agora - Pelckmans, 1999, pp. 7-46.

(3) Cf. chap. II2.

défendre une position toute différente: la distance entre religion et vérité scientifique est tellement grande qu'il ne saurait être question de complémentarité ou de contradiction. Le rapport entre religion et science semble analogue à celui entre éthique et science ou à celui entre art et science (sans que l'art, l'éthique et la religion ne soient pour autant des grandeurs interchangeables).

Lorsqu'on insiste trop sur leur différence mutuelle, on risque – dira-t-on – de perdre de vue l'affinité évidente entre religion et vérité. En tant que telle, l'existence de cette affinité vaut la peine d'être examinée de plus près; en plus, cet examen est instructif pour la question du rapport entre religion et science. S'il est vrai que la science aussi bien que la religion sont axeés sur la vérité théorique, il doit y avoir moyen de jeter un pont entre la foi et la vérité scientifique: dans cette optique, l'on pourrait dire que la religion n'est acceptable que là où les articles de foi sont suffisamment plausibles, ne contredisent nullement les idées scientifiques ou autrement rationnelles. Si l'athée refuse la foi, c'est justement parce qu'il est d'avis qu'il a de bonnes raisons pour mettre en question la conformité de la foi à la vérité. Ou encore – et de manière encore plus claire: «(...) le fait qu'on accorde ou non à la religion le sens qu'y décèlent les croyants dépend de la valeur véridictoire de certains présupposés qui se prêtent à une analyse neutre, non religieuse[4].» C'est ce qu'Arnold Burms appelle la conception *externaliste* de (l'acceptabilité de) la religion: dans cette optique, il existe des arguments non religieux – théoriques ou scientifiques – susceptibles de réfuter la religion; toujours suivant cette conception externaliste, la religion devrait être repensée radicalement en

(4) A. Burms, «Godsdienst zonder geloof?», in E. Berns, P. Moyaert & P. van Tongeren (red.), *De God van denkers en dichters. Opstellen voor Samuel IJsseling*, Amsterdam, Boom, 1997, p. 233.

fonction des contre-arguments avancés, voire même être rejetée en bloc. Selon la critique externaliste, la foi serait tout aussi falsifiable qu'un calcul arithmétique ou qu'une hypothèse empirique: il suffirait de constater que certains faits (comme la Résurrection ou l'Immaculée Conception) sont peu plausibles ou même inconcevables ou que tel ou tel article de foi (l'existence de Dieu, l'idée de péché originel) semble se soustraire à toute forme de justification théorique, pour renoncer à la foi. La position de beaucoup de croyants à l'égard de cette critique est assez paradoxale: d'une part, associant eux-mêmes foi et vérité, ils semblent admettre la possibilité d'une telle critique ou réfutation rationnelles externes, mais d'autre part ils hésitent à l'accepter pleinement. A titre d'exemple, je vous cite un passage qui figure dans un livre du Cardinal Mercier, intitulé *Le Modernisme*: «Le savant catholique est certain de la vérité de sa foi. Vous qui ne partagez pas sa foi, dites, si vous voulez, qu'il a tort de croire; peu importe pour l'heure; mais le fait est là: le catholique est certain que sa foi ne le trompe point et ne peut le tromper; sa certitude va croissant à mesure que sa foi s'affermit. Aussi est-il certain, inébranlablement certain que jamais la découverte d'un fait nouveau ne contredira l'objet de sa croyance. Dès lors, le savant chrétien que troublerait la préoccupation de l'avenir éventuel de la science manquerait ou de foi, ou d'esprit scientifique sinon de l'une et de l'autre à la fois[5].» Cela dit, est-ce que le fait qu'*aucune* découverte n'arrive vraiment à ébranler la foi ne signifie pas que la vérité du croyant *diffère* sensiblement de la vérité scientifique? Pourquoi, en matière de foi, chercherait-on alors une autre certitude que celle qu'offre la foi, pourquoi aspirerait-on à des fondements empiriques ou théoriques? On dit parfois que tels fondements supplémentaires

(5) S.É. le Cardinal MERCIER, *Le Modernisme*, Bruxelles, Action Catholique, s.d., p. 16.

nous aident à ne pas être la proie d'illusions. Mais est-ce bien vrai? L'on pourrait tout aussi bien affirmer que cette quête de certitudes supplémentaires relève de l'illusion pure et simple. La certitude qu'impliquent la foi et la confiance ne rime pas avec le désir explicite de fonder théoriquement ce sur quoi sont axées la foi et la confiance. Permettez-moi l'analogie que voici: la croyance en l'autre en tant que personne se mesure-t-elle au degré auquel l'on est capable de la justifier théoriquement en termes scientifiques et/ou philosophiques[6]?

Si l'exigence de mettre la vie sous le signe de la vérité signifie, pour le croyant, qu'il a à confronter ses convictions à un état donné de la science ou qu'il a pour le moins le devoir d'éviter ici toute contradiction, que penser alors de la foi 'du charbonnier' ou de celle de l'homme médiéval? Le charbonnier dont on loue la foi n'a qu'une connaissance très rudimentaire de la doctrine religieuse et il se soucie encore moins de la vérité scientifique. Et l'on aurait tort de mépriser la foi de l'homme médiéval et d'exalter celle de l'homme moderne, même si ce dernier se trouve et se sait plus proche de la vérité scientifique. Quoi qu'il en soit, tout ceci montre que la vérité à laquelle la foi *doit* faire face n'est sans doute pas du même ordre que la vérité théorique des sciences.

L'acceptation externaliste (positive ou négative) de la religion s'avère foncièrement problématique, ce qui nous conduit presque automatiquement au second terme de l'alternative: le point de vue *internaliste.* Selon celui-ci, la foi renvoie à un état d'esprit irréductiblement spécifique – c'est-à-dire qui défie tout jugement impersonnel, objectif. Le sens et la vérité de la foi ne peuvent être compris et jugés que du dedans, sous l'angle de la pratique et de l'expérience religieuses elles-mêmes. La vérité dont il s'agit ici est personnelle, elle implique en

([6]) Voir le chapitre précédent.

premier lieu – du moins pour le croyant chrétien – la confrontation aux gestes et aux paroles de la Personne qui a dit un jour: «Je suis la Voie, la Vérité et la Vie.» Lorsqu'on exige du croyant qu'il mène une vie qui soit vraie et authentique, on ne lui demande pas d'accumuler toujours plus d'informations, d'élaborer une image toujours plus fidèle d'une réalité neutre, d'adopter une attitude critique et inlassablement exploratoire: ce que le commandement en question vise, est plus profond, plus grave aussi.

La vérité que le croyant doit affronter n'est pas purement théorique, puisqu'elle nous protège contre l'illusion et la folie[7]. Elle ressemble plutôt au genre de connaissance que préconisait Socrate, une connaissance qui est à la fois savoir et sagesse: elle concerne moins la théorie que la personne et l'existence, et grâce à elle l'on finit par se rendre compte de ses propres capacités et limites. L'aspiration religieuse à la vérité est elle aussi une affaire de vertu, elle est liée à des attitudes comme la véracité ou la confiance, à l'acceptation aussi de la fragilité humaine. La réalité sur laquelle porte cette aspiration n'est pas celle de la physique théorique, mais avant tout celle qui est habitée par des personnes et visée dans leurs désirs symboliques. Le désir de mener une vie qui soit authentiquement vraie est en fait synonyme de celui d'une lucidité, d'une sagesse *vécues*. Et pour être sage, l'on n'a pas besoin de comparer son savoir théorique à celui d'autrui ni même à celui appartenant à des temps révolus: le croyant authentique sait – d'un savoir qu'il tire de sa foi – qu'il ne se trouve pas à l'origine de cette sagesse; celle-ci ne s'épanouit pleinement que par le biais de conceptions et de pratiques religieuses. Depuis toujours, la lucidité se rapporte à tout ce qui, dans l'existence humaine, dépasse notre savoir et nos actions, à des choses donc comme

(7) Cf. A.N. WILSON, *How can we know?*, Harmondsworth, Penguin Books, 1986, p. 107, 109.

le bonheur et la souffrance, bref à ce qui compte vraiment. En profondeur, la religion tient elle aussi à ce rapport à l'incontrôlable, au salut, mais aussi au mal, à tout ce qui nous semble dépourvu de sens. Or les pratiques et les convictions relatives à ce rapport au non maîtrisable n'ont plus rien d'instrumental ou de théorique: elles sont essentiellement rituelles et symboliques, comme le sont d'ailleurs toutes les pratiques et convictions qui concernent les enjeux fondamentaux du monde vécu.

La 'vision du monde' religieuse remonte à l'époque prémoderne; la collision avec la science moderne et autonome fut donc en quelque sorte inscrite dans le cours de l'histoire. Seulement, le savoir religieux n'est pas purement et simplement cognitif ou théorique: il est de part en part symbolique. Il s'ensuit – et c'est exactement ce qui se passe même de nos jours – que ce savoir peut être interprété de telle manière que la vérité profonde qu'il véhicule reste valable sans entrer directement en conflit avec certaines idées scientifiques. De plus, l'épithète 'symbolique' ne signifie nullement que cette vérité soit inférieure, qu'elle ne soit qu'une sorte de fiction. Je recours de nouveau à mon analogie: nous savons que l'idée de 'personne' est de nature non pas théorético-scientifique mais symbolique. Or: est-ce que cela implique que nous nous rapportions à autrui comme à un être fictif ou que les 'vérités' liées à ce rapport soient dégradées au rang d'opinions inférieures aux vérités biologiques concernant l'espèce ou l'individu humains?

Étant donné que la vision du monde religieuse n'est jamais strictement théorique, il ne saurait être question de contradictions ou de correspondances vis-à-vis de la vision du monde scientifique. La religion ne doit acunement se plier à la vision du monde scientifique: en faisant de la sorte, elle s'écarterait trop du monde vécu et de ses catégories. Vu le rapport intrinsèque à certains symboles, à certains rites et à certaines expériences, la religion se signale par un certain degré d'inertie – inertie qui est davantage renforcée par l'existence, inévitable, de l'orthodoxie et de l'autorité religieuses. En effet, certaines idées religieuses – la Résurrection ou le Jugement dernier – dépassent les convictions personnelles du croyant: à leur propos, le croyant n'a pas à se demander – comme s'il s'agissait de thèses théoriques – si elles sont vraies ou seulement probables, si, un jour, l'on arrivera à les falsifier et, par conséquent, à s'en passer pour de bon. Les idées en question excèdent la logique de la falsification théorique: prétendre le contraire, c'est tout simplement rater la signification réelle de ces données religieuses.

En fait, les problèmes auxquels nous nous heurtons ici sont analogues à ceux que nous avons rencontrés dans le débat sur les rapports entre savoir scientifique et sens commun[8]. Là aussi, nous avons vu qu'il est tout à fait inutile d'abandonner nos convictions et catégories quotidiennes ou de les adapter sans cesse à l'état le plus récent de la recherche scientifique. L'on peut même se demander – étant donné leur nature incommensurable – comment ou à quel point ces deux savoirs peuvent entrer en conflit l'un avec l'autre. Est-ce que le seul fait de dire que le soleil se lève ou se couche constitue vraiment une négation du principe scientifique de l'héliocentrisme? Et est-ce qu'on contredit la neurophysiologie lorsqu'on envisage autrui comme une âme ou une personne? Si la réponse à ces questions est négative, faut-il en conclure que le langage du monde vécu ne serait qu'approximatif, 'figuré'? Mais est-ce vraiment nécessaire de comparer les différents jeux de langage pour n'en retenir que celui qui soit le plus rationnel? Telle attitude, me semble-t-il, irait à l'encontre même des principes de base de la modernité (qui implique justement l'idée d'une pluralité irréductible de jeux

([8]) Voir le chapitre précédent.

de langage). Évidemment, le refus tenace de faits empiriques ou d'idées scientifiques témoigne parfois d'une forme problématique de religiosité (comme, par exemple, dans le créationnisme fondamentaliste). Si, toutefois, le fondamentalisme est sujet à caution, cela n'est pas dû simplement à son hostilité à certaines idées scientifiques: le rejet de certaines idées ou le refus de se prononcer sur certaines choses ne sont pas forcément le signe d'un comportement irrationnel – même si cette attitude est celle d'une petite minorité. Ce qui rend le fondamentalisme problématique, c'est surtout l'absence d'une croyance et d'une confiance de part en part *religieuses*. Pensez sur ce point à l'analogie suivante: il existe une différence essentielle entre l'homme qui nie certains faits indéniables et connus de tous et celui qui dément des rumeurs calomnieuses au sujet du prétendu adultère de sa femme.

On a souvent dit que les convictions religieuses et les pratiques qui s'y associent sont des plus paradoxales, voire des plus contradictoires. De prime abord, le geste d'invoquer, à travers la prière, la Providence particulière afin de ne pas être frappé par le pire des malheurs, semble dépourvu de sens, peut-être même blasphématoire: c'est comme si Dieu ne s'occupait pas déjà de nous, comme si l'on devait lui rappeler son 'devoir' envers nous, comme si tel ou tel croyant méritait plus de soins et plus d'attention que d'autres. Que dire à ce propos[9]? Écoutons Wittgenstein: «Un énoncé peut paraître absurde, mais cette absurdité apparente disparaît dès que l'on se rend compte de la profondeur qui se cache sous la surface littérale du langage. C'est vrai, par exemple, de l'idée de la résurrection et des autres idées qui s'y rapportent. – Ce qui les rend profondes, c'est leur application, c'est-à-dire la vie

(9) Cet exemple révélateur est suggéré dans W. VAN HERCK, «Een natuurlijk verlangen naar voorzienigheid», in L. BRAECKMANS & J. TAELS (red.), *Op het ritme van de oneindigheid*, Leuven, Acco, 2000, pp. 125-136.

que mène celui qui les assume. C'est que, par exemple, cette expression («la résurrection des morts») peut être le signe de la plus haute responsabilité. Imagine-toi, en effet, que tu *devrais* paraître devant ton juge. A quoi ressemblerait [le récit de] ta vie, qu'en dirais-tu toi-même si tu te trouvais là, devant lui? Et nous n'avons même pas soulevé la question de la manière dont, lui, il te jugera: t'écoutera-t-il, sera-t-il clément ou non[10]?» Ces idées et images religieuses ne nous fournissent pas une représentation quasi-scientifique d'un monde ésotérique encore plus étrange que l'univers de la physique quantique: elles renvoient à tout ce qui concerne la véracité et le sens existentiels et à la réalité qui nous est révélée en de telles circonstances. De même, la prière n'a rien d'une requête pragmatiquement motivée pour modifier, à notre seul profit et grâce à une intervention divine, la concaténation (indéterministe ou non) des causes. La prière nous échappe parfois d'entre nos lèvres lorsque nous sommes dans le désespoir total. D'autre part, celui qui fait preuve d'une réelle gratitude envers un destin particulièrement favorable, ne sera-t-il pas presque naturellement enclin à une croyance en une providence particulière. Wittgenstein s'exprime de la sorte: «Il *n*'y a *personne* ici, et pourtant je parle, je remercie et je prie. Dira-t-on que ces paroles, ces remerciements et cette prière relèvent d'une illusion[11]?» La croyance en la providence particulière n'équivaut pas à une hypothèse: elle est intimement liée à une existence imprégnée de la conviction qu'on n'est jamais entièrement maître de son propre destin; elle implique une attitude d'acceptation («Ce n'est pas ma volonté...»), l'espoir que, quoi qu'il arrive, on trouvera toujours la force pour continuer.

(10) L. Wittgenstein, *Denkbewegungen: Tagebücher 1930-32/ 1936-1937* (Hrsg. Ilse Somavilla) (Teil I: Normalisierte Fassung), Innsbruck, Hayman, 1997, p. 70.

(11) *Ibid.*, p. 97.

Dans la vie du croyant, l'exigence de véracité ne requiert donc nullement que l'on adapte ses convictions aux idées scientifiques les plus actuelles. En tant qu'être humain et croyant, il faut bien plutôt se demander si nous menons une vie juste, si nous nous montrons suffisamment sensibles à certaines questions, à certaines significations fondamentales. «Changer un mode de vie … des images toutes différentes s'imposent, des images toutes différentes s'avèrent *indispensables*. Comme le besoin conduit à la prière. Est-ce que cela signifie qu'en menant une vie différente, tu modifies nécessairement tes opinions? Non, mais dès que tu vis différemment, tu apprendras d'autres jeux de langage. Imagine-toi, par exemple, que tu te mets à penser plus intensément à la mort – il serait tout de même étonnant que cela n'engendre pas de nouvelles représentations, de nouveaux jeux de langage (et, partant, un nouveau sens du réel)[12].»

2. Selon la conception internaliste de la religion, le sens de la religion ne nécessite aucune justification externe, ne dépend pas des vicissitudes de la découverte scientifique. Évidemment, l'on ne saurait nier que de nouveaux faits, de nouvelles idées scientifiques ont eu et auront un certain impact sur la foi, mais de là à prétendre qu'un jour la science finira par se substituer à la religion ou qu'il y aura fusion entre les deux, il y a loin, trop loin. Si la science peut être perçue comme une menace pour la religion, c'est qu'elle risque d'hypothéquer une certaine forme de vie, y compris la vie religieuse. Cela dit, l'influence de la science sur la religion et la foi est là, et bien réellement là. Comment la comprendre? Cette influence n'est pas de l'ordre de la vérification ou de la falsification épistémiques; elle ressemble aux retombées qu'ont subies d'autres systèmes signifiants comme l'éthique,

(12) *Ibid.*, pp. 75-76.

l'art ou le monde des rapports intersubjectifs. (Qu'on pense aussi à la manière dont la photographie naissante a fini par influencer la peinture[13].)

Pour la plupart des chrétiens d'aujourd'hui, ni l'héliocentrisme ni la théorie de l'évolution ne représentent plus un défi pour la foi. Certains voient dans cette situation un des effets d'un processus de rationalisation de la religion qu'il faudrait continuer et même encourager. A mon avis, il faudrait plutôt parler d'une double transformation: d'un côté, certaines idées scientifiques ont fini par s'imposer, par acquérir une signification que nulle personne cultivée ne contestera plus, tandis que, de l'autre côté, les représentations religieuses d'antan ont été réinterprétées de telle manière que le risque – autrefois réel – d'une collision frontale s'est complètement effacé. La même évolution s'observe au niveau du rapport entre sens commun et la vision du monde scientifique dont on sait qu'elle a révolutionné une certaine image de l'homme. Initialement, les thèses darwiniennes sur l'origine de l'espèce humaine se sont heurtées à de violentes protestations et non seulement de la part de croyants convaincus. *De nos jours*, même le croyant convaincu ne se sent plus visé par la théorie darwinienne. Serait-ce là le signe que, sous l'impact du progrès scientifique, les idées courantes sur l'homme soient devenues plus rationnelles? Je ne le crois pas; il faut plutôt dire que ces idées sont devenues moins 'allergiques' à l'égard de la thèse évolutionniste: depuis Darwin, nous avons trouvé d'autres manières, d'autres grilles représentatives pour penser et vivre la différence entre l'homme et l'animal. Si, donc, les idées courantes sur l'homme ont changé en fonction de la diffusion généralisée, de la banalisation même de la théorie évolutionniste, cette modification n'est pas la conséquence – davantage rationnelle – de la confrontation entre deux

([13]) La comparaison m'a été suggérée par Arnold Burms.

modes de perception; non, le conflit de jadis a tout simplement perdu ce qu'il a eu un jour de dramatique, un peu, si vous voulez, à la manière dont une blague peut cesser de faire rire dès qu'elle est traduite dans une autre langue. Nous avons du mal à nous imaginer la forme de vie qui correspondait un jour à l'ancienne vision du monde; celle-ci nous paraît dès lors un peu désuète et le fait que nous abandonnons l'ancienne représentation n'a rien d'étonnant et ne présente aucun risque pour la nouvelle forme de vie. A l'exception sans doute de quelques fondamentalistes purs et durs, personne ne dira plus que la négation du créationnisme, c'est-à-dire de la vérité littérale d'une création en sept jours, soit le signe d'une trahison vis-à-vis de la foi. (A vrai dire, le fondamentalisme est lui-même une sorte de scientisme à l'envers: il se croit en possession d'un super-savoir et d'une super-technique, et cela en vue d'un bonheur sûr et éternel.)

Je conclus: la rencontre de la science autonome et du besoin permanent de religion et de transcendance a eu deux conséquences majeures. D'une part, les représentations religieuses se sont maintenues, parce qu'elles s'inscrivent dans le contexte stable de rites, de symboles et d'expériences religieuses, un contexte qui, lui non plus, n'a pas disparu. D'autre part, la foi a été progressivement réinterprétée de telle manière que ses idées ne semblent plus 'contraires' à la science.

La religion n'est pas une affaire de vérité théorique ou de justification scientifique; elle repose plutôt sur un état d'esprit, un regard et une attitude spécifiques. D'où le constat que les idées et les représentations religieuses jouissent d'une certaine autonomie par rapport au savoir scientifique, qu'ils ont – pour ainsi dire – leur propre logique. Je montrerai tout de suite que certains éléments qui jouent un rôle aussi bien dans la science que dans la religion (comme les concepts et les faits) y fonctionnent pourtant d'une manière toute différente. A ce dessin, je retournerai une fois de plus à la tension analogue entre science et sens commun. Même après la confrontation à des idées scientifiques, certaines représentations et notions dont la signification n'est pas purement théorique mais qui sont constitutives du monde vécu continueront à jouer ce rôle essentiel. Or ce qui vaut pour le sens commun et le monde vécu, vaut aussi pour la réalité religieuse.

Prenons, par exemple, la conception de nous-mêmes et d'autrui en tant que personnes (d'habitude) responsables de leurs actes. Nous savons que cette conception renvoie en réalité à un réseau très dense de pratiques et de rapports intersubjectifs et sociaux fondamentaux[14]. A plusieurs reprises, de nouvelles théories scientifiques et philosophiques ont vu le jour qui ont dénoncé la conception courante de l'homme comme étant irrationnelle. Il fallait, disait-on, rejeter cette illusion et substituer aux pratiques qui l'accompagnent et qui se montrent incompatibles avec la nouvelle représentation scientifique de l'homme, d'autres, de nouvelles pratiques[15]. Cependant, ces nouvelles théories n'ont jamais réussi à discréditer à fond le sens commun: ce n'est pas aux philosophes – qui ne sont d'ailleurs que très rarement unanimes – de décider si, oui ou non, certains rapports interhumains et certaines pratiques inhérentes au monde vécu valent vraiment la peine. Cela ne signifie pas forcément que la représentation scientifique de l'homme soit dépourvue d'intérêt. Seulement, tout dépend du point de vue adopté: envisagera-t-on l'homme comme personne ou comme organisme biologique complexe? Nous sommes capables, comme on dit, d'«habiter différents univers», de percevoir autrui tantôt comme une personne, tantôt comme un organisme complexe. Et il est exclu de se percevoir uniquement comme organisme, d'adopter, à l'égard

(14) Voir le chapitre précédent.

(15) C'est, du moins, ce que prétendent le scientisme et l'utilitarisme.

de nous-mêmes, un regard exclusivement objectivant (si c'était possible, on aurait atteint le stade ultime de la folie). Comme l'idée de personne n'est pas de nature scientifique ou théorique, comme elle n'a de sens pour nous que grâce à ses multiples rapports au monde vécu intersubjectif, la vision courante de l'homme ne pourra jamais contredire ou être contredite par son double scientifique. Celui-ci a beau prendre les allures d'un savoir objectivant et déterministe infiniment ambitieux, il n'empêchera jamais que la vision ordinaire de l'homme continue à jouer un rôle essentiel et durable dans notre vie[16]. Pourtant, le fait est là: la science existe. Nous serons donc, à des moments donnés, presque condamnés à passer d'un point de vue à l'autre, d'un monde à l'autre. Il peut en résulter des tensions – mais des tensions qui ne ressemblent pas à celles existant entre deux théories ou conceptions scientifiques. Le regard scientifique sur l'homme implique une attitude objectivante et des convictions que l'individu – qui se considère lui-même comme une personne – ne peut parfois *ressentir* que comme étant inacceptables (et le degré d'acceptabilité ou d'inacceptabilité n'est pas du tout une affaire de confirmation, de réfutation ou de corroboration). Contrairement à ce que d'aucuns pensent, la convergence des deux savoirs sur l'homme – la science et le sens commun – ne remédiera jamais à de telles tensions, à de tels problèmes. C'est un espoir vain. L'exemple de la médecine le montre. Il se peut que tel ou tel médecin espère qu'un jour la science aboutira à une représentation non réductionniste de l'homme ou, du moins, ne contredira plus telle idée; mais dans certaines circonstances, il sera néanmoins contraint de réduire un individu donné à un organisme dysfonctionnel dont

([16]) Cf. aussi P. STRAWSON, «Freedom and Resentment», in Idem, *Freedom and Resentment and Other Essays*, London, Methuen, 1974, pp. 10-11.

la réparation dépend entièrement de certaines interventions basées sur une expertise objective et objectivante – et malgré les bonnes intentions du médecin, malgré ses précautions psychologiques, l'individu en question se sentira vexé par ce traitement médical.

Ce que je viens de dire à propos du sens commun s'applique aussi à la religion: certaines notions et idées religieuses (celles, par exemple, de l'âme, du péché ou du Jugement dernier) s'avèrent réfractaires à de nouvelles découvertes scientifiques. Et ce qui vaut pour les concepts vaut aussi pour le rôle que jouent les faits. Même s'il s'agit d'une religion très axée sur des faits historiques, celles-ci ne fonctionnent pas – comme c'est le cas, justement, dans le domaine scientifique – comme le point de départ d'un travail de vérification, de corroboration ou de falsification. Par exemple, plus la connaissance exégétique et historique progresse et évolue, plus nous nous rendons compte que les évangiles ne sont pas des chroniques historiques rédigées par des témoins méticuleux. Par conséquent, nombre d'événements qui y sont relatés ont perdu leur valeur factuelle, sans que cela ne soit vraiment problématique aux yeux des croyants. D'autres événements, par contre – parmi lesquels la résurrection –, ne sont clairement pas considérés comme appartenant à l'ordre commun des choses et ne l'ont d'ailleurs jamais été. De toute façon, ce que l'on entend par 'factuel' différera quelque peu suivant le contexte culturel dans lequel le croyant s'inscrit, suivant le degré de maturité intellectuelle des croyants. Pourtant, indépendamment de cette variation, les croyants semblent partager une seule et même foi. On ignore en fait à partir de quel seuil l'érosion factuelle affecte le noyau même de la foi. Mais même la mise en cause du caractère factuel de certains événements qui se trouvent au cœur de la foi n'entraîne pas *nécessairement* la faillite de la religion. Il est parfaitement possible qu'un jour, le côté historique ou factuel de ces événements n'entre même plus en ligne de compte, ne soit plus décisif pour l'expérience religieuse en tant que telle. Sur ce point, on n'a qu'à penser à ce qui se passe dans d'autres domaines du sens, par exemple dans celui des relations intrafamiliales: est-ce que la mise en question de la paternité biologique – par voie génétique ou à cause de la découverte d'un adultère – doit signifier fatalement la fin de la relation si profondément humaine entre le père et l'enfant? Néanmoins, la relation entre les deux en sera profondément affectée[17].

Une autre différence fondamentale entre science et religion tient à la manière même dont on relate les faits. La foi repose en partie sur un certain nombre (restreint) de témoignages qui sont liés à certains faits (originaires) et que chaque génération transmet à la suivante. Or le mode de fonctionnement de ces témoignages est tout à fait typique de contextes existentiels tel que la religion: si la science – tout comme la justice, par exemple – obéit à l'impératif de la neutralité et du dégagement, la parole religieuse testimoniale est et se veut résolument engagée. La finalité du témoignage dans certaines relations existentielles est en effet, non seulement de nous raconter la chronique précise des événements, mais aussi de mettre en lumière la signification existentielle, personnelle ou morale de certains événements. Le côté factuel, sans être insignifiant, ne vaut que dans la mesure où il est perçu et valorisé par la sensiblité religieuse. Hitchcock nous l'a montré à plusieurs reprises: la confiance qu'inspire tel ou tel personnage peut être basée sur certains faits, mais en tant que tels, ceux-ci ne justifient jamais à fond la confiance. Ce qui rassure un personnage donné, peut, pour un autre, se muer en source de méfiance. Or, généralement, la mise en

([17]) Voir aussi A. Burms en H. De Dijn, «Transcendentie en exterioriteit. Een antwoord aan Carlos Steel», in *Tijdschrift voor Filosofie*, 49:3 (1987), pp. 492-500.

valeur de faits pertinents lorsqu'il s'agit d'évaluer le caractère ou la moralité d'autrui, sera toujours teintée de questions de confiance ou de méfiance. Il en va exactement de même de la relation entre le factuel et le religieux. Ayant précisément le point de vue qui est le sien, le croyant accordera un poids considérable à certains faits, à certains témoignages qui, pour le non-croyant, n'ont aucune importance.

Les réflexions précédentes sont évidemment décisives pour notre problématique de départ, à savoir pour la manière même d'envisager le rapport entre la foi et la quête de vérité. Celui qui veut à tout prix fonder la foi sur des assises externes – c'est-à-dire indépendantes de la foi – fait preuve d'un manque de loyauté fondamentale indispensable justement à l'attitude religieuse appropriée. (Non seulement celle-ci n'a cure de preuves irréfutables, mais elle est aussi contraire – et l'expression est de Gabriel Marcel – à toute forme de «complaisance». Écoutons Marcel: «Celui qui vit dans la lumière du Christ et de sa Promesse se trouve par là même orienté de façon à mieux saisir, non pas dans l'abstrait et théoriquement, mais *hic et nunc*, les conditions de la vérité et de l'action juste. Mais ceci ne demeure exact que pour autant que sa fidélité ne dégénère aucunement en cette complaisance à soi-même, en cette suffisance, en cette satisfaction de soi qui sont propres au pharisien – à ce pharisien dont, avec un peu d'attention, chacun de nous saura reconnaître la présence au fond de lui-même[18].») Celui qui veut démontrer sans reste le bien-fondé de la foi commet au fond la même erreur que l'époux (ou l'épouse) qui exige de l'autre la fidélité la plus absolue, la croit même toujours déjà acquise, mais qui en même temps ne cesse de l'examiner et de la vérifier. Qui plus est, l'exigence de fidélité ne renvoie pas à autre

(18) G. MARCEL, *Du Refus à l'invocation*, Paris, Gallimard, 1956[12], pp. 243-245.

chose qu'à elle-même, elle n'est pas un moyen au service du bonheur individuel – un bonheur qui profiterait alors d'une vérification régulière. Le même constat s'applique à la foi: le désir religieux d'être dans la vérité n'est pas lié à la recherche d'informations qui garantiraient l'obtention du salut. Le salut religieux n'est pas synonyme de possession d'une vérité théorique; il ne surgit que là où l'on s'engage corps et âme dans un certain mode de vie.

Ce dont nous avons besoin – et la remarque vaut aussi bien pour la vie religieuse que pour l'existence quotidienne –, c'est moins une attitude critique qu'une profonde *confiance*, qu'une sorte d' «insouciance et d'inattention[19].» Celles-ci sont à l'opposée de l'inquiétude angoissée qui suscite la soif de justifications théoriques, de rationalisations et d'interprétations totalisantes.

La confiance qui devrait animer notre vie ne présuppose ni connaissance théorique *ni* maîtrise technique; elle implique, bien au contraire, que l'on abandonne le désir de la certitude totale. La confiance a triomphé de deux leurres: celui du désir de sécurité absolue (que l'on retrouve aussi dans le fanatisme – «j'ai absolument raison et rien ne me fera changer d'avis») et celui de l'inquiétude permanente (qui, justement, attise le désir de certitude totale). En d'autres mots, la confiance constitue un *entre-deux*, une position intermédiaire entres les deux extrêmes que sont la certitude fanatique et la résignation quiétiste, et cette position médiane la rend fort précaire. Qu'est-ce qui justifie la confiance en l'absence de certitudes absolues? Comment rester confiant même si l'on sait sourdement que, comme l'exprime le poète hollandais Lucebert, «tout ce qui a valeur, est fragile[20].» Comment, en effet,

(19) On retrouve des formulations analogues chez Hume, Chesterton, Newman.

(20) LUCEBERT, “De zeer oude zingt”, in Idem, *Verzamelde Gedichten*,1974, Amsterdam, De Bezige Bij, 2002.

avoir de la confiance et accepter cette fragilité? Qu'est-ce qui rend possible cette simultanéité peu évidente? Le fait que la vraie confiance n'apparaît que lorsqu'un Soi a dépassé ses propres intérêts individuels: donc lorsqu'un Soi se rend compte qu'à travers la confiance, il lui est con-fié quelque chose. Cela revient à dire que la confiance requiert un certain degré *d'oubli de soi*: plus on assume la responsabilité à l'égard de l'innocent et du vulnérable qui nous ont été confiés, plus on s'effacera. La confiance est indissociablement liée à une sorte d'humilité. Celle-ci ne signifie ni abnégation ni résignation ni la nécessité d'échanger le point de vue individuel contre un regard *sub specie aeternitatis* (auquel l'on aurait à s'identifier). L'humilité authentique assume pleinement – c'est-à-dire généreusement et spontanément – la responsabilité de ce qui est sans défense, elle est aussi abandon au don de la reconnaissance qui peut nous être donnée en vertu précisément de notre dévouement[21].

Une telle confiance s'expose au risque d'être trahie. Notre propre expérience et celle d'autrui nous apprennent que la confiance *est* trahie. Le manque de confiance et de dévouement, dans ce cas, blesse, détruit même le vulnérable. C'est là une vérité très dure à accepter – comme l'est celle, tout aussi réelle, de la souffrance, de la mort et du mal sans fin. Face à ces 'réalités', n'importe quelle théorie perd sa signification. La religion, par contre, garantit la possibilité d'une confiance *religieuse*: grâce à elle, grâce à cette forme ultime de confiance, nous savons que quelque chose nous permettra, d'une manière ou d'une autre, de nous réconcilier avec la réalité lorsque celle-ci a effectivement trahi notre confiance, de nous réconcilier même avec le fait que nous oublierons un jour ce qui nous a tant blessés et que nous continuerons à vivre 'comme si de rien n'était'.

(21) Cf. H. De Dijn, «Fierheid en persoonsidentiteit», in *Tijdschrift voor Filosofie*, 47 (1985), pp. 579-580.

Quand le désir de certitude est trop brûlant, l'on sera éventuellement tenté de rechercher une vision du monde susceptible d'assouvir au moins sur le plan idéel la soif de fondements. Il en résultera inévitablement une incongruence entre une pratique de plus en plus autonome – celle de la construction intellectuelle d'une vision du monde théorique – d'une part, et la pratique et l'expérience religieuses concrètes d'autre part. Souvent, celles-ci sembleront alors tellement irrationnelles et rudimentaires que peu à peu elles s'éroderont (au cas où la construction théorique ne les aura pas d'emblée remplacées). Mais même à ce moment-là – vu que l'homme est un animal rituel et symbolique –, le besoin de rites et pratiques religieux renaîtra; même dans des milieux athées, on plaide aujourd'hui en faveur d'une religiosité sans Dieu[22]. Ainsi la boucle est bouclée et le gain, pour l'homme moderne, est double: la nouvelle vision du monde théorique lui donne le sens de la certitude et il dispose désormais de rites et de symboles qui sont parfaitement à la hauteur de ses propres goûts. En fait, la frontière entre croyants et athées s'est aujourd'hui estompée. Sans vouloir jeter le soupçon sur leurs intentions respectives, je me demande si les croyants et les athées contemporains ne corroborent pas ce qui se trouve à l'origine même de la crise tant de la religiosité que de la modernité, notamment le rêve d'un contrôle théorique et technique débridé de la vie elle-même.

Si la perspective internaliste sur la religion est la plus fructueuse, quel rôle faut-il attribuer dans ce contexte à l'orthodoxie, à la nécessité de maintenir ses convictions religieuses? Pour nous, l'orthodoxie s'interprétera certainement en termes d'orthopraxie: la foi sans les œuvres est morte. Etant donné ce qui précède – étant donné donc que les idées

(22) Cf. L. APOSTEL, *Atheïstische spiritualiteit* (Samenstelling en eindredactie: Jan H. Mysjkin), Brussel, VUB-Press, 1998.

et la vérité religieuses ne sont pas de nature strictement théorique –, quel pourrait bien être l'intérêt ou la fonction de la rectitude doctrinale? Or, en l'absence de fondements théoriques purs et durs et vu sa signification éminemment symbolique, la religion ne saurait se passer d'une sorte de stabilité (impossible et indésirable dans le champ scientifique). La rectitude doctrinale n'est sans doute pas typique de toutes les religions bien que la stabilité s'observe d'habitude dans des contextes rituels et symboliques religieux. Pour ce qui est de la religion «de la Parole», cette stabilité ne vaut pas seulement pour les rites et les symboles mais aussi pour la doctrine en tant que telle. La rectitude doctrinale concerne alors plus certaines formulations (comme les dogmes) que le métadiscours théologique qui, lui, varie – et parfois très sensiblement – d'une époque à l'autre, d'une situation à l'autre. Si vous voulez: c'est la doctrine elle-même qui, en quelque sorte, acquiert une signification rituelle et symbolique et celle-ci est d'une importance cruciale pour l'ensemble de la vie religieuse[23]. Dans la mesure où le croyant s'inscrit lui-même dans ce langage doctrinale ritualisé et symbolique, il reste sensible à un message qui n'est pas uniquement le fruit de ses propres convictions, rêves et désirs et il est à même de recevoir la vérité et la sagesse qui, au fil du temps et de différentes manières, ont conféré du sens à la vie des générations antérieures. De par leur insertion dans une tradition, de par leur canalisation rituelle très diverse, les signifiés religieux ont atteint un degré élevé de densité symbolique. C'est la doctrine – celle, notamment, qui est médiée par des chansons et des rites – qui nous apprend à nous rapporter de manière non subjective et pourtant infiniment concrète, vivante à tout ce qui nous échappe. Vous connaissez peut être l'anecdote: un jour, l'on demanda à un pasteur

(23) Je dois cette idée à mon collègue Arnold Burms.

s'il était encore capable – après tant d'années d'études philosophiques et théologiques – de réciter le credo sans être malhonnête; voici sa réponse: «je ne le récite point, je le chante.» Ou encore, suivant un proverbe oriental: celui qui ne sait pas joindre les mains, ne comprendra jamais.

Si ce qui précède est en effet correct, si, donc, la distance entre science et religion est plus que considérable, faudra-t-il en déduire que nous sommes condamnés à une existence plus ou moins schizophrène? Qu'il faut abandonner à tout jamais le rêve d'une existence qui soit une et indivise? Sur ce point, Gabriel Marcel s'est exprimé comme suit: «Rien ne peut être plus fallacieux que l'idée d'une continuité de droit et de fait entre les invariants de la Foi et telle conception essentiellement relative et par là même révisable dans laquelle s'incarne à un moment donné la science positive; et rien ne saurait être plus imprudent (...) que telle tentative pour exploiter dans un sens apologétique une découverte physique ou biologique isolée de son contexte et dont on extrapole indûment les résultats. Mais par là, n'est-on pas conduit à creuser un hiatus entre l'ordre de la Foi, d'une part, la pensée et même la vie d'autre part? C'est ici, je crois, qu'il faut surtout s'attacher à dissiper toute équivoque (...). Une certaine discontinuité est donc ici requise pour que nous puissions manifester la liberté qui nous fait hommes (...)[24].» Il faut donc accepter cette discontinuité, cette réalité prismatique qu'est notre existence: la réalité telle que se la représente la science neutre, objectivante n'est pas celle dans laquelle s'enracine notre engagement au sein du monde vécu ni celle de l'éthique, de la religion, de l'art ou du sens en général. Rien ne nous permettra de pallier cette pluralité – sauf, peut-être, l'élimination pur et simple de la science et de la technique. Cependant, même

([24]) Gabriel MARCEL, *op. cit.*, pp. 243-245.

dans ce contexte différencié à l'extrême, les frontières entre les divers domaines de la vie ne sont pas étanches. La seule présence, par exemple, de la vision du monde scientifique et technologique a profondément affecté la manière même de nous rapporter à la problématique du sens. Inversement, le développement futur de la science et de la technique serait sérieusement hypothéqué sans la transmission (simultanée) de pratiques, d'intérêts, de coutumes et de désirs directement et solidement ancrés dans le domaine du sens, y compris la religion. L'idée que l'on devrait être capable d'adopter un point de vue qui embrasserait tous les savoirs et toutes les pratiques contredit – c'est ce que nous suggère Marcel – la liberté humaine; ce qu'elle nie sans aucun doute, c'est la finitude de l'homme. Chacun de nos engagements est accompagné de son ombre, celle d'un certain oubli, celle, parfois, de l'oubli de ce qui compte vraiment. L'authenticité n'a rien à voir avec de telles ambitions totalisantes; elle renvoie, au fond, à l'aptitude de se rapporter à l'incontrôlable. Et la religion, justement, constitue un domaine à l'intérieur duquel ce rapport à l'incontrôlable peut être vécu correctement: là, des rites et des symboles nous mettent en état – souvent malgré nous-mêmes – d'accepter et de célébrer ce qui pourtant nous échappe. Si, par contre, la religion cède devant la tentation de contrôler l'incontrôlable, elle est vouée à l'échec. Dans cette optique, l'existence même de la science et de la technique *autonomes* a quelque chose de salutaire en ce qu'elle peut protéger la religion contre cette tentation. Elles nous offrent en effet la connaissance et les moyens appropriés à la recherche du connaissable, du maîtrisable et de l'utile, tout en laissant à la religion la recherche du sens, de ce qui est vraiment important, mais incontrôlable.

SCIENCE ET ÉTHIQUE*

1. Introduction

Lorsqu'il s'agit de la relation entre science et éthique, mes philosophes préférés, Spinoza et Hume, ont tous les deux développé des conceptions intéressantes, bien qu'elles soient contradictoires à première vue. D'après Hume, la science et l'éthique constituent des domaines totalement différents, à tel point qu'ils sont entièrement détachés l'un de l'autre; la science prend son origine dans la raison, l'éthique dans le cœur; la science nous apprend ce qui *est*, la façon dont les choses se composent, l'éthique nous montre ce qui *doit* être, la façon dont nous *devons* nous comporter[1]. Spinoza, par contre, a écrit une *Ethica, more geometrico demonstrata*, c'est-à-dire – si l'on traduit librement ce titre – une éthique scientifiquement étayée. Apparemment, l'étude de l'histoire de la philosophie peut s'avérer stimulante (certains diraient plutôt 'déroutante'), ce qui ressort par surcroît du fait qu'Einstein, tout en affirmant qu'il est spinoziste, approuve quand même les opinions de Hume[2].

Maintenant, vous vous attendez peut-être à ce que je commence par définir la science et l'éthique pour m'arrêter ensuite à leur relation réciproque. Or, il a apparu à plusieurs reprises qu'en procédant ainsi on parvient rarement

(*) Version originale: H. DE DIJN, "Wetenschap en ethiek", in *Onze Alma Mater*, 55:4 (2001), pp. 500-516; traduction française par Koenraad GELDOF.

(1) D. HUME, *A Treatise of Human Nature* (ed. by L.A. Selby-Bigge), Oxford, Clarendon Press, 1968, pp. 455-476 (Book III, Part I, Sect 1+2).

(2) A. EINSTEIN, *Ideas and Opinions*, New York, Dell Publishing Comp. (Laurel edition), 1981, p. 51.

(ou pas du tout) à traiter de la problématique proprement dite, parce qu'on se perd dans une série interminable de complications. Déjà, la notion de science fait problème: ce terme englobe-t-il aussi les sciences humaines et la philosophie? La relation entre la physique et l'éthique peut-elle être identifiée au rapport qui existe entre les sciences humaines et l'éthique ou entre la philosophie et l'éthique? Et au sujet de l'éthique, il existe des conceptions extrêmement divergentes. Vu ces complications, je vais m'y prendre autrement: j'aborderai d'abord un certain nombre d'évidences au sujet desquelles il existe, j'espère, une certaine unanimité. Pour le moment, je fais abstraction de la distinction savante entre éthique et morale; quand je parle d'éthique, j'entends par là les valeurs morales, les normes, les règles que les gens adoptent dans leur vie. Je ne détermine pas ce qui relève du domaine de la science au sens strict du terme, mais il est évident que j'y inclus en premier lieu les mathématiques, la physique et la biologie. En dépit des incertitudes, j'espère qu'ainsi je serai capable de dire quelque chose de sensé à ce propos (entre autres parce que les significations de ces mots ont tendance à converger chez les personnes sensées) et que nous pourrons accéder peu à peu à une connaissance plus approfondie des fondements de l'éthique.

2. Evidences

Que la science, surtout les sciences physiques actuelles qui sont étroitement liées aux technologies les plus avancées, ait des *conséquences* éthiques, personne, de nos jours, n'oserait encore le nier. Le progrès scientifico-technique mène à des produits (comme l'énergie nucléaire, les pesticides, les organismes génétiquement modifiés, les systèmes informatiques, etc.) et à des effets (sur l'environnement, la santé, l'organisation du travail, le trafic, etc.) qui sont tellement drastiques que la communauté scientifique elle-même comprend qu'elle ne peut plus esquiver ses responsabilités sociales et éthiques. Ceci est d'autant plus vrai que souvent les conséquences des développements scientifico-techniques ne peuvent être fixées et évaluées que par des scientifiques. Parfois se pose même la question de savoir s'il est vraiment possible de déterminer ces conséquences de manière scientifique et on se demande comment il faut estimer les risques ou les frais. Il me semble que la communauté scientifique – et surtout son segment académique – comprend et accepte qu'il est à la fois possible et impératif d'associer à la liberté de la recherche scientifique une responsabilité collective au service de la société. De toute façon, c'est la société qui procure, de manière directe ou indirecte, une grande partie des finances. Pourtant, la pression économique est énorme: les brevets d'invention, les applications secondaires, l'évitement de frais relatifs à la sécurité et à l'environnement, mais aussi la simple nécessité d'attirer des fonds nouveaux pour la recherche. Cette contrainte du marché est particulièrement réellé pour les nombreux chercheurs qui sont employés par des entreprises, des gouvernements ou même des ONG ou des OIG. En tout cas, il n'est pas réaliste de rejeter toute la responsabilité sur les scientifiques. Les citoyens et les hommes politiques, outre le fait qu'ils ont parfois des espoirs tout à fait irréalistes, sont eux-mêmes coupables de ne pas assumer toujours leurs responsabilités. Néanmoins, il ne faut jamais cesser d'encourager le sens des responsabilités auprès des membres de la communauté scientifique.

Un second aspect du lien étroit entre science et éthique concerne l'activité de chaque scientifique en tant qu'individu. Lors de sa recherche, chaque homme de science est tenu de se laisser guider par certaines vertus (telles que l'honnêteté et la loyauté) et à éviter certains vices (comme l'impatience, l'imprudence, l'appât du gain, la jalousie). Si ce n'est pas le cas, la société est exposée à certaines conséquences dangereuses, tandis que la recherche scientifique risque d'être compromise dans son essence même. Apparemment, la fraude et la déloyauté prennent de telles proportions que les Académies Scientifiques en font à présent un sujet spécial de réflexion et d'action. Il ne s'agit pas seulement de vol de données; malheureusement, il est également question de véritable tromperie dans la recherche proprement dite: on parle de négligence délibérée, de falsification intentionnelle des données et des calculs, etc. De telles pratiques ne se limitent donc pas au domaine de l'historiographie.

Le rôle joué par l'éthique ne se borne pas à l'implémentation et à l'organisation de la science ni à l'activité du scientifique: parfois c'est l'objet de recherche lui-même qui présente des problèmes éthiques bien déterminés. Tout le monde sait que la cour de Frédéric le Grand de Prusse fut la résidence de plusieurs *philosophes*. L'un d'entre eux, Maupertuis, fut l'auteur de la fameuse *Lettre sur le progrès des sciences,* dont une partie a trait aux «Recherches à interdire». Chose bizarre, ces interdictions ne se rapportaient *pas* aux expérimentations effectuées sur des êtres humains. A la rigueur, il fallait se servir de condamnés à mort, pourvu qu'on promette à ceux-ci qu'ils regagneraient la liberté s'ils survivaient aux expériences. Les seules formes de recherche que Maupertuis qualifiait de taboues furent les recherches de la pierre philosophale, de la quadrature du cercle et du mouvement perpétuel; tout le reste fut permis[3]. Jusqu'à nos jours, on observe de graves violations des limites fixées par l'éthique dans le cas de recherches qui manquent de respect envers l'individu humain, en particulier envers ceux qui se

(3) A ce sujet, cf. H. BLUMENBERG, *La Légitimité des Temps modernes,* Paris, Gallimard, 1999, p. 473.

trouvent dans une situation de subordination ou de faiblesse (les soldats, les orphelins, les handicapés). La communauté scientifique – du moins le monde académique – soutient que la recherche engageant des êtres humains devrait être strictement reglementée. Cela veut dire que les hommes de science se rendent compte que l'ambition d'atteindre tel ou tel résultat scientifique est parfois subordonnée à une valeur supérieure: le bien ou la dignité de la créature humaine. Aujourd'hui encore, beaucoup d'experts en éthique, ainsi qu'un tas de scientifiques et même le grand public sont toujours d'avis qu'il est inadmissible de donner libre cours aux recherches qui ont pour objet des ovules fécondés ou qui aboutissent au clonage ou aux animaux transgéniques. Ce qui est en cause ici, ce ne sont pas uniquement les dangers que ces recherches peuvent entraîner dans le futur; bien plus on comprend intuitivement qu'il y a dans ces recherches comme un manque de respect envers des êtres étroitement liés à nous-mêmes ou comme une transgression d'un ordre éthique qu'il faut respecter. Quoi qu'ils ne puissent pas les fixer de façon absolue, la plupart des scientifiques comprennent et acceptent qu'il y a quelque part des frontières. Ceux qui font exception, comme Maupertuis, considèrent le Progrès et non pas l'être humain comme la valeur suprême. A leur avis, Prométhée devrait finalement avoir l'audace de vaincre la nature. Ironiquement, ce sont précisément les esprits éclairés, comme Maupertuis, qui, voulant à tout prix libérer l'homme de sa sujétion à quelque chose de transcendant, furent prêts à sacrifier jusqu'à l'humanité sur l'autel du Progrès. A leurs yeux, l'espèce humaine devrait être disposée à se transformer et à laisser derrière soi ce qui est 'humain, trop humain'. Certains parlent déjà de l'*Antiquiertheit des Menschen*[4].

([4]) G. ANDERS, *Die Antiquiertheit des Menschen*, München, Beck, 1980.

De ce qui précède, il se dégage avec évidence que l'éthique n'est pas complètement étrangère à la science. L'on peut même affirmer qu'il existe entre les deux un lien très étroit, voire intrinsèque. En effet, on a vu que l'activité scientifique elle-même suppose certaines vertus éthiques et que certains objets de recherche soulèvent de par leur nature des questions éthiques. A part cela, il y a un autre aspect que je vais développer plus en détail dans ce qui suit: la science moderne implique non seulement certains dangers – à cause de son lien indissociable avec les développements technologiques –, elle a surtout un impact direct sur de très importantes relations humaines en soulevant des questions sociales et éthiques fondamentales.

Le fait d'attirer l'attention sur les implications considérables de problèmes éthiques dans la science n'équivaut pas à un plaidoyer pour la réduction de l'éthique à la science, loin de là. Comme Hume et Einstein l'ont dit, la science nous apprend ce que *sont* les choses, comment elles se composent; elle ne nous dit pas ce qui *doit* être, comment nous *devons* agir d'une manière éthique. Ce devoir éthique équivaut d'ailleurs tout aussi peu au devoir lié au comportement technico-instrumental: c'est-à-dire à la recherche des meilleurs moyens pour atteindre nos buts (quels qu'ils soient). La recherche scientifique représente elle-même une valeur supérieure, un but hautement respecté dans notre culture. La science elle-même est incapable de nous renseigner sur la question de savoir si la science doit l'emporter sur les autres buts et d'autres valeurs, qui sont par exemple d'ordre familial ou qui concernent le devoir éthique envers nos prochains. La proposition de subordonner toutes les valeurs à la seule curiosité scientifique n'est pas un impératif qu'on peut déduire de notions ou de recherches scientifiques.

Tout comme Hume et Einstein, je conteste la position scientiste qui prétend que l'éthique est tenue de progresser au rythme de la réflexion scientifique et des possibilités technico-scientifiques et à s'y adapter. Les conceptions éthiques ne peuvent être déduites de conceptions théoriques ou scientifiques; le comportement éthique ne se réduit pas à une conduite instrumentale ou technique. Pourquoi les conceptions éthiques devraient-elles alors s'adapter aux (nouvelles) conceptions scientifiques ou le comportement éthique aux (nouvelles) possibilités de la technique? Ce n'est pas parce que nous disposons de la connaissance technique qui nous permet d'atteindre pour la première fois tel ou tel but que nous sommes obligés de tenter de le faire. Ce n'est pas parce que nous découvrons de nouveaux faits ou de nouvelles lois naturelles que nous devons changer d'avis en matière d' éthique. Ce n'est pas parce que nous adoptons de nouvelles vues scientifiques concernant, par exemple, la nature de l'homme que nous *devons* modifier nos opinions éthiques sur la dignité humaine. Ce n'est pas parce que nous découvrons que, du point de vue génétique, nous ne différons guère du chimpanzé ou du bonobo que nous devons intégrer ces espèces animales dans la 'moral community' (à ce qu'il paraît, la différence génétique avec les espèces animales inférieures n'est pas grande non plus; d'ailleurs, quelle différence faudrait-il qualifier de 'grande' ou de 'petite': 2%, 10%?). Ce n'est pas non plus parce que les processus causaux deviennent plus maîtrisables du point de vue technique que nous pouvons ou devons atteindre ces buts. Ce n'est pas parce que nous avons le pouvoir d'anéantir le monde que nous sommes autorisés ou obligés de le faire. Ce n'est pas parce que nous avons la capacité de cloner ou de produire des êtres transgéniques que nous pouvons ou devons y procéder.

A part certaines exceptions auxquelles je reviendrai, les considérations théoriques en soi ne sont donc pas assez décisives pour que nous modifiions nos appréciations. Après quelque temps, tout le monde a compris que la découverte de Darwin que nous «descendons des singes» n'implique pas nécessairement que désormais nous devions cesser de respecter l'homme. Ce n'est pas parce que nous savons que la sexualité est sérieusement conditionnée par des hormones que nous devons vivre nos rapports sexuels d'une autre façon, c'est-à-dire sans affection et/ou romantisme. Bien sûr, certaines conceptions ou informations théoriques peuvent avoir un impact négatif sur nos appréciations, par exemple lorsqu'elles font clairement ressortir que tel ou tel objet de valeur n'existe pas ou plus, ou quand elles démontrent que les moyens qui sont censés réaliser ou maintenir des choses de valeur ne fonctionnent pas. Mais ces informations ne peuvent jouer ce rôle que parce'il y a d'abord des appréciations spécifiques. Evidemment, celles-ci ne sauraient faire abstraction de celles-là sans pour autant que cela n'en diminue l'indéniable pertinence: l'information n'annule pas l'appréciation.

Le devoir éthique porte sur la réalisation dans la vie humaine de certaines fins ultimes, c'est-à-dire des fins qui elles-mêmes ne sont plus des moyens pour encore atteindre autre chose: ce sont des fins *en soi* ou des valeurs éthiques. Ces fins (comme le dévouement à la charité, à l'éducation des enfants ou à la science) ne sont pas réductibles à une sorte de summum d'utilité ou de plaisir. Par conséquent, la réflexion sur le pourquoi de ces fins ultimes est *ou bien* hors de propos (parce qu'elle suppose que ce ne sont pas des fins en soi), *ou bien* elle aboutit à un raisonnement qui parasite sur la révélation de l'importance de ces fins dans le mode de vie qui est à leur service. Ce n'est qu'en vertu d'une familiarité avec ces fins et d'une sensibilité pour elles que l'on peut saisir pourquoi ce sont des fins ultimes ou des valeurs fondamentales. Celui qui ne répond pas aux questions éthiques par la phrase «parce qu'il le faut» ne donne pas de réponse éthique, car il s'agit là de fins ou de valeurs qui ne sont plus au service d'autre chose, mais qui sont des fins ou des valeurs en soi (cf. la fameuse distinction entre impératif hypothétique et catégorique)[5].

Si l'éthique ne peut être réduite à l'intelligence scientifique ni aux possibilités techniques, il est absurde de dire que notre éthique présente un retard par rapport au progrès, comme il est de bon ton de le faire. En effet, la plainte selon laquelle notre réflexion éthique prend du retard à l'infini ne cesse d'être entendue: nous serions toujours encombrés d'une éthique âgée de 2000 ans, alors que nous sommes entrés dans le vingt-et-unième siècle. Cette complainte est insensée. Une fois de plus, ce n'est pas parce qu'une chose quelconque devient réalisable (à cause de nouvelles découvertes scientifiques) que nous devons ou pouvons accomplir celle-ci. Ce n'est pas parce que nous sommes capables de détruire toute vie humaine que nous pouvons ou devons faire cela. Il n'est pas vrai que «Can implies ought» (que 'pouvoir' implique 'devoir').

Quelles sont les thèses principales que j'ai avancées jusqu'ici? En premier lieu, la thèse que l'éthique est étroitement imbriquée dans l'activité scientifique. En second lieu, la thèse que cette imbrication n'implique pas que l'éthique soit réductible à une science ou à une technique, puisqu'il s'agit de deux domaines ou activités fondamentalement différents. En troisième lieu, il ressort des deux thèses précédentes que les scientifiques eux-mêmes doivent prendre leurs responsabilités, à la fois comme scientifiques et comme individus éthiquement responsables, afin de déterminer la façon dont ils vont réagir aux problèmes sociaux et éthiques provoqués par le progrès scientifique. En tant que scientifiques, ils devancent normalement les autres; en tant qu'individus consciencieux, cela n'est pas le cas.

(5) Cf. A. BURMS en H. DE DIJN, «Moreel objectivisme», in *Algemeen Nederlands Tijdschrift voor Wijsbegeerte*, 74:4 (1982), pp. 207-223.

Ce qui suit maintenant, est une complication paradoxale: quoique la science et l'éthique soient fondamentalement différentes l'une de l'autre, quoique rien n'oblige l'homme moral lorsqu'il se voit confronté aux nouvelles découvertes scientifiques, de modifier ses opinions en matière d'éthique ou d'implémenter les nouvelles possibilités techniques, la dimension technico-scientifique exerce quand même une influence profonde sur l'éthique d'aujourd'hui, qu'on le veuille ou non. La raison n'en est pas que l'éthique devrait s'adapter à la science et à la technique, mais plutôt que la techno-science elle-même ne peut plus être libre de toute norme, c'est-à-dire neutre d'un point de vue moral. Par son impact sur la vie humaine, elle mène inévitablement à une grande perplexité éthique. Au cours de notre exposé, nous allons développer davantage notre conception de l'ethique.

3. La science n'est pas moralement neutre

Comme techno-science, la science moderne a provoqué sans cesse des problèmes épineux pour l'éthique, à tel point que la communauté scientifique a annoncé à plusieurs reprises des moratoires visant certains types de recherche. A présent, beaucoup de gens ont l'impression que tout se précipite de telle sorte que les problèmes éthiques sont devenus extrêmement préoccupants et urgents. Cette impression est due surtout au fait que la science et la technique ont désormais percé les secrets des fondements de la vie humaine (et de la vie et de la matière tout court) si bien que l'homme réussit à manipuler ces fondements d'une manière très poussée. Afin de pouvoir élucider ce point, nous devons nous pencher plus en détail sur l'essence même de l'éthique.

Nos conceptions éthiques sont étroitement liées à l'image que nous avons de l'homme, et cette image se rattache à son tour à l'ordre symbolico-culturel dans lequel nous vivons. Le monde qui nous entoure, notre *Lebenswelt*, n'est pas constitué d'objets ou d'artefacts tout à fait neutres: c'est un monde sensé qui est organisé à l'aide de distinctions symboliques et qui est coloré par toutes sortes d'appréciations; donc un monde où l'homme et le moi occupent une position centrale et dans lequel toutes sortes de caractéristiques et d'appréciations anthropomorphes jouent inévitablement un rôle de premier plan[6]. Dans l'ordre symbolique du *Lebenswelt*, certaines images et oppositions sont de grande importance: la différence entre l'homme et l'animal, entre l'homme et la femme, entre l'enfant et l'adulte, entre le mien et le tien, entre le familier et l'étranger, etc. Ces images et ces oppositions sont étroitement liées à toutes sortes d'appréciations (bon / mauvais; tabou / non tabou; attirant / répugnant; intéressant / banal, etc.) Il s'ensuit que les termes qui décrivent le monde dans lequel nous vivons se rattachent presque naturellement à des évaluations (genre «ce n'est qu'un animal»; «le soldat a abusé de femmes et même d'enfants»). Evidemment, cet ordre symbolique se greffe sur la réalité matérielle et biologique: la propriété concerne des biens réels, matériels qui peuvent disparaître; homme, femme, enfant constituent à la fois des différences biologiques. Pourtant, cette réalité symbolico-culturelle n'est pas réductible à la réalité matérielle ou biologique. Les animaux n'ont pas de propriété ni d'épouse ni d'enfants. Les êtres humains s'intéressent rarement (ou pas, du tout) à ce qui est purement matériel. Pour eux, même l'acte de manger ou de boire est complètement imprégné par l'ordre symbolico-culturel; l'anthropologie culturelle nous l'apprend.

L'ordre éthique fait partie intégrante de l'ordre symbolico-culturel. Le fait que l'éthique et la morale renvoient

(6) Voir aussi le châpitre III1.

aux moeurs, aux coutumes d'une communauté, n'a rien de fortuit. L'éthique se rapporte principalement aux règles et aux normes fondamentales (dont la plupart semblent être de type prohibitif) qui sont, à l'intérieur d'une communauté particulière, liées à une série de distinctions profondément appréciées et prisées: tu ne tueras point, tu ne commettras point d'adultère, tu ne voleras point, tu seras particulièrement indulgent avec ceux qui sont faibles, les handicapés, les veuves, les orphelins; en aucun cas, tu ne prendras les hommes pour des esclaves (ou pour des objets), les enfants pour des adultes, les hommes pour des femmes, etc. L'idéal, c'est évidemment qu'on respecte ces distinctions de façon spontanée, et non pas par peur d'être puni. Telle est la conduite de l'homme vertueux, consciencieux. La plupart du temps, celui-ci ne se soucie pas explicitement de problèmes éthiques: sa conduite se base tout simplement sur une sorte d'intériorisation des valeurs et des normes qui sont liées aux distinctions fondamentales. Or, l'éthique n'est-elle pas l'aspiration au bien en tant que tel? Et est-ce que cela ne contradit pas la réduction de l'éthique à une observance plus ou moins spontanée des convenances sociales? Nous ne le pensons pas. La personne éthique elle-même perçoit sa conduite non pas comme une imitation du code social, mais comme une tentative d'atteindre ce qui est bon en soi. Même si elle se rend compte que l'éthique fait partie de la culture, qu'elle est un ensemble de règles transmises par une sorte de processus pédagogique, cela ne l'empêche pas pour autant de juger certains actes comme intrinsèquement mauvais ou bons. Elle sait fort bien que les actes qu'elle approuve ne sont pas bons uniquement parce qu'elle les croit bons. Quand bien même une telle personne pense qu'il est peu probable que dans x années il y aura encore des personnes qui partagent ses propres conceptions éthiques, il ne faut pas en conclure pour autant qu'elle finira par approuver ce qu'elle déteste, ou qu'elle renoncera à son éthique.

Bien que l'éthique soit en principe indépendante de toute compréhension scientifique et de tout génie technique, la science et la technique sont malgré tout en mesure de lui causer des ennuis. En effet, elles peuvent entraîner et elles vont entraîner des transformations tellement radicales au niveau des données naturelles sur lesquelles l'ordre éthique se greffe que certaines appréciations antérieures ne manqueront pas d'être ébranlées. Vu l'enracinement inévitable de l'ordre symbolique dans des objets matériels et dans des relations biologiques[7], on ne sera pas étonné de constater comment les transformations dans le monde matériel pèsent sur le domaine symbolico-culturel, – même si ce domaine est souvent capable de les assimiler sans trop de difficultés. Il en va de même des changements matériels causés par la science et la technique. Dans le passé, celles-ci ont déjà eu un impact énorme sur notre environnement naturel et elles ont fortement marqué par là l'ordre symbolico-culturel. Songeons, par exemple, aux effets de l'urbanisation et de la mobilité sur les modes de vie familiaux, la religion et, évidemment, l'éthique. Pourtant, les conceptions éthiques traditionnelles ont toujours été capables de se maintenir jusqu'à un certain point. A présent, par contre, il semble qu'on aille plus loin: la base biologique plus ou moins stable et stricte liée aux réalités essentielles de notre *Lebenswelt* devient elle-même un objet d'intervention. Bien que de mémoire d'homme elles aient été considérées comme évidentes, toutes les distinctions fondamentales qui déterminent notre identité en tant qu'individu humain – comme celles entre l'homme et l'animal,

(7) Cf. H. De Dijn, «Values and Incarnation», in M.M. Olivetti(ed.), *Incarnation*, Padova, CEDAM (Biblioteca dell'Archivio di Filosofia'), 1999, pp. 371-379.

l'homme et la machine, l'homme et la femme, l'enfant et l'adulte, le vivant et le mort – deviennent incertaines à partir du moment où elles peuvent faire l'objet d'intervention et de *Spielerei*. Les spectres qui peuplent de toute éternité les cauchemars de l'humanité (comme les loups-garous, les morts vivants, les êtres asexués, les androgynes, ...), tôt ou tard toutes ces choses pourront être fabriquées. Il se peut même que l'humanité arrive à se transformer en une espèce qui soit immunisée contre le sort humain traditionnel. Quelle éthique sera à la hauteur de ces possibilités réelles? Le domaine dans lequel on a le plus réfléchi sur ce genre de problèmes – et parfois même de façon profonde et sérieuse – est celui de la science-fiction. Comment faut-il agir pour manier avec sagesse les possibilités imprévues de la science et de la technique? Quelle sera la valeur d'une vie humaine dans l'avenir? Quelle sera la signification de l'amour parental? Quel est le sens d'une vie qui peut être prolongée à l'infini, etc. Toutes ces questions ont fait l'objet d'innombrables films et livres.

Supposons un instant – pour en rester à l'exemple de la science-fiction – que l'histoire racontée dans le *Return to the Planet of the Apes* soit vraie et que par suite d'une explosion nucléaire (ou par suite d'expériences humaines, ce qui est plus réaliste), les singes les plus proches de l'être humain commencent à faire preuve d'une intelligence et d'une sensibilité inouïes. Ne serions-nous pas obligés alors de les inclure dans notre *moral community*? Le mariage entre ces races serait-il permis? Supposons qu'il est possible de cloner facilement un individu décédé et de doter ce clone de la mémoire (etc.) du défunt: la vie humaine serait-elle toujours aussi sacrée?

Il n'est pourtant pas nécessaire de renvoyer au domaine de la science-fiction pour trouver des exemples de ce genre. La fécondation in vitro, destinée aux couples stériles, semble être une quasi-évidence (même dans les hôpitaux catholiques). Mais est-elle également permise pour les couples lesbiens?

Un couple a-t-il le droit d'utiliser le sperme de son fils défunt pour donner vie à un petit-fils qui aura comme mère porteuse sa future grand-mère? N'est-ce pas déjà une violation inconcevable de l'ordre symbolique que beaucoup de gens considèrent comme étant l'ordre naturel des choses? Il est clair que les innovations technico-scientifiques peuvent retirer aux cadres de signification et d'appréciation symboliques leur stabilité et leur rigueur, de sorte qu'ils ne servent plus de point de repère pour les individus chargés de prendre des décisions.

Si certaines innovations technico-scientifiques étaient réalisées sur une grande échelle, elles auraient des répercussions énormes sur la façon dont les hommes se perçoivent eux-mêmes et sur les considérations éthiques qui y sont liées. Aussi longtemps que la science générait des images soi-disant objectives de l'homme (comme *l'Homme Machine*, le singe nu ou l'ordinateur organique), il y a toujours eu des esprits qui commençaient à s'exciter. Mais dès que l'attrait du nouveau disparaissait, le cours ordinaire des choses se rétablissait: on retournait à l'image habituelle de l'homme qui se trouvait impliquée dans le commerce et la conversation quotidiens. A présent, par contre, nous risquons d'être confrontés non pas à des images, mais à des *réalités* de fabrication technologique qui vont effectivement bouleverser l'image de l'homme à laquelle nous sommes habitués et qui nous obligeront de faire face à des questions éthiques inédites. Nous devrons nous adapter non seulement à des réalités telles que les bébés conçus (et peut-être 'cultivés') par fécondation in vitro, mais aussi à des individus clonés, à des individus reconstitués à l'infini, à des demi-hommes, etc? Il semble que nous serons confrontés un jour à la question de savoir si l'éthique elle-même – bien qu'elle ait toujours été une éthique gravitant autour de ce qui est bon pour l'homme – n'est pas tout simplement périmée.

D'après une hypothèse intéressante de mon collègue Arnold Burms, les jugements de valeur supposent une certaine stabilité, quelque chose de strict et de non manipulable. La beauté ou l'intelligence seraient dénuées de tout intérêt si nous pouvions en disposer à notre gré, c'est-à-dire sans faire aucun effort. Quelque chose de semblable pourrait se produire dans un monde où chacun serait libre de changer de sexe ou d'échanger des gènes: de telles possibilités ne diminueraient-elles pas l'importance de la différence sexuelle et du désir d'avoir des enfants et des parents à soi? Il paraît que c'est à nous maintenant de décider des cadres de référence les plus fondamentaux, alors que nos prédécesseurs n'avaient pas besoin d'une telle décision puisqu'ils n'exerçaient aucun contrôle sur ces choses-là. C'est comme si nous devions – pour la toute première fois – opter pour la (non-)perpétuation d'un ensemble de valeurs qui ont formé, jusqu'à maintenant, les paramètres à l'intérieur desquels nous pouvions choisir quelque chose de sensé ou d'éthique. L'éthique en tant que telle ne devient-elle pas discutable? Ne l'est-elle pas davantage dans la mesure où elle est liée à une image traditionnelle de l'homme?

Evidemment, cette situation est rendue encore plus complexe par le déclin progressif de l'évidence des cadres de référence traditionnels et par l'impact qu'ont sur l'éthique les conceptions philosophiques et idéologiques modernes, par exemple en ce qui concerne l'autodétermination. Certains affirment que *tous* les jugements de valeurs découlent d'un choix personnel, ce choix pouvant être motivé (ou non) en termes de l'un ou l'autre principe comme l'utilité. Ceux qui s'opposent à la transgression des frontières fondamentales du système de valeurs traditionnel sont accusés de conservatisme, voire de fondamentalisme. En ce moment, il ne s'agit pas de déterminer qui a raison. Ce qui est sûr, c'est que l'on ne saurait imputer aux seules innovations scientifico-techniques les difficultés que l'on éprouve pour faire l'unanimité à l'égard des nouveaux problèmes de bioéthique.

Auprès du grand public, on observe une attitude de refus et de conservatisme par rapport aux innovations qui risquent de mettre à dure épreuve l'ordre symbolique dont nous avons parlé. La demande postmoderne, nietzschéenne d'ouvrir l'esprit à un avenir peuplé d'hommes cybernétiques et prothétiques étant caractérisés par une multiplicité de différences sexuelles[8] s'est montrée incapable d'obtenir une large audience. Cela explique peut-être pourquoi l'on est prêt à admettre les interventions qui n'affectent pas trop la base du modèle symbolique fondamental (la FIV est facilement accessible aux couples hétérosexuels, mais pas aux couples lesbiens).

L'opposition à la liberté d'explorer et d'implémenter sans contraintes les nouvelles possibilités ne s'inspire que rarement d'une résistance consciente à l'affaiblissement (total ou partiel) des systèmes de signification et de valeurs. Pour l'instant, la plupart des gens réagissent toujours à partir de leur sensibilité morale, mais dans une grande confusion quant au fondement de leurs réactions éthiques. Il en résulte un véritable paradoxe que nous retrouvons clairement lors des discussions à l'intérieur des commissions de bioéthique. Ceux qui ne partagent pas la sensibilité morale traditionnelle (pour une raison ou une autre) sont amenés à considérer la résistance morale à certains changements comme n'étant pas justifiée, certainement pas par 'l'ordre naturel' qui est parfois invoqué par la tradition (s'il s'agissait vraiment de l'ordre naturel, la règle de Hume serait en vigueur: *is* n'implique

([8]) Cf. H. DE DIJN, «De donkere transcendentie van Prometheus [c.r. de G. Hottois, *Essai de philosophie bioéthique et biopolitique* (1999)], in *Tijdschrift voor Filosofie*, 62:4 (2000), pp. 743-751.

pas *ought*). Ils se montrent parfois plus enclins à accepter l'argument concernant l'instabilité ou l'affaiblissement imminents de l'ordre symbolico-éthique, surtout s'ils comprennent qu'il doit y avoir un ordre quelconque pour que nos choix ne soient pas totalement arbitraires. Ceux qui adhèrent à la sensibilité morale traditionnelle, par contre, tiendront cet argument pour une considération plutôt utilitariste et non éthique et, par conséquent, moins pertinente.

Ceux qui refusent d'abandonner cette tradition en raison de leur familiarité prolongée avec un certain système de valeurs espèrent évidemment que la société ne consentira pas à autoriser tout ce qui est possible. Il existe toujours, dira-t-on, un large consensus en ce qui concerne les choses les plus fondamentales, même sur le plan international. Il ne s'est pas avéré impossible de s'opposer à la destruction de notre habitat naturel, bien au contraire, on a fini par le protéger de plus en plus. Pourquoi serait-il donc impossible d'empêcher que l'on détruise à tort et à travers notre habitat symbolique qui est étroitement lié aux différences et aux rapports physico-biologiques? Est-ce à dire que toute forme de transgression soit exclue? Certes non, mais si transgression il y a, elle restera vraisemblablement isolée et, partant, sans conséquences néfastes à large échelle et sans provoquer de la perplexité morale.

Mais que craignez-vous donc, répliquent ceux qui défendent le progrès? Eh bien, jusqu'ici les hommes ont pu avoir le sentiment qu'en dépit des différences les plus grandes, ils pourraient quand même tenter de s'entendre: ce sentiment était lié au fait que tout le monde s'insérait dans un réseau de relations familiales qui s'intégraient à leur tour dans un enchaînement de générations, générations qui transmettaient des modèles de pensée et de conduite qui conféraient quelque sens à la vie. L'écrivain Jorge Luis Borges a évoqué d'une manière saisissante la tragédie d'une société qui s'éteint et qui laisse des cadres de référence dépourvus de vigueur[9]. Qu'est-ce qui se passerait si l'humanité n'était plus l'humanité; si rien de tout ce qui préoccupait l'humanité n'avait plus de sens aux yeux de la nouvelle espèce ou des nouvelles espèces? Est-il permis d'abandonner les morts sans rien de plus?

Quoi qu'il en soit, même si un nombre suffisant de gens choisissait d'autoriser tout ce qui est possible, ce ne serait toujours pas la science qui déterminerait nos options, mais l'une ou l'autre image de ce qui est désirable ou séduisant du point de vue de l'un ou l'autre Moi. D'après notre philosophe favori, David Hume, ce Moi constitue l'illusion la plus grande et la plus persistante. Même si l'homme moderne optait pour les transformations technico-scientifiques (qui sont en principe infinies), ce serait quand même 1) à partir d'un jugement de valeur (du moins implicite) pour lequel il n'existe aucun fondement strictement objectif et 2) à partir d'une fascination quasi religieuse pour quelque chose de 'grand', à savoir le Progrès, qui paradoxalement risque de nous détruire en tant qu'espèce (de nouveau un point de départ subjectif). La notion de progrès n'est pas une catégorie objective, mais une catégorie extrêmement anthropomorphe, supposant un point de vue normatif bien déterminé. Le fait qu'on finit par être prêt à abandonner ce qui est 'humain, trop humain' par fascination de l'aventure inconnue de l'homme cybernétique ressemble d'une manière remarquable à la disposition de certains groupes religieux à faire de même en vue d'une récompense transcendante (qui serait du moins dévolue à eux-mêmes, par quoi ils se distinguent du premier groupe).

Je résume mes considérations sur la non-neutralité de la science et de la technique contemporaines en matière de

(9) J.L. BORGES, «The Witness», in Idem, *Labyrinths*, Harmondsworth, Penguin Books, 1971, p. 279.

valeurs et sur les conséquences de cette non-neutralité au niveau de l'éthique. Bien que la science et l'éthique soient fondamentalement différentes, la techno-science rend souvent perplexe sur le plan éthique, ce qui s'explique par le fait que cette science vient s'immiscer dans les réalités et les distinctions symboliques fondamentales qui jouent un rôle central dans notre *Lebenswelt* et, plus en particulier, dans l'éthique de tous les jours. Nous risquons surtout d'être confrontés à des réalités qui sont l'effet de ces interventions et qui ont le pouvoir de bouleverser profondément l'ordre symbolique. C'est comme si la base de nos jugements de valeur devenait elle-même un objet de choix, ce qui provoque une perplexité et une angoisse aiguës.

4. La science comme éthique

Dans tout ce que j'ai dit jusqu'ici à propos de la science et de l'éthique, je me suis largement inspiré d'idées éclairées qui remontent aux lumières écossaises (et non pas aux lumières françaises). Plus particuliérement, il s'agit d'idées qui ont été formulées pour la première fois par David Hume et qui ont été reprises par d'importants philosophes contemporains tels que Ludwig Wittgenstein, Peter Strawson, Michael Oakeshott. Ai-je trahi ainsi mon premier amour philosophique, Spinoza, qui a conçu et réalisé le projet d'une éthique scientifique, d'une *Ethica more geometrico demonstrata*? Le projet spinoziste reprend au début de l'époque moderne celui du Portique, le Portique ayant formé le dessein d'établir une éthique sur la base d'une logique et d'une physique. Spinoza, de son côté, se base sur une métaphysique et une théorie de l'homme: l'être humain est considéré comme faisant partie de la nature et comme étant inévitablement poussé par ses désirs et par ses émotions. Cette compréhension sert de fondement scientifique à une éthique au sens classique du terme, c'est-à-dire à une théorie du bien, le bien étant entendu comme la vie vraiment heureuse. Tout comme le Portique, Spinoza croit que l'éthique correspond en premier lieu à une bonne maîtrise des émotions: nous devons organiser notre vie de telle sorte qu'elle soit dirigée par les émotions bénéfiques et non pas par les émotions néfastes. Dans ce contexte, la *science* des émotions (*Ethica* III) joue un rôle essentiel. Il faut introduire l'approche rationnelle des émotions et de leurs conséquences dans l'aspiration au bien: l'éthique comme thérapie, comme *medicina mentis*[10]. Spinoza déduit-il alors de la science des émotions la façon dont nous *devons* agir? Pas directement, puisque cela est impossible (même Spinoza s'en rend implicitement compte). Pourtant, dit-il, *si* nous cherchons consciemment à atteindre un but – le bien, le bonheur – que nous définissons en prenant comme point de départ des expériences émotionnelles positives ou négatives, on peut enrichir cette recherche d'une science qui concerne les conséquences de certaines émotions, afin de mieux réaliser notre but. (E 4Préface) Dès lors, une éthique scientifique consiste dans toutes sortes de conseils thérapeutiques, tels que «Vous pouvez jouir des plaisirs qu'offre la vie, mais de façon modérée», ou «Il faut éviter la pitié (par quoi il est sous-entendu que la pitié doit être remplacée par un appui effectif)», etc. Il s'agit ici d'impératifs hypothétiques qui supposent que l'homme s'est déjà fixé un objectif final digne d'être poursuivi. Spinoza affirme explicitement que l'impact d'une telle éthique scientifique (ou une telle intelligence thérapeutique) sur nos aspirations reste assez limité. Dans ce contexte, il cite Saint Paul: «bien que nous

(10) Pour plus de détails au sujet de la *medicina mentis* chez Spinoza, cf. H. DE DIJN, *Spinoza: The Way to Wisdom*, West Lafayette (Ind.), Purdue University Press, 1996, pp. 12-13, 27, 236.

voyions souvent ce qui est meilleur, nous faisons quand même le mal»; et l'Ecclésiaste qui dit que «la connaissance augmente la douleur», ce qui veut dire que l'impuissance à vouloir ce qui est meilleur, même si l'on en est conscient, mène à une sorte de douleur qui est spécifique de celui qui connaît le bien, mais manque de puissance pour l'atteindre. (E 4P17S)

Si le message de l'*Ethica* de Spinoza se bornait à cela, je ne me serais pas donné la peine d'y attirer votre attention. Or, l'œuvre en question contient un message supplémentaire qui nous intéressera davantage: selon Spinoza, la science elle-même constitue l'éthique, elle est le bien, voire le bien suprême, bien qu'elle le soit uniquement pour une minorité capable de s'y abandonner entièrement. Voilà la leçon – si l'on peut l'appeler une leçon – que nous apprend le livre V de l'*Ethica*. Spinoza y affirme – et Einstein a repris cette idée beaucoup plus tard[11] – que la compréhension scientifique est à même d'engendrer un état, une expérience de bonheur suprême qui résulte finalement en une conscience religieuse. Comment faut-il interpréter cette affirmation? Certes, rattacher la science au bien ou au bonheur suprême, c'est suggérer que l'activité scientifique peut effectivement constituer le bien suprême pour certains. En tout cas, ces gens-là font preuve d'une tendance à négliger – parfois de façon extrême – d'autres biens (leur santé, leurs relations familiales) lorsqu'ils sont en quête de solutions scientifiques. Cette quête peut-elle être identifiée au bonheur suprême? C'est très discutable. De toute façon, la plupart des scientifiques que je connais moi-même n'ont pas particulièrement l'air plus heureux que d'autres (et pas davantage malheureux non plus d'ailleurs). Si on leur demandait quelles ont été leurs expériences de bonheur suprême, il y aurait sûrement des scientifiques qui renverraient aux

([11]) Cf. A. EINSTEIN, *op.cit.*, p. 48, 22, 50.

moments où ils ont effectivement découvert la solution d'une énigme importante, moments d'eurêka. Mais quant à savoir s'il s'agit là du bien suprême, cela est moins sûr. Quoi qu'il en soit, ni Spinoza ni Einstein ne semblent identifier le bien ou le bonheur suprêmes à la détente ou à la décontraction qui accompagne le moment où l'on finit par atteindre la solution d'un problème ardu[12].

Comment la science peut-elle constituer le bien suprême, le (véritable) bonheur, ne fût-ce que le bonheur de quelques *rari nantes*? La réponse de Spinoza et d'Einstein est la suivante[13]: la science devient le bien suprême au moment où elle devient le point de départ d'une activité contemplative, dès qu'elle se transforme en contemplation. Grâce à l'activité scientifique (que ce soit la physique ou la psychologie des émotions), des individus exceptionnels peuvent arriver à tenir leurs *propres* conceptions et leurs *propres* émotions (c'est-à-dire leur for intérieur) pour des éléments infinitésimaux mais nécessaires de l'Energie cosmique ou pour des modifications de celle-ci. Cette Energie est ressentie comme le fondement même de leur propre être et, en même temps, comme quelque chose qui les dépasse infiniment (et avec laquelle ils ne coïncideront jamais). Il s'agit ici d'une façon toute différente de se concevoir soi-même et de concevoir ses propres activités rationnelles et émotionnelles: le plus proche est aussi ce qui est le plus étranger, parce que les activités en question appartiennent à ce qui est Autre, à ce qui est étranger en nous-mêmes. Il s'agit d'une sorte d'expérience religieuse à travers laquelle le Cosmos, si impersonnel et indifférent qu'il puisse être, devient un objet d'amour. C'est l'*amor intellectualis Dei* de Spinoza, qui ne demande pourtant pas d'amour réciproque de la part de ce qui ne peut s'aimer qu'à travers

([12]) Voir le chap. II1.
([13]) Voir le chap. II1.

une modification de soi-même. Dans la conception spinoziste, et contrairement à l'opinion courante, éthique et religiosité sont identiques. La relation entre éthique et religion (en général) fera l'objet du chapitre suivant.

ETHIQUE ET RELIGION*

Introduction

De nos jours, les religions et les traditions morales ne constituent plus une part essentielle de la vie de nombre de gens. Cependant, la conception de la vie morale issue de la tradition religieuse détermine toujours l'existence de beaucoup. Mais, de plus en plus, la religion est devenue une forme d'expression individuelle, se manifestant par exemple à des moments de détresse. Nombreux sont les philosophes qui, encore aujourd'hui, applaudissent cette évolution[1]. Dans leur optique, l'implosion de la religion est un processus naturel inévitable, étant donné que celle-ci repose sur des conceptions inacceptables, métaphysiques ou autres. Les idées et les valeurs religieuses relèvent plus que jamais de la seule sphère privée, vu qu'elles ne sont pas susceptibles d'universalisation. Rien d'étonnant donc à ce que désormais, les grandes questions morales – en particulier celles qui se rapportent à la justice – soient traitées en toute liberté, indépendamment des conventions traditionnelles. La religion et la morale, nous disent ces mêmes philosophes, sont et doivent être des domaines parfaitement séparés. Mais, comble de paradoxe, ils doivent constater que même de nombreux intellectuels

(*) Version originale: H. De Dijn, "Broad Ethics and Broad Religion", in M.M. Olivetti (ed.), *Philosophie de la religion entre éthique et ontologie*, Milaan, CEDAM, 1996, pp. 527-542; version néerlandaise: "Brede ethiek en brede religie" , in L. Braeckmans & A. Cloots (red.), *Kijken naar de zon. Filosofische essays over de godsvraag*, Kapellen, Pelckmans, 1998, pp. 311-333; traduction française par Koenraad Geldof.

(1) Cf. J. Habermas, *Erläuterungen zur Diskursethik*, Frankfurt a.M., Suhrkamp, 1991.

n'approuvent pas leur plaidoyer éclairé pour une émancipation exclusivement éthique et politique.

En vérité, le problème est nettement plus complexe que ne semblent le suggérer les partisans d'une autonomisation et d'une émancipation totales des différentes sphères de l'existence humaine. L'éthique, dans le vécu quotidien, ne se rapporte pas ou pas en premier lieu à la justice. L'indignation morale la plus forte concerne les distinctions traditionnelles entre l'homme et l'animal, la vie et la mort, l'homme et la femme, les enfants et les adultes, etc. Nier l'importance de ces distinctions et oppositions revient à réduire le débat moral à la seule question (de l'égalité) des droits. Cette conception minimale de l'éthique, qui remonte au Siècle des Lumières, ne fait guère l'unanimité. En témoigne le regain d'intérêt chez certains philosophes pour une éthique au sens large, notamment pour une éthique des vertus[2]. A une conception réductrice de l'éthique s'oppose ainsi la conception d'une éthique au sens large[3], inextricablement liée à un mode de vie particulier.

Ce qui est paradoxal, c'est qu'il en va de même de la religion. Les tentatives pour épurer celle-ci de ses éléments dits mythiques et de la réduire à une sorte de moralité éclairée ne sont pas rares. Certains vont même jusqu'à moderniser la religion en la modelant suivant l'image d'une vision du monde conforme au progrès scientifique[4]. D'autres encore s'efforcent

(2) Cf. à titre d'exemple A. MacINTYRE, *After Virtue: A Study in Moral Theory*, London, Duckworth, 1981.

(3) Le débat autour d'une éthique au sens étroit ou large trouve son origine dans P.F. STRAWSON, «Social Morality and Individual Ideal», in G. WALLACE & A. WALKER (eds.), *The Definition of Morality*, London, 1970, pp. 98-118. Pour une critique sophistiquée de la conception étroite de l'éthique, voir A. BURMS, «Moral Taboos and the Narrow Conception of Morality», in B. MUSSCHENGA (ed.), *Does Religion Matter? A Critical Reappraisal of the Thesis of Morality's Independence from Religion*, Kampen, Kok Pharos, 1995, pp. 95-107.

(4) Voir certains développements de la *process philosophy*.

d'adapter les pratiques religieuses en tenant compte des sensibilités contemporaines. Je pense ici au phénomène du *New Age*[5].

Il est ironique que ces chambardements dans le domaine religieux voient le jour au moment même où se développe une prise de conscience renouvelée de l'importance d'une conception large de l'éthique, c'est-à-dire d'une éthique ancrée dans un mode de vie spécifique pourvu de sa propre logique. Cette façon de vivre ne se ramène pas à une vision du monde (de type métaphysique ou scientifique) ou à certaines sensibilités (ou à la combinaison des deux). Au contraire, plus la science progresse, plus sa signification existentielle diminue. Le regard qu'elle pose sur le monde réel, vécu est à ce point déroutant qu'il semble relever plutôt de la science-fiction que de la recherche[6].

Le legs des Lumières, que ce soit en philosophie ou ailleurs, entrave la *reasonableness* inhérente à notre mode de vie, quel qu'il soit. La réflexion sur l'importance, voire même l'urgence d'une éthique et d'une religion larges, ainsi que du lien entre ces deux sphères, constitue peut-être un antidote *philosophique* contre ce poison. Une analyse à la fois philosophique et anthropologique de l'enracinement de la religion ET de l'éthique dans la condition humaine pourrait constituer un premier jalon.

Pour une ethique au sens large

L'émergence d'une éthique étroite ou minimale ne se comprend qu'à la lumière du pluralisme propre à la société moderne où coexistent les conceptions éthiques ou éthico-religieuses les plus variées, quoique largement tributaires d'une conception traditionnelle de la vie bonne. Ce pluralisme moral n'est viable

(5) Ces tendances s'observent partout dans le monde chrétien.

(6) B. Appleyard, *Understanding the Present: Science and the Soul of Modern Man*, Londen, Picador, 1992, p. 30, 152.

qu'à condition que les membres de la société respectent un minimum de principes et de règles moraux, de préférence garantis par la loi. Chacun a le droit de suivre son idéal personnel de vie bonne, pour autant que l'autonomie d'autrui n'en soit pas menacée. Le principe de 'non-nuisance'[7] est ici le seul à faire autorité: l'idéal de vie bonne de tout un chacun ne doit en rien nuire aux autres individus.

Cette éthique étroite implique donc une idée minimale de ce qui est bien et de ce qui ne l'est pas. Le bien, c'est la liberté de l'individu de réaliser ses propres objectifs. Le mal, c'est la nuisance à autrui. Ou encore: le bien, c'est la justice requise afin de permettre à chacun des membres de la communauté d'atteindre ses objectifs en évitant au maximum qu'autrui en écope. A cette idée du bien s'ajoute parfois celle d'une solidarité élémentaire avec des gens (ou des êtres animés) en péril. Les partisans de cette idée minimale du bien s'accordent à dire que celle-ci n'épuise peut-être pas le sens de ce qui est objectivement bien. Mais faute d'une entente entre les individus d'une société pluraliste quant à la définition du bien, ceux-ci se voient contraints d'en respecter une conception commune minimale. L'application d'une éthique minimale ne signifie pas en soi le rejet d'une éthique plus large. Mais celle-ci ne peut être prise en considération que pour autant qu'elle soit corrélée à des sensibilités psychologiques dont il faut tenir compte en vertu du principe de non-nuisance. En effet, ce principe peut englober non seulement le dommage physique, mais aussi psychique. Ce qui explique pourquoi, même dans les Etats les plus libéraux, le blasphème ou la pornographie sont encore pénalisés (puisque produisant des dommages psychologiques)[8].

(7) Quant au principe du 'no-harm', voir J. FEINBERG, *The Moral Limits of the Criminal Law* (Vol I-IV), Oxford, Oxford University Press, 1984-1988; voir en particulier le premier volume, *Harm to Others*.

(8) Cf. H. DE DIJN, «Tolerance, Loyalty to Values and Respect for the Law», in *Ethical Perspectives*, 1 (1994), p. 27, 31 – note 2.

Les partisans d'une éthique étroite ont des intentions louables. Partant du constat tout à fait correct d'une pluralité de conceptions éthiques, ils s'efforcent de concevoir une société viable. Une idée irréaliste et inacceptable de la morale autant que de la nature humaine sous-tend cependant leur modèle de vie en commun. Leurs idées reflètent parfaitement l'individualisme moderne. L'éthique minimale est réductrice dans la mesure en effet où le bien et le mal se traduisent en termes d'expériences ou de sensibilités humaines. Est mal ce qui empêche l'individu d'atteindre ses objectifs ou ce qui cause du désagrément; est bien ce qui contribue à une expérience (agréable) voulue comme telle. Dès lors, l'éthique et la politique relèvent du seul pragmatisme: elles structurent les préférences subjectives pour ou contre certaines expériences. Cette conception de l'éthique dépend d'une définition de l'homme comme un être sensible qui, comme tout autre être sensible, est en quête de plaisir et évite autant que possible la douleur. Cette conception du bien et du mal, je la qualifierai, avec MacIntyre, de *sentimentaliste;* le sentimentalisme implique en effet la réduction d'entreprises humaines fondamentales, telles que l'éthique, à la seule poursuite de sentiments agréables[9]. Outre le fait qu'il fausse l'idée de la nature humaine, le sentimentalisme n'est pas à même de rendre compte de nos valeurs éthiques. En effet, ce qui continue à nous choquer le plus, c'est l'irrespect à l'égard d'interdits symboliques fondamentaux. Je pense ici au sacrilège des morts, à la torture de détenus, de femmes ou d'enfants, au viol et en particulier au viol d'enfants, etc. Une éthique étroite (ou sentimentaliste) ne permet guère de comprendre pourquoi de tels crimes nous indignent plus que d'autres. Pourquoi, en effet, la souffrance infligée aux femmes

(9) Ce qui explique peut-être la montée paradoxale de l'éthique animale, et cela au moment même que l'individualisme bat son plein.

et aux enfants serait-elle plus condamnable que celle qui frappe l'homme? Par ailleurs, la définition de la douleur comme un mal objectif ne nous aide guère à rendre compte du consensus à propos du principe de 'non-nuisance'. A la base de ce consensus, il y a une idée plus profonde. La douleur frappe de plein fouet *l'honneur ou la dignité* de l'être humain, en particulier l'honneur ou la dignité de certaines catégories de gens (comme les femmes, les enfants ou les handicapés physiques ou mentaux). L'idée plus profonde est donc celle-ci: moins l'être humain est en mesure de défendre son honneur, plus il incombe aux autres de le garantir.

Le 'respect de la nature et de la sensibilité *humaines*' n'est possible qu'à condition de reconnaître la valeur unique de chaque individu qui, dès lors, serait plus que la simple somme de sentiments, d'opinions et de préférences. J'entends par 'valeur unique' une valeur symbolique qui n'admet plus aucune définition objective (par exemple comme source d'expériences ou d'utilités) mais qui, bien au contraire, n'acquiert sa signification véritable qu'à l'intérieur d'un système de différences symboliques, qui n'est donc pleinement accessible qu'à l'initié[10]. L'unicité et la valeur spécifique de chaque individu ne se réduit donc pas à, et n'est pas justifié par une gamme de caractéristiques dites objectives (telles qu'un certain degré d'intelligence, une constitution biologique particulière, la capacité d'éprouver de la joie ou de la douleur, voire même un regard unique sur le monde). C'est bien le contraire: ces caractéristiques ont de la valeur du fait qu'elles appartiennent à un individu ayant lui-même une valeur unique[11]. La valeur symbolique s'exprime de

(10) Cf. le chapitre précédent et P. WINCH, «Eine Einstellung zur Seele», in *Proceedings of the Aristotelian Society* LXXXI (1991), pp. 1-15.

(11) La réflexion éthique de Levinas va dans le même sens sans que le rôle du contexte symbolique ne soit vraiment thématisé.

différentes manières, par exemple: à travers le respect du nom de l'individu ou de l'intégrité physique de sa personne ou de son corps en cas de décès. Le respect éthique de l'individu signifie, en d'autres mots, la prise en compte de la dignité de chacun. La dignité seule octroie à l'individu sa qualité de personne. Elle seule fait de ces caractéristiques et qualités celles d'une *personne*.

Outre son incapacité à saisir ce qui préoccupe les gens du point de vue éthique, le sentimentalisme pèche par la (fausse) idée qu'il se fait du désir humain en général. En effet, l'être humain est moins à l'affût d'expériences agréables ou soucieux d'éviter la douleur (sauf bien sûr dans des situations extrêmes), que désireux d'entrer en contact avec les autres, d'être lié à certains objets et à certains lieux significatifs. Il cherche donc moins à faire l'expérience agréable de l'amour qu'à être aimé par des personnes, surtout par certaines d'entre elles. Il désire des expériences 'sensées', c'est-à-dire: des applaudissements mérités ou des déclarations d'amour sincères et authentiques. Selon Adam Smith (ainsi que David Hume), les êtres humains cherchent moins la sensation plaisante d'être applaudis, que d'être *véritablement louables*[12]. Les rapports sensés – rapports qui effectivement procurent de la joie – l'emporteront toujours sur l'expérience immédiate et mécanique du plaisir. Tout comme la douleur provient moins d'expériences désagréables que de tensions entre individus. L'éthique, de toute évidence, est liée à des principes et à des idéaux généraux. Mais, pour reprendre l'expression de Michael Oakeshott, ceux-ci ne sont efficaces que lorsqu'ils s'enracinent

(12) Cf. le chapitre 4 et A. SMITH, *The Theory of Moral Sentiments* (édité par A.L. Macfie et D.D. Raphael), Indianapolis, Liberty Classics, 1982, p. 114: «He desires, not only praise, but praiseworthiness»; D. HUME, *A Treatrise of Human Nature* (édité par L.A. Selby-Bigge), Oxford, Clarendon Press, 1968, p. 471.

dans, je cite, *«a habit of affection and conduct*[13]*.»* Détachés de ce contexte social ou appliqués sans rapport aucun avec ce contexte, ces principes et idéaux perdraient leur sens, et peuvent même conduire au désastre[14].

En conclusion, le regain d'intérêt pour une éthique au sens large, par exemple d'une éthique des vertus, présuppose la corrélation de celle-ci à une façon de vivre, avec tout ce que cela implique en termes de valeurs, de perceptions, d'émotions et de désirs[15]. L'éthique s'ancre ainsi dans un cadre consistant d'une série d'oppositions symboliques (homme/ femme, vie/mort, enfant/adulte, etc.) qui conditionnent l'existence humaine. Ces oppositions forment le cadre qui décide de la justesse ou de l'inadéquation de nos comportements et de nos conduites. En un mot, le regain d'intérêt d'une éthique large est accompagné d'une appréciation nouvelle de la condition humaine, définie comme mode de vie ou culture commune[16].

Une religion au sens large

Tout comme l'éthique, le religieux est déterminé par la nature humaine. Même quand la religion est vécue comme une

(13) Cité par A. BURMS, «Rationaliteit, traditie, taboe», in B. RAYMAEKERS (red.), *Gehelen en fragmenten. De vele gezichten van de filosofie*, Leuven, Universitaire Pers Leuven, 1993, p. 9.

(14) Afin d'illustrer ce genre d'absurdité, Burms invoque l'œuvre de R.M. Hare; cf. *Ibid.*, p. 10.

(15) Ce qui explique également pourquoi il est impossible de distinguer clairement les valeurs morales de celles qui ne le sont pas.

(16) Le concept de 'forme de vie' (*Lebensform, form of life*) a été forgé par Wittgenstein; quant à celui de 'culture commune', cf. R. SCRUTON, «Emotion, Pratical Knowledge and Common Culture», in A.O. RORTY (ed.), *Explaining Emotions*, Berkeley, University of California Press, 1980, p. 519 *et passim.*

révélation, un don de Dieu ou de dieux, elle ne peut pas ne pas être corrélée à la vie, à la pensée ou aux désirs *humains*[17]. Les idées que l'on peut avoir au sujet de la religion et de sa place dans l'existence humaine dépendent de l'idée que l'on se fait de celle-ci. D'où la nécessité de nous arrêter d'abord, de façon succincte, à la question du rapport entre la religion et certains aspects de la condition humaine.

Comme nous l'avons souligné plus haut, l'être humain cherche moins la satisfaction immédiate, donc la jouissance, que le bonheur, – un bonheur qui ne se vit qu'à l'intérieur d'un cadre symbolique donné. En effet, le bonheur dépend de rapports symboliques appropriés d'un individu à l'autre, ainsi qu'à certains objets, lieux, etc. C'est pourquoi le bonheur présuppose un certain degré de familiarité avec un cadre symbolique donné[18]. On ne peut atteindre le bonheur d'une manière directe; il est essentiellement un sous-produit[19]. L'amour ou l'amitié ne se réalisent qu'à condition d'être d'abord accepté par autrui. Le bonheur lié à l'appréciation n'est authentique que si cette appréciation est sincère, motivée par des intentions adéquates. Inutile donc d'œuvrer en vue de la reconnaissance, voire d'abuser de son pouvoir pour se faire louer. Le bonheur nous advient toujours. Il ne saurait être le fruit de nos seuls efforts. Au contraire, la notion de bonheur

(17) Cf. A. VERGOTE, *Religion, foi et incroyance: une étude psychologique*, Bruxelles, Mardaga, 1983, pp. 13-15; pour ce qui est du rapport entre vie quotidienne et expérience religieuse, cf. H.J. ADRIAANSE, *Vom Christentum aus. Aufsätze und Vorträge zur Religionsphilosophie*, Kampen, Kok Pharos, 1995, chapitre 4 (p. 69 *et passim*).

(18) Familiarité qui constitue ce que Michael Polanyi appelle «personal or tacit knowledge».

(19) Comme je l'ai indiqué plus haut (cf. chapitre II4), j'emprunte la notion de *by-product* à J. ELSTER, *Sour Grapes: Studies in the Subversion of Rationality*, Cambridge, Cambridge University Press, 1985, p. 43 *et passim*.

renvoie plutôt à la notion de bonne chance. Ou encore, pour reprendre l'expression du grand historien néerlandais Johan Huizinga: l'être humain est moins un *animal rationale* qu'un *homo ludens*, un joueur dont la mise est le bonheur[20].

Bien évidemment, suivant les règles du jeu (celles du jeu amoureux, par exemple), nous faisons tout pour conquérir ou maintenir notre place dans le cœur de celui ou de celle que nous chérissons. Mais l'attraction du jeu est suscitée par la *contingence* de la réussite. Celle-ci en effet, en dépit de nos efforts, n'est jamais garantie d'avance. En d'autres mots, le bonheur est le plaisir particulier que nous procure l'obtention jamais garantie de l'objet désiré ou d'une situation convoitée. L'objet du bonheur est donc transcendant par rapport à nos désirs et nos efforts. En outre, sa fragilité ou sa finitude le rendent toujours précaire, tout comme est fragile ou contingent notre propre état de bonheur[21].

Le sens de la vie est étroitement lié à la quête du bonheur. Rien d'étonnant donc à ce que des gens heureux estiment mener une vie sensée, alors que les gens malheureux, au contraire, souffrent de son absurdité. Or, le sens de la vie, ainsi que nous l'apprend Wittgenstein, ne dépend pas du degré d'information, mais de notre appartenance à un contexte (symbolique) plus large[22]. Si appartenance il y a, elle n'est que *l'heureuse coïncidence* entre notre désir (de reconnaissance, par exemple) et la réaction des autres; elle n'est donc jamais garantie d'avance, d'une manière objective. Il suffit, en effet,

(20) J. HUIZINGA, *Homo ludens. Proeve ener bepaling van het spelelement der cultuur*, Groningen, Wolters-Noordhoff, 1985[5].

(21) A. BURMS et H. DE DIJN, *De rationaliteit en haar grenzen. Kritiek en deconstructie*, Leuven, Universitaire Pers Leuven-Assen, Van Gorcum, 1999, chapitre 3.

(22) L. WITTGENSTEIN, *Culture and Value* (édité par G.H. von Wright, en collaboration avec Heikki Nijman, traduit par Peter Winch), Oxford, Blackwell, 1980, p. 27 *et passim.*

que l'ordre symbolique se redessine ou que la forme de vie change pour que certaines coïncidences (heureuses) perdent leur sens, voire même soient connotées négativement. Ce qui ne fait que souligner la fragilité du sens de la vie.

Normalement, les gens comprennent intuitivement la question du bonheur et du sens. Leurs réactions plus ou moins appropriées au bonheur et au malheur, comme la gratitude ou le désespoir, le montrent à suffisance. En réagissant de la sorte, ils se rendent compte que ce qui leur arrive ne dépend pas que d'eux-mêmes. La contingence détermine en grande partie la vie humaine. Celle-ci procure tantôt du bonheur, tantôt du malheur, ce qui requiert parfois une revalorisation drastique de notre existence ou de l'histoire de notre vie. C'est pourquoi la reconnaissance ou la tristesse intenses dépassent le plus souvent le domaine strictement interhumain. Des parents, par exemple, qui vivent le bonheur d'un nouveau-né, éprouvent le besoin d'étendre leur bonheur à la réalité même (ils désirent que tout l'univers participe à leur amour mortel[23]). Tout comme une grande tristesse va de pair avec le sentiment que 'le monde s'écroule'. A ce titre, l'on ne s'étonnera donc pas que la question du sens de la vie toute entière soit corrélée à celle de 'la réalité tout entière'. Ce qui, peu à peu, nous conduit à la sphère religieuse. En effet, l'anthropologie philosophique décrit la religion comme cette composante de l'existence humaine qui se rapporte à la contingence fondamentale de la vie. Ou, pour parler avec Hermann Lübbe: la religion est la «Kultur der Anerkennung unverfügbarer Daseinskontingenz[24]». Il importe de ne pas confondre cette conscience de la contingence et de la

(23) V. NABOKOV, *Speak, Memory: An Autobiography Revisited*, Harmondsworth, Penguin Books, 1982, p. 227.

(24) H. LÜBBE, *Religion nach der Aufklärung*, Graz, Styria Verlag, 1984, p. 217.

fragilité de l'existence humaine avec ce truisme bien répandu selon lequel, nonobstant notre maîtrise du monde, nos projets sont toujours susceptibles d'échouer parce que nous ne sommes pas maîtres de toutes les conditions nécessaires. Ailleurs, on a pu interpréter – et à tort – la contingence de l'existence humaine comme l'indice le plus sûr du fait que l'homme ne contrôlerait que très partiellement le monde qui l'entoure. Or, l'expérience de la contingence peut surgir précisément là où l'être humain semble plus que jamais tout contrôler. (Je pense ici aux larmes de l'athlète vainqueur d'une compétition à laquelle il s'est préparé parfaitement.) Notre connaissance objective des conditions nécessaires à nos actions et à nos entreprises, pas plus que le progrès scientifique ou technologique, ne pourront jamais supprimer la contingence[25]. Celle-ci, en effet, n'est autre que la *confrontation* des données objectives à ce qui fait *sens* sur le plan *individuel*. En d'autres mots, la contingence est la prise de conscience d'une opposition entre, d'une part, l'importance que l'individu accorde à certaines choses et, d'autre part, la dépendance de celles-ci par rapport à des facteurs bruts, indépendants de nous. Le sens de la contingence ne dépend donc pas de la présence ou de l'absence d'informations suffisantes. Elle suppose, au contraire, une attitude et des réactions évaluatives (telles que l'acceptation, la gratitude, le rejet ou le deuil). En d'autres mots: la contingence relève d'une catégorie qui échappe à toute connaissance objective, notamment de la catégorie de *destin* personnel ou commun (à ne pas confondre avec la notion de *telos* d'une métaphysique téléologique).

Il n'est donc pas étonnant que chaque culture ait une façon (ou des façons) à elle de réagir symboliquement face au bonheur ou au malheur. Une réaction qui lie la gratitude ou la

(25) *Ibid.*, pp. 168-169.

tristesse à 'la réalité même' prend facilement une forme religieuse. La religion a en effet toujours été une réponse à la contingence et à la fragilité inhérentes à l'existence humaine. Cette réaction s'articule par le besoin de tutelle de dieux ou de Dieu ou même d'une force impersonnelle[26]. Et comme c'est le cas de n'importe quelle activité humaine, certaines réactions sont plus appropriées que d'autres.

Cette perception de la contingence fondamentale de la vie autant que la réaction à celle-ci, impliquent une prise de conscience du mystère, à savoir du mystère du destin, de la souffrance et du bonheur personnels (ou communs). La distinction faite par Gabriel Marcel entre problème et mystère nous permet de mieux saisir le phénomène de la religion. Pour Marcel, en effet, un problème (théorique ou pratique) est une difficulté qu'il convient de résoudre (par l'invention ou la mise au point de techniques ou à l'aide d'informations objectives). La perception d'une difficulté amène l'être humain à chercher activement de nouvelles techniques, de nouvelles façons de conquérir le monde environnant. Une fois la solution trouvée, la difficulté est résolue. *Exit* donc la perplexité. Le mystère, en revanche, est une perplexité d'un tout autre ordre, qui n'a rien à voir avec un manque d'information ou un défaut de maîtrise. Pourquoi ce bonheur m'est-il échu? Ou, inversement, pourquoi la souffrance frappe-t-elle également l'innocent? Autant de questions qui, même quand on en a donné une explication en termes causaux, ne sont pas résolues. Tout comme le mystère d'un visage humain ne se laisse pas dévoiler par la description de ses caractéristiques ou par la possibilité de sa reproduction scientifique ou technique[27].

(26) Cf. la notion de *Fortuna* chez le Stoïciens ou celle, spinoziste, de *Deus sive Natura*.

(27) Cf. la remarque, chez Wittgenstein, du mathématicien s'étonnant du cristal dans L. WITTGENSTEIN, *op. cit.*, p. 57 *et passim*. Voir aussi le chapitre III1.

Le mystère ne se laisse pas accaparer par la curiosité ou les tentatives de maîtrise de la réalité. Bien au contraire, il suscite des réactions spécifiques et appropriées, telles que la reconnaissance, l'étonnement, la tristesse, etc.; tout comme la sensibilité pour le mystère, ces réactions, attitudes et émotions nécessitent une certaine affinité avec des perceptions ou réactions propres à une culture commune. C'est dans ce contexte de l'existence et de l'agir humains qu'il faut essayer de comprendre la religion.

Une religion dite 'révélée' permet à ses croyants de vivre pleinement le mystère de la vie humaine. La révélation est elle-même vécue comme un don que la tradition nous transmet, qui dépasse toute initiative humaine, et qu'il faut transmettre loyalement à son tour. Les religions révélées, du fait justement de leur nature révélée, sont intrinsèquement liées à des facteurs contingents, tels que des messagers, des paroles, des écrits, des gestes, des lieux et des époques; ce n'est qu'en entrant en contact personnel avec une religion que les croyants vivent concrètement leur destin (individuel ou commun)[28]. Le maintien d'une tradition religieuse ne nécessite ni la transmission d'informations ou d'une vision globale du monde, ni un consensus éthique. Sa survie tient plutôt à ce que H. Lübbe définit comme *ikonische Konstanz*[29], c'est-à-dire la continuité au niveau des images, des rituels, des références à des personnes, des lieux, des époques spécifiques, ainsi que l'existence de 'vérités' qui n'ont de sens que dans le contexte de certaines pratiques. Pas de religion non plus sans l'orthodoxie[30]

(28) Pour une discussion intéressante sur la religiosité chrétienne et la pratique philosophique, cf. A. PEPERZAK, «Wonderment and Faith», in M.M. OLIVETTI (ed.), *Filosofia della revelazione*, Padova, CEDAM, 1994, pp. 173-186.

(29) H. LÜBBE, *op. cit.*, p. 267.

(30) Au sujet de l'orthodoxie, cf. H. DE DIJN, «Poste frontière. De l'impossibilité et de la nécessité de l'orthodoxie», in B. VERSCHAFFEL et

afin de garantir une transmission vivante de la révélation. La tradition religieuse et l'orthodoxie ne sont pas 'vraies' de façon mécanique. Mais aucune vie religieuse digne de ce nom n'est possible sans elles. Sans tradition ou mode de vie, nos émotions ou pensées ne seraient que pure évanescence, évènements inarticulés[31]. Sans une tradition, dont la valeur et la signification dépassent le subjectivisme, il est impossible de doter de sens certaines attitudes ou convictions religieuses. En d'autres mots, sans tradition pas d'efficace symbolique, pas d'impact réel de certaines paroles ou de certains rites sur la vie et le destin des hommes.

La modernité a séparé les différentes sphères de l'existence. La science, la technologie, la politique, la religion, l'éthique ou l'art sont autant de sphères indépendantes les unes des autres. Dans cette constellation, la religion a failli disparaître. Selon certains, son rôle serait désormais assumé par la science qui, assistée en cela par la philosophie, propagerait une nouvelle vision du monde. Pour d'autres, son rôle serait celui de l'éthique ou de la thérapie. Or, force est de constater que la religion a, tant bien que mal, pu résister. Réaction (plus ou moins adéquate) à la contingence fondamentale de l'existence humaine, la religion ne se laissera jamais réduire à une vision du monde, voire à une éthique, à une thérapie ou à quoi que ce soit. Comme nous l'avons vu plus haut, il est tout à fait impossible de limiter la religion à une éthique étroite, qui s'appuierait sur une conception réductrice de la nature humaine. Elle ne se laisse pas non plus ramener à une vision du monde (scientifique ou métaphysique). En effet, le rôle fondamental de la religion n'est pas de poser un regard cognitif, stable et général sur un champ d'observation à la fois

M. VERMINCK (éds.), *Orthodoxie...applaudissements*, Liège, Mardaga, 1993, pp. 7-21.

(31) Voir aussi R. SCRUTON, *op. cit.*

infiniment variable et fragmenté. Elle n'éprouve aucun besoin de développer ou de propager une vision globale du monde et de la réalité. En cela elle résiste paradoxalement à toute idéologie et se montre une alliée de la science dont elle partage l'esprit critique[32]. Non pas que toute vision lui fasse défaut. Mais son regard sur le monde s'appuie sur des 'concepts et des vérités' qui, scientifiquement injustifiables, s'inscrivent dans un ordre symbolique régulant certaines pratiques, attitudes, réactions et émotions. Inscrits dans ce mode de vie, ces concepts et vérités sont à la fois descriptifs et évaluatifs et ne deviennent compréhensibles qu'à travers la participation à certaines pratiques.

La religion refuse également la fonction thérapeutique. Si elle peut en effet apporter une certaine consolation (au même titre que d'autres activités, telles que le travail[33]), cela n'est guère sa raison d'être. En effet, elle ne sert aucunement à éclairer certains problèmes propres à notre société (post-) moderne[34]. La religion se montre indifférente à l'égard de la sauvegarde de l'individu ou de la communauté. Elle se garde donc de toute tendance égocentrique ou moralisatrice[35].

La relation entre une ethique et une religion au sens large

Bien qu'elles aient chacune leur propre autonomie, il existe néanmoins un lien étroit entre l'éthique et la religion. Non pas que la foi garantisse une conscience éthique ou qu'inversement, le souci éthique conduise automatiquement au religieux. Tout au plus les traditions religieuses peuvent-elles

(32) H. LÜBBE, *op. cit.*, p. 238.
(33) *Ibid.*, p. 231.
(34) *Ibid.*, pp. 226-227.
(35) *Ibid.*, pp. 274-275.

renforcer l'éthique. Les recherches sociologiques confirment cette hypothèse. En effet, ces recherches nous apprennent que, dans les sociétés modernes, les croyants, plus que les autres, se montrent éthiquement conscients[36].

Comment comprendre alors le lien entre éthique et religion? D'abord en prenant en considération la relation entre éthique et bonheur (ou contingence). La conscience éthique ne nous rend pas nécessairement heureux. Combien de fois, en effet, l'homme moral n'est-il pas confronté à des dilemmes moraux, voire à sa propre faiblesse morale? Que bonté ne rime pas toujours avec bonheur soulève un problème grave pour toute conscience éthique. Or, la religion nous fournit un cadre afin de mieux intégrer dans notre existence la contingence de la vie, notre faiblesse morale ainsi que l'existence du mal. Il y a une deuxième manière de lier éthique et religion. Si une éthique large signifie le respect de différences symboliques fondamentales, le lien entre celle-ci et la religion devient plus clair. En effet, bien que différenciées, les diverses catégories et activités symboliques constituent un ensemble symbolique, c'est-à-dire une certaine forme de vie humaine. Ces différents domaines sont donc liés entre eux et s'influencent mutuellement.

Le comportement éthique présuppose le respect d'entités symboliques appelées 'personnes'. La raison seule ne pourra jamais justifier un tel présupposé. Comment, en effet, expliquer à l'aide de la raison stricte la spécificité du rapport humain quand une description objective des caractéristiques de l'être humain ne le distingue presque pas – voire même: le rend parfois inférieur à d'autres êtres émotifs[37]? Par conséquent, on ne saurait penser l'éthique en faisant abstraction

(36) *Ibid.*, p. 18, 213.

(37) Emmanuel Levinas s'oppose aussi à ce genre de rationnalisme éthique.

de l'expérience du mystère de la personne humaine et de la sensibilité plus étendue au mystère dont témoignent également la religion et l'art. Le regard éthique sur la mort et la réaction éthique vis-à-vis la dépouille mortelle n'impliquent-t-ils pas une conscience aiguë et appropriée de la contingence et en même temps de la dignité de l'existence humaine? Cette conscience ne constitue-t-elle pas aussi la trame de l'expérience religieuse? Or, à force de bannir le religieux, la société occidentale s'est privée d'un comportement adéquat à l'égard de la mort et des morts. Certes, le respect des pauvres, des malades en phase terminale ou des handicapés mentaux demeure dans une société laïque. Mais qu'est-ce qui garantira son maintien en l'absence d'une sensibilité religieuse[38]? Comme nous l'avons dit dans le chapitre précédent, le pragmatisme contemporain, imbu de progrès technologique ou scientifique, risque d'ébranler nos intuitions morales (concernant la procréation, la maladie, la mort, etc.). Déjà des voix se font entendre qui mettent en garde contre les adeptes de ce nouveau scientisme. D'où une certaine schizophrénie. Comment, en effet, se référer au religieux pour assurer le respect des droits de l'homme, tout en condamnant la position, jugée réactionnaire, de l'Eglise dans des débats aussi délicats que l'euthanasie ou l'avortement? Comme s'il était possible au point de vue 'strictement éthique' de distinguer nettement le positif du négatif dans le point de vue religieux.

Je conclus: comment définir le lien entre éthique et religion? Ce lien est indirect. Primo, l'éthique implique des concepts, des attitudes et des gestes qui ne sont pas étrangers à la religion, mais que celle-ci développe plus amplement ou autrement (par exemple: le concept de la personne humaine). Secundo[39], vu le rôle qu'elle accomplit, la religion peut

(38) H. LÜBBE, *op. cit.*, p. 213 *et passim*.

(39) Cf. sur ce point précis U. DHONDT, «De temming van het oneindige verlangen. Over rite en ethiek in de religie», in E. BERNS,

répondre à certains problèmes éthiques (comme le clivage entre bonté et bonheur ou comme la confrontation avec le mal) et ainsi prévenir le désespoir dans l'homme éthique. L'éthique sait se montrer exigeante: elle nous demande parfois de nous sacrifier pour des causes qui pourtant paraissent perdues. Or, la religion peut soutenir cet héroïsme moral, tout comme elle nous aide à vivre avec nos péchés et nos faiblesses. En effet, elle peut nous aider non seulement à être plus fort que nous-mêmes, mais aussi à ne pas succomber au danger d'un moralisme excessif qui mène parfois à la dérive.

Je ne plaide aucunement pour une instrumentalisation du religieux au profit de la morale. Cela contredirait tout ce que j'ai dit jusqu'ici. Un tel pragmatisme serait inconciliable avec l'esprit religieux. En revanche, les chances de survie d'une éthique large dépendent du lien étroit que celle-ci voudra bien maintenir avec le sentiment religieux, dans la mesure en effet où la religion nous permet d'accepter la contingence de notre existence. Quant à la philosophie, son rôle est de problématiser tout discours qui vise à miner une éthique ou une religion au sens large.

Realisme et religion

La religion est un domaine particulier de la condition humaine, qui se distingue des sciences ou de la métaphysique, ainsi que de la thérapie. Bien qu'autonome, elle s'applique cependant à la vie humaine dans son ensemble, dans la mesure en effet où elle nous permet d'assumer la contingence de notre existence. Cette distinction philosophique entre religion et science fait craindre à certains que la

P. Moyaert & P. van Tongeren (red.), *De God van de denkers en de dichters. Opstellen voor Samuel Ijsseling*, Amsterdam, Boom, 1997, pp. 219-230.

première perdrait tout contact avec la réalité et la vérité théorique. Dans le septième chapitre, j'ai montré le non-fondé de ces inquiétudes[40]. Je ne reviens donc plus sur ce thème. Je me contenterai d'ajouter ce qui suit. En revendiquant la vérité théorique aujourd'hui, la religion entrerait inévitablement en concurrence avec la science, dont elle serait tentée de récupérer à ses fins les innovations. En procédant de la sorte, soit elle se subordonne à la science dont elle dépendra, soit elle sera obligée de se transformer en une vision du monde constamment révisée en fonction du progrès scientifique. Au lieu de rester fidèle au désir traditionnel de vérité, on risque ainsi à subordonner la foi à la science. Or, dans la tradition, il ne s'agissait pas de justifier de l'extérieur la vérité religieuse par le recours à un autre discours théorique, mais plutôt d'honorer Dieu en surplus «par le biais de la raison naturelle.» Par 'raison naturelle', il faut entendre non pas un quelconque stade préalable à la raison scientifique, mais une façon de penser qui s'appuie sur des catégories et des convictions que la science qualifierait inévitablement d'anthropomorphes.

On ne comprend rien au lien entre vérité et religion, sauf à voir celle-ci comme une réaction de l'homme face à la contingence qui est inhérente à sa vie et à entendre le terme de 'vérité' dans le sens de 'vérité personnelle' (à ne pas confondre avec une vérité subjective). Il est en effet tout à fait envisageable de vivre 'dans la vérité' et de croire en des choses que la science récuse ou qualifie d'incompréhensibles. Vouloir calquer la religion sur le modèle de la théorie ou de

(40) Voir H. LÜBBE, *op. cit.*, chapitre 4 ('Funktion statt Wahrheit? Zum Status funktionaler Religionstheorie'); A. DE WAELHENS, «Vérité et témoignage», in *Miscellania Albert Dondeyne. Godsdienstfilosofie*, Gembloux - Leuven, Duculot - Universitaire Pers Leuven, 1974, pp. 253-261; et H. DE DIJN, *Kan kennis troosten?*, Kapellen - Kampen, Pelckmans - Kok Agora, 1994, chapitre 2.

la science, c'est faire preuve d'incompréhension quant à la nature des vérités religieuses. Parfois, certains élaborent un cadre métaphysique pour prouver la compatibilité de la science et de la religion. C'est oublier cependant qu'au début des Temps Modernes, la métaphysique a profondément changé de nature au point de se transformer en discipline scientifique ou d'obtenir un statut quasi-scientifique. Le danger de telles démarches est que des concepts et des vérités fondamentaux, ancrés dans le mode de vie dont ils dépendent, soient à nouveau transformés inopinément en catégories ou propositions quasi ou pseudo-scientifiques. La contingence se voit ainsi détachée de son contexte existentiel et de l'expérience du mystère qui pourtant la déterminent, pour devenir un problème métaphysique qui sera résolu 'en toute objectivité'[41] (soit par la démonstration que la vie n'a en effet aucun sens, soit par la conviction que la contingence n'est que provisoire et qu'elle disparaîtra au moment de la découverte d'un sens objectivement donné).

La religion est une affaire de véracité personnelle; elle concerne le souhait de confronter notre vie morale à l'image de la vie humaine comme destin. Cette confrontation ne requiert pas du tout une vérification à la lumière des opinions scientifiques ou métaphysiques. Elle repose entièrement sur la confiance[42] en nous-mêmes, mais aussi en nos maîtres ou en nos intercesseurs, dont la manière de vivre le destin humain peut nous servir d'exemple.

La religion plutôt que la métaphysique est une affaire de *réalisme*[43]. Il ne s'agit pas alors, bien sûr, d'un réalisme épistémologique ou utilitariste, puisque la religion n'attend rien

(41) Voir par exemple L. KOLAKOWSKI, *Metaphysical Horror*, Oxford, Blackwell, 1988.

(42) Pour une étude intéressante de la notion de confiance, voir L. HERTZBERG, «On the Attitude of Trust», in *Inquiry* 31 (1988), pp. 307-322.

(43) H. LÜBBE, *op. cit.*, p. 38.

du progrès scientifique ou cognitif. (Dans la mesure où le progrès nécessite une certaine liberté ou indépendance d'esprit à l'égard de désirs matérialistes, on pourrait même dire que la religion favorise des attitudes adéquates à l'esprit de recherche.) Le réalisme dont il est question ici coupe court aux illusions que même la science et la technologie alimentent de nos jours et qui génèrent des attentes irréalistes ou des convictions proprement anthropocentriques[44]. La religion nous aide à nous méfier de toute métaphysique qui vise à justifier le sens de la vie au prix du respect de la contingence de l'existence humaine et du mystère. La religion nous apprend à avoir les attitudes et les réactions adéquates face aux contingences inattendues de la vie[45]. Un croyant un tant soit peu sincère ne tombe pas dans le panneau de la magie ou des formules secrètes qui témoignent d'une confusion entre mystère et problème. Activement responsable et soucieux comme tout le monde, il confie cependant sa vie à Dieu, à qui il demande la bénédiction. Il se permet de Lui demander Sa faveur, mais respecte Sa souveraineté. Il croit au Jugement Dernier, mais sans chercher à le localiser dans le temps ou dans l'espace[46].

(44) Huizinga le formulait déjà ainsi dans une lettre datée de 1933: «La société moderne croit éclairer le réel. En vérité, elle est superstitieuse. Et je pense même pas ici aux mille égarements des faux mysticismes. Je parle plutôt de la superstition technique et politique, de la foi en l'efficacité des sous-marins, des chasseurs, de la guerre aérienne et des bombes chimiques. L'avenir dévoilera la superstition de tout cela, pire encore que les amulettes et la sorcellerie.» (cité par S. ROOZENDAAL, «De rol van de intellectueel. Dr. Leo Molenaar over de opkomst van de kritische natuurwetenschapsmensen in Nederland», in *Natuur en techniek*, 62 (1994), pp. 794-798.

(45) H. LÜBBE, *op. cit.*, pp. 69-70.

(46) A comparer avec L. WITTGENSTEIN, *Lectures and Conversations on Aesthetics, Psychology and Religious Belief* (édité par Cyrill Barrett), Oxford, Blackwell, 1970, p. 53 *et passim.*

Outre sa capacité d'intégrer la contingence dans l'existence grâce à la prière et les rituels, la religion se caractérise par son respect du mystère de la vie, de la souffrance et de la mort, du bonheur et du malheur moraux. Elle échappe à la tentation cognitive qui nous fait croire qu'il y a une réponse théorique au mystère. Ainsi elle se rapproche de la poésie (ou de l'art en général). Le poète en effet, tout comme le croyant, tente d'exprimer une vérité fondamentale, un mystère qu'il n'arrivera jamais à dévoiler complètement et qui peut nous échapper à tout moment. La religion n'est pas pour autant identique à l'art: elle n'est pas une expression esthétique d'une expérience individuelle. Elle nous permet de vivre pleinement ce qui nous est vraiment essentiel, grâce à la référence à une Vérité dont on accepte qu'elle ne peut être fabriquée par nous.

Ce qui nous amène au dernier point. L'approche anthropologique de l'éthique et de la religion ne signifie-t-elle pas une réduction de celles-ci à des pratiques symboliques, une incapacité donc de saisir la nécessité ou l'objectivité des valeurs morales ou des mystères religieux? Je ne le crois pas. Je dirais même que cette approche anthropologique permet d'expliquer l'objectivité spécifique de l'éthique et de la religion, d'expliquer aussi en quoi est fausse, dans ce domaine, la demande d'une autre objectivité (strictement théorique). Que les valeurs et mystères transcendents n'apparaissent que dans une forme de vie spécifique, ainsi que dans certaines pratiques, ne signifie pas forcément qu'ils soient purement subjectifs. L'objectivité spécifique est conditionnée par la présence d'un contexte éthique et religieux et ne peut donc être comprise que du point de vue internaliste. C'est pourquoi même une anthropologie philosophique ne saurait remplacer ces pratiques ou leurs significations et fonctions. En même temps, l'anthropologie philosophique nous fait comprendre pourquoi l'éthique et la religion prennent inévitablement des formes particulières, liées à des symboles tout aussi spécifiques (qui, pourtant, incarnent des valeurs ou des vérités transcendantes). La familiarité avec une forme de vie particulière est la seule base possible pour la compréhension (jamais garantie) d'autres manières de se rapporter à des valeurs et au sens transcendants. (Tout comme la connaissance de la propre langue maternelle est la seule base possible pour la compréhension d'autres langues.) En d'autres mots, ce qui rend possible la communication dans la vie réelle, ce n'est pas un point de vue externe, objectif, rationnel, mais la *reasonableness* présente dans un mode de vie qui est toujours déjà là et cela – inévitablement – d'une manière particulière[47]. Comprendre et accepter cette condition humaine, sans espérer une entente parfaite et pure, c'est là aussi le signe d'une attitude adéquate vis-à-vis de la contingence[48].

([47]) C'est là, sans doute, une des idées essentielles de la philosophie de Donald Davidson.

([48]) Ce qui concerne aussi l'idée d'oecuménisme.

IV

POSTMODERNITÉ ET TRADITION

LA FIN DE L'HISTOIRE?*

1. La fin de l'histoire?

Pour nous, l'expression de 'la fin de l'histoire' évoque presque automatiquement des images apocalyptiques. Elle a pourtant aussi une connotation plus positive: la fin dont il est question n'est alors pas synonyme de 'chute' mais de 'parachèvement'. C'est dans ce dernier sens-ci que l'énoncé est employé par Francis Fukuyama, ancien conseiller de l'administration-Bush (senior) et qui, depuis lors, jouit d'une grande notoriété en tant que philosophe. On le présente souvent comme un optimiste invétéré et un défenseur ardent du capitalisme (tardif). Ce qui est certain, c'est qu'il a toujours refusé de rejoindre les rangs déjà si nombreux des Cassandre de notre époque. En même temps, il importe de mesurer à sa juste valeur son optimisme qui n'a rien de naïf. Dans *La Fin de l'histoire et le dernier homme*[1], l'expression de 'la fin de l'histoire' ne fonctionne pas à la manière d'une assertion apodictique; pour Fukuyama, elle exprime plutôt une question que l'on peut résumer de la sorte – et je cite: «est-ce que, pour l'humanité, la démocratie libérale, étayée sur une économie libérale, constitue une forme de vie sociale susceptible de satisfaire les besoins les plus fondamentaux de l'homme?» (*La Fin de l'histoire...*,

(*) Version originale: H. De Dijn, "Het einde van de geschiedenis", in B. Raymaekers & A. Van De Putte (red.), *Lessen voor de XXI*[ste] *eeuw*, Leuven, Universitaire Pers Leuven - Davidsfonds, 1995, pp. 29-45; traduction française par Koenraad Geldof.

(1) F. Fukuyama, *La Fin de l'histoire et le dernier homme*, Paris, Flammarion, 1992 (titre original: *The End of History and the Last Man*, New York, Free Press, 1992).

p. 17.) Ou encore: «est-ce qu'il subsiste, au niveau de l'existence humaine, des 'contradictions' fondamentales que le libéralisme moderne ne saurait résoudre?» (*Ibid.*, p. 17.)

Pour Fukuyama, la démocratie libérale et son pendant économique, le marché libre, incarnent le stade ultime d'une longue évolution. Il parle, à ce propos, de parachèvement, de perfectionnement. Cela ne signifie pas que cette forme de société ne se heurte plus à aucun problème (l'environnement, la drogue, la déliquance prouvent le contraire); seulement, on n'y rencontre plus d' 'oppositions' fondamentales. Comme Maurice Weyembergh l'a remarqué à juste titre[2], Fukuyama part d'une antinomie de base, celle entre problème et opposition (ou contradiction fondamentale). L'histoire n'est donc pas finie dans la mesure où l'humanité devra, aujourd'hui comme demain, faire face à des problèmes parfois très graves; notre existence restera rythmée par des événements bouleversants, scandaleux même, et dont certains continueront à inspirer nos bulletins d'information et nos journaux intimes. Par ailleurs, l'histoire est bel et bien parvenue à son stade ultime dans ce sens que la démocratie libérale représente une structure sociale tout à fait adaptée à la nature humaine et aux désirs les plus fondamentaux de l'homme. En fait, la démocratie libérale est le seul projet politique qui soit vraiment cohérent parce qu'elle satisfait ce désir si profondément humain d'être et de se savoir reconnu par autrui. C'est là une situation unique puisque, jusqu'ici, toutes les autres formations sociales ont invariablement conduit au mécontentement, à des conflits violents.

Toujours suivant Fukuyama, l'importance, à l'échelle de la civilisation humaine, du complexe scientifico-technico-capitaliste est telle que l'idée même d'une certaine régression, d'une rechute dans un stade plus ou moins prémoderne est exclue. Aujourd'hui, l'on ne saurait plus du tout mettre entre

(2) Cf. M. WEYEMBERGH, «Francis Fukuyama. Het einde van de geschiedenis», in *Aktief*, (novembre 1993), pp. 3-9.

parenthèses la science ou la technologie, celles-ci continueront à déterminer de part en part l'activité économique. Si vraiment ces deux facteurs sont inévitables, si vraiment ils sont propices au développement même de la démocratie libérale, l'on peut en déduire que, pour la démocratie libérale, il ne subsiste qu'une seule menace digne de ce nom, à savoir, la démocratie libérale elle-même. D'où cette question essentielle sur laquelle sont axées les réflexions de Fukuyama: est-ce tout à fait correct de dire que la société libérale est exempte de contradictions intrinsèques, inhérentes?

La thèse de l'existence incontournable, inévitable du complexe scientifico-technico-capitaliste est controversée[3]. Fukuyama nierait-il que c'est ce même système – y compris la concurrence intestine entre démocraties libérales – qui se trouve à l'origine d'une crise écologique sans précédent et que c'est ce même système qui semble avoir déchaîné une barbarie à l'échelle planétaire (je pense à l'explosion démographique, au délabrement dramatique des grandes métropoles, à la famine endémique, aux interminables flux migratoires, à l'anarchie meurtrière qui règne dans d'innombrables pays, à cet enchaînement sans fin de guerres toujours nouvelles, etc.)[4]? Bien sûr que non. Seulement, selon lui, il s'agit là de problèmes et non de contradictions inhérentes au système politico-économique libéral. Et, dans la logique scientifico-technique, les problèmes sont là pour être résolus. En outre, nombre de ces problèmes sont dus au fait que notre univers reste et restera à moyen terme caractérisé par la coexistence

(3) Pour deux lectures critiques d'inspiration très diverse, voir e.a. G. HOTTOIS, «Techniek tussen afgesloten geschiedenis en open avontuur», in *Wijsgerig Perspectief*, 35:2 (1994-95), pp. 47-52 et H. DE DIJN, «Het technologisch systeem en het post-moderne narcisme: de ruiters van de apocalyps», in *Onze Alma Mater*, 49:1 (1995), pp. 77-90.

(4) A ce propos, voir R.D. KAPLAN, «The Coming Anarchy», in *The Atlantic Monthly*, (février 1994), pp. 44-76; je tiens à remercier Carlos Steel de m'avoir signalé cet article.

de deux mondes différents, l'un – le nôtre – posthistorique, l'autre encore historique et dès lors déterminé par des contradictions prémodernes.

Un tel optimisme a de quoi étonner, même si l'on ne partage pas la critique passablement romantique de certains milieux écologistes à l'égard de Fukuyama et de ceux qui lancent des idées analogues – critique dont on devine la teneur: loin d'être l'apogée de l'histoire humaine, la civilisation (libérale) moderne a débouché sur une catastrophe écologique[5]. Cette critique écologiste ne sera pas la mienne, e.a. parce que je suis d'avis qu'il est tout à fait possible d'adopter un point de vue critique qui dépasse la simple antithèse 'optimisme – pessimisme', une perspective centrée autour d'attitudes comme l'espoir et la responsabilité[6]. D'autres, par contre, ont réagi en disant que la thèse de la fin de l'histoire n'a aucun sens: dans le futur proche et lointain, la science et la technique vont provoquer de tels bouleversements – et cela à tous les niveaux de la vie sociale – que la conception même du futur en termes d'un système particulier qui se maintiendrait indéfiniment est tout simplement absurde[7]. Fukuyama répondrait sans doute que ce contre-argument sous-estime le rôle crucial de ce qu'il appelle l'essence de l'homme, une essence de part en part déterminée par des facteurs symboliques et qui s'appelle désir de reconnaissance[8].

Avec cette dernière remarque, il est une fois plus question de ce qui réellement régit le cours effectif de l'histoire, de

(5) Voir, par exemple, B. McKIBBEN, *The End of Nature*, Harmondsworth, Penguin Books, 1990; cité dans U. MELLE, «Het einde van de natuur aan het einde van de geschiedenis?», in *Onze Alma Mater*, 49:1 (1995), p. 91sq.

(6) Je renvoie le lecteur à mon essai cité dans la note 3.

(7) Cf. l'article déjà cité de G. Hottois (note 3).

(8) Voir à ce propos Francis FUKUYAMA, «Het einde van de geschiedenis», in *De Groene Amsterdammer*, 20 (décembre 1989), p. 17.

quelque chose qui concerne l'essence même de l'homme. Que nous apprend, en effet, l'histoire? Que l'homme n'est pas qu'un 'animal économique'; que ni l'information (la science) ni la manipulation (la technique) ne suffisent pour satisfaire tous ses désirs. Au plus profond de son être, l'homme est une créature désirante: il veut être reconnu et accepté par autrui. L'existence humaine se définit jusqu'à un certain degré comme une lutte pour la reconnaissance, une lutte dont l'enjeu n'est jamais purement matériel et qui dépasse la simple satisfaction de besoins naturels primaires. Au contraire, la lutte dont il s'agit ici est essentiellement symbolique, elle est liée à des biens non naturels. Comment résoudre ce problème, cette question du désir de reconnaissance et de la lutte qui en découle? Une solution idéale ne peut être obtenue que dans un contexte *politique*. L'évolution économique, quant à elle, peut faciliter une telle solution sans pour autant être capable de la créer. Je dirais même plus: sous l'angle purement utilitaire, l'importance vitale d'une telle politique (de la reconnaissance) reste tout bonnement incompréhensible. Cette politique nécessite le développement d'un type particulier de société, d'une formation sociale à l'intérieur de laquelle l'on peut donner libre cours à toutes sortes d'émotions fondamentales liées à la lutte pour la reconnaissance (l'indignation à cause d'une injustice, la fierté, la honte, etc.), sans que cela n'entraîne l'implosion de la forme de vie en question. Suivant Fukuyama, la seule solution, unique en son genre, semble être la démocratie libérale. Dans le monde actuel, ce régime politique l'a définitivement emporté et son développement, d'autant plus spectaculaire qu'il s'appuie sur une infrastructure scientifico-technico-économique inégalée, ne rencontre plus aucun obstacle politique sérieux (le discrédit dans lequel ont sombré le fascisme et le communisme est aussi total qu'irréversible). Le seul problème qui reste, c'est la présence, dans les marges du système politico-social libéral, de vestiges prémodernes, historiques.

2. La démocratie libérale et la question de la reconnaissance[9]

Il m'est évidemment impossible de résumer en quelques mots comment la lutte pour la reconnaissance a pu évoluer d'une forme prémoderne à une forme moderne. Sur ce point, Fukuyama se réfère avant tout à Hegel. Sans vouloir entrer dans les détails, sa lecture de Hegel est largement tributaire d'Alexandre Kojève, cet autre philosophe un peu légendaire de la fin de l'histoire qui terminera sa carrière d'intellectuel en tant que fonctionnaire de l'Union Européenne. Je me contente ici de prendre comme point de départ les conclusions avancées respectivement par Hegel, Kojève et Fukuyama, c'est-à-dire leur version de la manière dont la lutte pour la reconnaissance a trouvé sa solution définitive au sein de la démocratie libérale. C'est la lutte pour la reconnaissance qui semble avoir accéléré le passage de l'économie libérale, elle-même indissociable d'une infrastructure scientifico-technologique spécifique, au régime politique de la démocratie libérale. (Soit dit en passant, le même constat vaut pour la situation actuelle: sans le renvoi à la lutte pour la reconnaissance, certaines évolutions contemporaines comme la montée des néo-nationalismes, l'attrait de régimes monarchiques, voire théocratiques, le rôle toujours considérable – même dans la politique – de la religion, etc. risquent de rester fort énigmatiques.)

L'homme n'est pas un animal économico-rationnel, il n'est pas un être de besoins; il est, comme l'exprime Nietzsche, un

(9) Charles Taylor établit lui aussi une corrélation stricte entre la sphère politique et la question de la reconnaissance: voir Ch. TAYLOR, *Multiculturalism and 'the Politics of Recognition'*, Princeton, Princeton University Press, 1992 (*Multiculturalisme. Différence et démocratie*, Paris, Aubier, 1994).

«animal rougissant», c'est-à-dire aspirant à la reconnaissance par autrui et, partant, mû par des émotions qui ne sont pas simplement de l'ordre des passions charnelles, donc par des sentiments comme la dignité, la honte, la colère, etc. L'homme ne se contente pas de survivre; il s'engage corps et âme dans la lutte pour la reconnaissance et au cas où cette lutte risque de tourner mal, il est même préparé à payer le prix le plus élevé qui soit. Ce qui fait le propre de l'homme moderne, c'est qu'il ne désire plus la reconnaissance par autrui en fonction du rôle qu'il joue dans un contexte culturel traditionnel donné. Il veut être reconnu *comme tel*, en tant qu'homme, c'est-à-dire en tant qu'auteur de son propre destin, en tant que source de ses propres idées, désirs et émotions, en tant qu'individu qui vaut ce que valent les autres. Ce qui décide de la place et de la fonction de l'individu moderne dans la société ne devrait plus en principe – en droit – dépendre de différences jugées désormais non pertinentes, donc de différences ethniques, raciales, sexuelles, religieuses, linguistiques, etc. Bref, la reconnaissance au sens moderne du terme est étroitement liée aux idées de liberté et d'égalité. On retrouve d'ailleurs des réflexions analogues déjà chez Adam Smith qui a très tôt compris que l'homme ne se contente pas de la simple survie; il ne veut pas rester 'invisible', il désire qu'on tienne compte de lui et que l'image que l'autre se forge de lui reflète son sens de la dignité et de l'égalité[10]. Or, la démocratie libérale a réussi à canaliser l'avatar moderne du désir de reconnaissance: l'État garantit la reconnaissance universelle de tous les citoyens en leur accordant des droits (les libertés individuelles, les droits de l'homme) qui assurent un degré suffisant de liberté et d'égalité. Strictement parlant, l'État démocratique n'est là *que* pour garantir ces droits de telle sorte même que les obligations de citoyens à l'égard de l'État

(10) Cf. A. SMITH, *The Theory of Moral Sentiments* (edité par D.D. Raphael et A.L. Macfie), Indianapolis, Liberty Classics, 1982.

dérivent au fond de ces garanties (constitutionnelles). La finalité de l'État démocrate et libéral n'est donc pas d'accorder aux citoyens une marge de liberté suffisante pour la seule survie matérielle ou la seule poursuite d'intérêts privés; l'État ne garantit certaines libertés que dans le seul but de la reconnaissance de l'homme *en tant qu'homme.* Grâce à l'État de droit, l'homme peut pleinement assumer – aussi aux yeux d'autrui – son identité humaine et civile, une identité aussi légitime et aussi digne que celle des autres. La question est de savoir si cette solution au problème de la reconnaissance par autrui est à cent pour cent concluante. Le moindre doute à ce sujet ne pourra, bien sûr, que mettre en cause l'idée qu'avec la démocratie libérale, l'histoire serait parvenue à son terme. Cela étonnera peut-être, mais c'est Fukuyama lui-même qui, vers la fin de son livre, énumère un certain nombre de facteurs qui vont à l'encontre de sa thèse de prime abord si optimiste.

La reconnaissance de l'homme en tant qu'homme que nous offrent la démocratie libérale ainsi que l'État de droit reste, à tout bien considérer, formelle: l'individu est reconnu comme citoyen, comme une personne ayant les mêmes droits que les autres citoyens (le droit à la libre circulation, la liberté d'expression, la liberté religieuse, le droit de vote, les droits politiques, etc.). Ces droits sont accordés à tous les citoyens sans que n'interviennent des différences raciales, sexuelles, socio-économiques ou autres – celles-ci ne peuvent en aucun cas légitimer l'une ou l'autre forme de discrimination. Or, ce principe de reconnaissance formelle, strictement égalitaire finit par homogénéiser les individus (tout comme la science et la technique modernes ont un impact homogénéisant sur la diversité naturelle). J'y ajoute immédiatement que cette homogénéisation n'est pas totale; comme le note le perspicace Tocqueville, plus l'homogénéisation est grande, plus le moindre écart deviendra source de frustrations et de conflits.

Quoi qu'il en soit, liberté et égalité formelles, purement légales ne signifient pas forcément liberté et égalité réelles. C'est que les principes d'égalité et de liberté sur lesquels se fonde l'État de droit libéral peuvent être parfaitement légitimes, valables dans un contexte social néanmoins marqué par des différences très réelles, tangibles. Les philosophes politiques et les philosophes du droit se sont montrés particulièrement sensibles à cette incongruence entre formalisme légal et réalité (sociale et individuelle). Indépendamment des solutions que l'on a pu proposer, force est d'admettre que cet écart soulève des problèmes *réels*, aggravés davantage par la tendance à l'homogénéisation dont je viens de parler. Ainsi, de nos jours, il y a une pression considérable pour étendre le rayon d'action au droit à l'égalité (il ne devrait plus se limiter à la seule liberté d'opinion mais s'appliquer aussi à l'enseignement, à la médecine, à l'assistance juridique et à la sécurité sociale; aujourd'hui, l'on parle même d'un droit au logement, d'un droit à l'emploi, etc.). En ce qui concerne les différences réelles (qui sont aussi symboliques) invoquées il y a un instant, elles semblent engendrer presque inévitablement des formes de discrimination (culturelle, ethnique, sexuelle, etc.) qui mettent certains individus et/ou certains groupes dans l'impossibilité objective, factuelle de faire valoir leurs droits politiques.

Ce sont là, pour la démocratie libérale, de très sérieux problèmes et Fukuyama qui, justement, refuse de dissocier l'État libéral de son contexte social et culturel, l'admet volontiers. Ce refus est d'ailleurs tout à fait justifié, vu que la plupart des États libéraux modernes se rapportent de manière très spécifique à certains éléments qui se situent en dehors de la sphère formellement étatique: ils se rapportent, en effet, à un peuple, à un passé, à une langue, à une religion, à certaines 'évidences' ethiques, à toutes sortes de traditions et de manières de faire professionnelles dotées d'une signification particulière. Sans cette appartenance culturelle et sociale et sans les vertus qui y sont impliquées, la démocratie libérale ne serait même pas capable de fonctionner convenablement, puisque c'est là, dans ce contexte socioculturel que vivent réellement celles et ceux dont l'État a besoin: les électeurs, les juges, les politiciens, etc. Fukuyama le souligne lui aussi: les valeurs et les vertus démocratiques perdraient leur force et leur vitalité si elles ne s'appuyaient pas/plus sur cette moralité quotidienne, moins formelle et plus étendue (au point d'inclure un certain sens de l'étiquette) qui anime la vie culturelle et sociale dans ses moindres aspects. Sans, donc, cet arrière-fond axiologique vécu, pas d'institutions libérales 'rationnelles'. Ou encore: la modernité politico-légale ne saurait subsister sans la persistance, au niveau du monde vécu, d'une certaine culture traditionnelle, fondée justement sur cette moralité étendue[11]. Il en va d'ailleurs de même de la modernité économique: celle-ci n'aurait jamais pu se développer sans la présence constitutive de certains facteurs socioculturels (je pense, notamment, aux valeurs relatives au travail comme activité signifiante).

Étant donné le lien étroit entre régime politique et culture, il nous faut sans doute dire qu'il est impossible de tracer une ligne de démarcation nette entre la reconnaissance formelle de l'homme en tant qu'homme et cet autre type de reconnaissance, celle à laquelle aspirent certains individus ou groupes en fonction de valeurs plutôt *substantielles* (individuelles ou collectives). C'est cette ambiguïté, cette simultanéité de deux problématiques de la reconnaissance – ni entièrement divergentes, ni entièrement identiques – qui a engendré deux types de critique vis-à-vis de la démocratie libérale; la première tradition critique, nous dit Fukuyama, est 'de gauche', la seconde 'de droite.'

([11]) Cf. le chapitre suivant.

Tout d'abord quelques mots sur l'étiologie critique de gauche. Si elle se montre réticente à l'égard de la démocratie libérale, c'est que celle-ci, malgré ses principes formels, produit et reproduit de l'inégalité socio-économique aussi bien que de l'inégalité légale et culturelle. Actuellement – chose assez curieuse –, la critique de gauche se focalise moins sur le premier aspect que sur le deuxième et, au fond, cela se comprend aisément: si elle veut conserver un brin de crédibilité (après la faillite théorique et politique du grand récit de gauche par excellence que sont le marxisme et le socialisme traditionnels), elle est condamnée à prendre la défense de revendications très hétéroclites qui tiennent précisément à des questions de différence raciale, sexuelle, linguistique et sociale – à des questions donc qui, dans l'optique de certains individus ou groupes, se trouvent à la base même d'une situation d'inégalité socio-politique ou, ce qui revient au même, d'un manque de reconnaissance. Ce sont, nous dit-on, ces différences-là qui privent les gens d'un certain degré de 'visibilité' et qui donnent le sentiment d'être exclu. Ce qui, à son tour, génère un désir très prononcé d'égalité et la ferme volonté de protéger cette égalité à tout prix par une 'politque de la reconnaissance' (Ch. Taylor). La conséquence? On exige de l'État qu'il reconnaisse et défende légalement ces différences *en tant que telles*, c'est-à-dire comme étant des différences fondamentalement équivalentes (par exemple, en adaptant la législation linguistique pour qu'aucune langue ne jouisse plus d'un privilège légal, politique et culturel sur une autre). Le relativisme contemporain qui semble écarter la possibilité même de jugements de valeur objectifs a encouragé cette stratégie de l'homogénéisation légale: vu ce credo relativiste, toutes les différences, *en droit*, se valent, légalement et autrement.

Pour ce qui est de la tradition critique de droite, elle prône que la reconnaissance par l'État, de l'individu en tant que citoyen est au fond insuffisante. Ce que veut l'homme, c'est une forme de reconnaissance plus *qualitative*, c'est-à-dire basée sur des actes réels, sur une concrétisation tangible de la liberté: au lieu de se déclarer autonome et de s'y résigner, l'individu concret nourrit l'ambition profonde de *dépasser* son *hic et nunc*, de *se* dépasser. A cause de ses effets homogénéisants, la démocratie libérale a *en fait* favorisé l'avènement d'une société obsédée par les seules idées de tolérance relativiste, de santé individuelle et de bien-être matériel. Or, nous dit-on, cette attention exclusive risque de tarir toutes les sources de créativité encore disponibles. Et décidément, l'histoire, de cette manière, touche à sa fin, celle qui effacera de la terre l'homme réel, authentique. L'ère du 'dernier homme' vient de commencer, l'ère de l'homme 'sans fierté' (Nietzsche, C.S. Lewis)[12]. Dans ce scénario, l'apocalypse n'a donc plus rien d'un bain de sang et de violence; elle ressemble plutôt à un paradis serein dans lequel l'homme – à l'instar des êtres bizarres qui peuplent le *Brave New* World d'Aldous Huxley – est réduit à un nombre restreint de fonctions et de sentiments planifiés et savamment orchestrés. Pour ce dernier homme, pour cet être épuisé par la dure expérience de l'histoire et tiraillé entre les valeurs les plus contradictoires, l'idée même de valeur ne sert plus de prétexte qu'à des épanchements narcissiques[13]. En un mot: la société libérale meurt de médiocrité et d'ennui. S'étonnera-t-on alors du fait qu'une certaine jeunesse cherche frénétiquement des issues (illusoires) par le biais d'excès gratuits? Le dernier homme sera aussi le dernier à engloutir toutes les valeurs disponibles,

(12) Cf. F. NIETZSCHE, *Aldus sprak Zarathoestra* (traduit de l'allemand par P. Endt et H. Marsman), Amsterdam, Wereldbibliotheek, 1985, p. 103; C.S. LEWIS, *The Abolition of Man*, Collins, Fount Paperbacks, 1990, chap. 1.

(13) Voir à ce propos H. DE DIJN, *Hoe overleven we de vrijheid?*, Kapellen - Kampen, Pelckmans - Kok Agora, 1994², pp. 44-45.

toutes les ressources matérielles et naturelles, et, autophage par pure fatalité, il finira par se dévorer lui-même[14].

Selon Fukuyama, les deux traditions critiques visent des difficultés inhérentes à la démocratie libérale et à la question de la reconnaissance. Et, écrit-il, ce qui devrait nous inquiéter le plus aujourd'hui, c'est moins l'irritation de droite face à la liberté et à l'égalité libérales que le relativisme et le nombrilisme du dernier homme. Si l'homme se sent trop impuissant pour s'engager en faveur d'une cause juste ou noble, il finira par s'y opposer. De même, le relativisme et l'indifférence qui en découle à tous les niveaux ainsi que le cynisme et même l'intolérance risquent d'hypothéquer du dedans le régime démocratique libéral. Il se pourrait donc que l'histoire débouche sur une apocalypse 'hypothermique', 'froide', celle d'une société composée d'individus indifférents, fades, la seule qui soit vraiment 'à la hauteur' du dernier homme, à moins que la démocratie libérale trouve des issues pour la fierté humaine, c'est-à-dire des issues qui ne nuisent pas à l'égalité et à la liberté libérales et qui ne provoquent pas de tensions internes et/ou externes. Fukuyama insiste sur le fait que de telles issues existent déjà – bien que potentiellement menacées par une homogénéisation légale trop poussée – et il invoque tout d'abord l'exemple de la gestion économique ou politique et celui d'une carrière au sein de l'Église, de l'armée ou de l'administration. Mais l'engagement dans des organisations privées, dans le domaine sportif ou artistique, etc. possède une valeur similaire. La démocratie libérale réussira-t-elle, à la longue et à l'encontre de la critique de gauche, à sauvegarder tant la liberté et l'égalité formelles que la possibilité, pour l'homme fier, de réaliser ses ambitions les plus intimes – la question est là, et bien réellement là

([14]) Voir P. SLOTERDIJK, *Im selben Boot. Versuch über die Hyperpolitik*, Frankfurt am M., Suhrkamp, 1993.

et, à en croire Fukuyama, la réponse reste incertaine. En fin de compte, dans le cas de Fukuyama, la confiance et l'optimisme prennent toutefois le dessus: il est convaincu que l'histoire, conçue comme un long processus évolutionnaire dans le sens d'une société par-faite, touche effectivement à sa fin.

3. Éléments d'une prise de position

La question fondamentale de Fukuyama est donc la suivante: est-ce que le droit à la liberté et à l'égalité formelles tout comme à la reconnaissance (réciproque et universelle) de l'homme en tant qu'homme libre correspond vraiment aux désirs les plus profonds de l'homme? Autrement dit: est-ce que le désir de reconnaissance et *tout ce qu'il implique* se laissent entièrement organiser par voie légale et formelle? Et que signifiera la réponse à ces questions pour l'idée même de la fin de l'histoire?

Sous sa forme moderne, le désir de reconnaissance renvoie à deux réalités distinctes:

* *Primo*: l'homme moderne veut être reconnu «en tant qu'homme et en tant que citoyen», c'est-à-dire il veut être traité en homme libre et égal. Ce désir – selon Fukuyama – n'a rien à voir avec les *avantages* (éventuels) liés à l'état de liberté et d'égalité; il exprime le souhait de chaque individu d'être reconnu, par l'État et par autrui, comme homme et citoyen libre, égal. De plus, ce désir est tel que sa réalisation, par principe, ne différera pas d'un citoyen à l'autre puisqu'elle est de nature légale, formelle; ou encore: le désir de reconnaissance et sa réalisation sont inscrits dans la loi. C'est ce que j'appellerai: la reconnaissance du type A, liée au bonheur du type A. (Qu'il existe un bonheur lié à ce type de reconnaissance est

prouvé par le vif sentiment de malheur chez ceux qui sont exclus de cette reconnaissance.)

* *Secundo*: Tout le monde – y compris l'homme moderne – aspire aussi à un autre type de reconnaissance, à celle qui est inséparable de certaines valeurs ou de certains biens symboliques à travers lesquels l'individu désire une attention *particulière* de la part d'autrui, de l'admiration ou un respect spécifique (c'est le type de reconnaissance B liée au type de bonheur B)[15]. La reconnaissance et le bonheur dont il s'agit ici se rapportent à l'appartenance de l'homme à des structures signifiantes différentielles spécifiques sur lesquelles se greffe tout un ensemble d'oppositions sémantiques et axiologiques fondamentales. Or, si l'homme désire une attention toute particulière, ce sera en fonction de ces valeurs auxquelles il s'identifie ou tente de s'identifier. Il ne suffit donc pas, pour l'homme de se savoir reconnu par autrui comme un être libre et égal; non, il veut aussi être admiré, se sentir élu par l'autre *comme* homme ou femme, *comme* mari ou épouse, être et se savoir valorisé par autrui en tant qu'écrivain, en tant qu'intelligent, et ainsi de suite.

La reconnaissance B présuppose un rapport substantiel à des valeurs *intrinsèquement* pertinentes. Si un écrivain, par exemple, veut être reconnu *comme tel*, il ne considérera ni son métier ni ses livres comme de purs et simples moyens au service de ce désir de reconnaissance; celui-ci ne sera pleinement assouvi que lorsque ses livres seront valorisés *pour ce qu'ils sont, en eux-mêmes et pour eux-mêmes*, à savoir des œuvres d'art dignes de reconnaissance. Cela revient à dire que la reconnaissance

([15]) Cf. A. Burms & H. De Dijn, *De rationaliteit en haar grenzen. Kritiek en deconstructie,* Leuven - Assen, Universitaire Pers Leuven - Van Gorcum, 1999[5], pp. 28-29; H. De Dijn, *Hoe overleven we de vrijheid?*, pp. 93-97.

B se soustrait à toute forme d'intentionnalité directe. Le rapport spécifique à des valeurs intrinsèques, constitutif du désir de reconnaissance B, s'exprime à travers l'aptitude de l'homme de partager son expérience axiologique avec ceux qui ont des intérêts intrinsèques analogues (par exemple, avec d'autres écrivains, lecteurs ou critiques littéraires). Ce jeu de la reconnaissance B est inconcevable sans la présence d'un certain horizon de sens commun, un horizon dans lequel l'individu peut s'inscrire de manière créative (en tant qu'écrivain, par exemple). Il présuppose en outre que ceux qui y participent savent au moins intuitivement ce que représente, dans le domaine des valeurs et des appréciations, un jugement raisonnable (par exemple, sur ce qui appartient ou non à la vraie littérature)[16].

Les traits distinctifs de la reconnaissance B étant ce qu'ils sont, l'on comprend que, contrairement à la reconnaissance A, elle ne se laisse pas généraliser ou universaliser et qu'elle ne puisse jamais être accordée ou exigée directement (sous peine, justement, de s'auto-détruire en tant que reconnaissance B). Celui qui y aspire, ne se soucie pas des avantages qui y sont liés (par exemple le sentiment agréable que procure la reconnaissance par autrui); non: la reconnaissance ne conduira au bonheur que dans la mesure où celui qui est reconnu *sait* que cette reconnaissance ne tient qu'à des raisons intrinsèques, dans la mesure donc où il se sait valorisé et apprécié pour ce qu'il est. Du moment où je découvre que la reconnaissance par autrui est au fond motivée, suscitée par mon propre désir de reconnaissance, cette reconnaissance me paraîtra vide, abstraite, sans valeur aucune, insultante même[17].

(16) Quant à la distinction 'raisonnable - rationnel', cf. H. DE DIJN, *Kan kennis troosten? Over de kloof tussen weten en leven*, Kapellen - Kampen, Pelckmans - Kok Agora, 1994, chap. 4; voir aussi le chapitre III1.

(17) Cf. A. BURMS & H. DE DIJN, *op. cit.*, pp. 3-4, 29.

Et comme je viens de le dire, la reconnaissance B ne se laisse pas non plus généraliser, elle n'équivaut pas à un droit universel; si c'était le cas, cela contredirait le fait que ce type de reconnaissance est animé par la quête d'une attention particulière. Je reprends l'exemple de l'écrivain: si le désir d'être reconnu comme écrivain était, pour ainsi dire, automatiquement exaucé, il en résulterait qu'on ne puisse plus distinguer un écrivassier d'un vrai écrivain; en tout cas, telle situation détruirait justement la littérature comme une pratique sociale intéressante et respectable.

La reconnaissance B échappe à toute forme de contrôle, d'intentionnalité et cela, me semble-t-il, de deux manières:

* tout d'abord, elle dépend du jugement d'autrui, et ce jugement doit être *authentique*, c'est-à-dire qu'il doit uniquement être motivé par cela même dont s'inspire notre désir de reconnaissance (c'est-à-dire par une valeur traditionnelle, vécue comme transcendente);
* ensuite, ce que nous valorisons intrinsèquement n'a pas le statut d'un instrument à l'aide duquel nous pourrions faciliter la reconnaissance par autrui; ce n'est pas tellement nous qui choisissons nos valeurs, c'est nous qui sommes plutôt «élus par ces valeurs» et, par conséquent, le bonheur B qui en découle sera lui aussi marqué par la fragilité de ces valeurs[18].

Notre diagnostic pourrait donc être celui-ci: la démocratie libérale garantit légalement la reconnaissance A de l'individu en tant qu'homme et citoyen, mais elle reste impuissante face

([18]) Les changements culturels affectent parfois profondément les systèmes axiologiques existants; il se peut donc qu'un quelconque individu, identifié à certaines valeurs et reconnu grâce à ces mêmes valeurs, se trouve soudainement dans une situation de non-reconnaissance parce que la conjoncture axiologique s'est modifiée. Cf. *Ibid.*, p. 19, 35. Voir aussi le chap. III3.

à la question de la reconnaissance B. C'est là un état de choses foncièrement problématique puisque seule la reconnaissance B est susceptible de conduire au vrai bonheur (et là où elle fait défaut, là où règnent l'indifférence et la négation, ce manque de reconnaissance provoque un malheur très réel). Il ne suffit pas de comprendre ce phénomène; il faut aussi se rendre compte que ce problème n'admet aucune solution légale, formelle et universelle: je viens de montrer qu'une telle tentative de généraliser la reconnaissance B et de la muer en un droit (à la manière de la reconnaissance A) s'avérera inefficace, autodestructrice même; l'acte de décréter la reconnaissance B ne conduira jamais à une reconnaissance *authentique*. Certes, poussé par la solidarité avec des individus ou des groupes sociaux minoritaires, marginaux, arriérés, on est parfois enclin à leur accorder – *uniquement* parce qu'ils l'exigent – le deuxième type de reconnaissance. C'est parce qu'on sait combien importante est la reconnaissance B pour le bonheur, qu'on a souvent tendance à reconnaître l'unicité de tel ou tel individu sans tenir compte de ses actes et paroles. Pourtant, derrière cette attitude à première vue altruiste se cache en fait un certain paternalisme, même un certain dédain inavoué; c'est comme si l'on traitait l'autre comme un mineur, comme un être nécessiteux; on lui accorde le contraire de ce qu'il demande réellement, à savoir d'être reconnu à travers une appréciation authentique de ce qu'il valorise. Dans ce contexte, Charles Taylor se demande à juste titre si chaque différence – et tout ce qui s'y rapporte sur le plan des valeurs et des choses valorisées – vaut absolument la peine d'être valorisée, d'être reconnue[19]? C'est une question qu'on ne peut pas ne pas se poser. Évidemment, nous avons le devoir de porter

(19) Voir Ch. TAYLOR, *The Malaise of Modernity*, Don Mills / Ontario, Stoddart, 1991, p. 51 (*Le Malaise de la modernité*, Paris, Editions du Cerf, 1994, p. 60).

secours aux plus démunis, aux faibles, aux marginaux, mais ce devoir – et l'aide réelle qui en découle – ne signifient nullement que nous soyons obligés d'accorder automatiquement à ceux qui le demandent la reconnaissance B. Aider quelqu'un, cela signifie: essayer de satisfaire les besoins urgents de l'autre tout en faisant abstraction de ce qui le rend intéressant, médiocre ou même répugnant[20].

Etant donné ces réflexions critiques, force est de constater – et ici je rejoins Fukuyama – que la démocratie libérale fait aujourd'hui preuve d'une tendance idéologique[21] fort prononcée à gommer la frontière entre les deux types de reconnaissance et à organiser la reconnaissance B suivant le modèle de la reconnaissance A. Cette tendance n'est pas seulement l'effet d'un sens plus aigu de l'égalité et de la solidarité; il y entre, de plus, un certain nombre de facteurs étroitement corrélés; j'en retiens trois:

1). l'instabilité axiologique qui imprègne la société (post)moderne;
2). le relativisme omniprésent qui a popularisé l'idée qu'il n'existe – qu'il ne saurait exister – aucun rapport objectif entre certaines valeurs et l'exigence de reconnaissance qui les accompagne; à ce point de vue, la reconnaissance ne serait pas plus qu'une simple affaire de satisfaire – de berner? – des sensibilités individuelles;
3). le désir (post)moderne de contrôler tous les aspects de la vie humaine, un désir qui transforme les valeurs en autant

(20) Quant à la différence entre 'aide' et 'reconnaissance', voir A. BURMS, «Helping and Appreciating», in S. GRIFFIOEN (ed.), *What Right does Ethics Have? Public Philosophy in a Pluralistic Culture*, Amsterdam, V.U. Press, 1990, pp. 67-77.

(21) Par «idéologie», j'entends une construction intellectuelle problématique, néfaste même, tant au niveau cognitif qu'à celui de la réalité (puisque générant *directement* des mesures pratiques parfois destructrices).

de signes capables de véhiculer et d'articuler la demande de reconnaissance du deuxième type[22].

Si cette tendance idéologique ne sera d'aucune manière freinée, elle fera naître un univers dans lequel les valeurs seront réduites à de simples préferences subjectives, à des préférences qu'il faudra autant que possible respecter[23]. Il n'est pas difficile du tout de s'imaginer ce que cela signifiera concrètement; on n'a qu'à penser aux excès auxquels a conduit, aux États-Unis, l'application radicale de l'idée de *political correctness* (rectitude politique); à ce propos, il est même question d'une *thought police* (une police des idées), phénomène auquel Fukuyama lui aussi renvoie[24].

Une telle évolution coïciderait bel et bien avec la fin de l'histoire – une fin apocalyptique, mais cette fois-ci l'apocalypse serait 'froide', puisqu'elle frapperait une société peuplée d'individus d'une sensibilité aisément bernée, d'individus moroses qui ne se soucient plus que de leur propre santé, de leur propre sécurité dans tous les sens du mot. Cette société-là sera incapable de répondre aux demandes de la part de groupes traditionnels de se voir vraiment reconnus. En effet, ces demandes n'ont rien à voir avec des questions d'aide ou de solidarité et encore moins avec des questions de sensibilité individuelle; ce que ces groupes demandent avant

(22) Voir à ce sujet H. De Dijn, *Hoe overleven we de vrijheid?*, chapitres 1 & 2.

(23) Cf. *Ibid.*, chapitre 4.

(24) La notion de *thought police* désigne un courant spécifique à l'intérieur du mouvement de la *political correctness* qui ne lutte pas uniquement contre toute forme de discrimination; ainsi propose-t-il un véritable programme de rééducation active visant même le droit à la différence intellectuelle (voir, par exemple, *Newsweek*, (le 14 janvier 1991), pp. 42-48). Fukuyama parle à ce sujet de l'*extériorisme* (c'est-à-dire une forme de soi-disant 'racisme' provenant de l'incapacité ou du refus de faire abstraction, dans les rapports à autrui, de l'apparence extérieure, physique): cf. F. Fukuyama, *op. cit.*, p. 403 - note 7.

tout, c'est un respect réel à l'égard de valeurs qu'ils jugent transcendantes.

Il est pourtant certain que ce scénario apocalyptique ne se réalisera pas sans résistance et qu'il sera inévitablement influencé par le jeu de et la lutte pour la reconnaissance B. En même temps, ce jeu et cette lutte, plus qu'autre chose, constituent, pour les démocraties libérales des menaces redoutables, à tel point que certains problèmes politiques endogènes prendront peut-être les allures de véritables contradictions.

Aucun doute à ce propos: le jeu de la reconnaissance B tout comme les luttes qui y sont inhérentes n'ont pas disparu, même pas dans nos sociétés libérales modernes. Dans ces sociétés, et de nouveau Fukuyama est très clair sur ce point –, différents groupes culturels, ethniques, linguistiques et religieux continuent à coexister, ils y découvrent ou redécouvrent une certaine identité, parfois née de la brutale collision entre le prémoderne et le moderne, ils y continuent à aspirer à une forme particulière d'attention et d'appréciation à travers leur attachement spécifique à certains biens symboliques ou à des valeurs auxquelles ils s'identifient. Ce désir de reconnaissance multiforme n'est pas tout à fait dissociable de cet autre jeu formel, de celui de la reconnaissance A, de sorte qu'à certains moments la lutte pour la reconnaissance B peut même faire dérailler le jeu politique de la reconnaissance formelle, légale; cette tension peut alors à son tour dégénérer en une 'contradiction' pure et simple; il faut donc se garder d'exagérer l'écart entre les deux types de reconnaissance.

Examinons de plus près cette complication. L'individu qui habite un espace politique démocratique stable oublie trop souvent (et trop facilement):

* que le respect de l'individu en tant qu'être humain unique, c'est-à-dire défini comme source autonome de certains désirs et certaines idées est étroitement lié à l'existence et

à la mise en valeur (à la fois consciente et inconsciente) d'un vaste ensemble d'autres valeurs (au moins en partie d'origine religieuse);

* que la reconnaissance de l'homme en tant qu'homme ne rime pas forcément avec chaque contexte ou arrière-fond axiologiques; la reconnaissance de la liberté et de l'égalité légales ne sera dès lors pas partout et à tout moment évidente.

S'y ajoute que chaque législation libérale, d'une manière ou d'une autre, garantit la reconnaissance *légale* d'au moins *certaines* valeurs propres à la société civile en tant que telle ou à certains groupes sociaux (il existe, par exemple, des lois spécifiques concernant l'intégrité physique, la sexualité, l'euthanasie, le blasphème, la vie familiale, le langage, etc.), donc de valeurs qui ne sont pas nécessairement partagées par l'ensemble de la société. D'ordinaire le caractère restrictif de ces lois spécifiques ne gêne nullement la grande majorité des citoyens (qui ne se sentent d'ailleurs pas forcément obligés de s'y conformer positivement; ils se plient simplement à l'interdit de s'y opposer publiquement). Quoi qu'il en soit, le seul fait que de telles lois existent dans la société démocratique et qu'elles sont acceptées indique clairement que la distinction entre la reconnaissance A, politiquement garantie, et le jeu de la reconnaissance B – jeu qui parfois ne concerne que certains groupes et leurs valeurs spécifiques – n'annule pas la signification potentiellement politique (et publique) de la reconnaissance B.

Or, si, en tant que telle, la protection légale de certains droits humains et civils n'est pas entièrement dissociable de la protection légale de certaines valeurs spécifiques, il nous faudra en déduire qu'en effet la démocratie libérale contient toujours déjà les germes d'un conflit latent qui, dans certaines circonstances, peut se transformer en une contradiction réelle. La lutte qui en résulte revêtira au moins deux formes nettement distinctes:

* ou bien il s'agira d'un conflit entre la tentative des uns pour révoquer la protection légale de certaines valeurs, parce qu'ils ressentent le cadre légal existant comme une contrainte, comme une limitation inadmissible de leur liberté (je pense ici, par exemple, aux actions contre la législation (restrictive) en matière de blasphème ou de pornographie) et la résistance des autres à cette même tentative;
* ou bien le conflit opposera ceux qui militent en faveur d'une protection légale de certaines valeurs (par exemple en faveur de la reconnaissance constitutionnelle d'une religion, d'une minorité linguistique, etc.) à ceux qui rejettent une telle protection légale. Des conflits de ce genre sont sans doute inévitables, même dans le futur: c'est que la démocratie libérale ne dispose pas d'une réponse préalable et partout infaillible à deux questions fondamentales et complémentaires:
  1). *jusqu'à quel point* le régime libéral doit-il protéger des valeurs plus ou moins communément partagées;
  2). *quelles* valeurs fondamentales sont dignes de protection légale?

Ces questions, aujourd'hui, divisent l'opinion publique. Les uns – ceux qui ne se sentent pas positivement concernés par certaines lois – dénoncent la protection légale de certaines valeurs comme une atteinte illégitime à leur liberté; pour eux, la question des valeurs est une question strictement privée. D'autres justifient la protection légale au nom de l'idée que l'État et le droit contribuent ainsi à instaurer des frontières fondamentales relatives à certaines valeurs intrinsèques et qu'en l'absence de telles frontières, l'on finirait même par mettre en cause (l'intégrité de) la personne humaine en tant que telle.

Au cas où la protection légale, de nature linguistique, ethnique ou religieuse, ne s'applique qu'à certaines valeurs, qu'à certains groupes (à l'exclusion d'autres valeurs et d'autres groupes), ce privilège provoque parfois, de la part des exclus, un sentiment de discrimination réel (même par rapport aux droits de l'homme et du citoyen). La réponse des partisans du statu quo sera évidente: le seul soupçon d'une éventuelle discrimination ne constitue pas en lui-même une raison suffisante pour modifier la loi; il faut alors essayer de remédier à toute atteinte réelle aux droits de l'homme et du citoyen (par exemple à l'aide de lois antiraciales). Lorsque certains groupes sociaux restent d'avis que leurs valeurs méritent elles aussi une forme de reconnaissance et de protection politico-légales, ils n'ont qu'à s'engager dans le jeu politique, ce qui, à terme, aboutira peut-être un jour à des mesures de protection légale[25].

Face à la tenace persistance de différences symboliques de tout genre et aux luttes (voire à la discrimination?) qui en dérivent, certains se contentent simplement de prôner que *toutes* les différences (qu'elles soient religieuses, sexuelles, culturelles, linguistiques ou autres) se valent et méritent dès lors l'une ou l'autre forme de protection légale explicite (d'encouragement légal même). De toute évidence, c'est là une position très séduisante pour le relativiste conséquent: comme celui-ci nie l'existence de critères objectifs dans le domaine axiologique, il n'aura aucune difficulté à accepter que toutes les valeurs se prêtent à une seule et même approche juridique. Selon moi, ce relativisme radical frôle le non-sens. Pris au pied de la lettre, il conduirait inévitablement à une prolifération par principe illimitée d'interdits censés protéger une très grande diversité de valeurs et dont certaines finiraient fatalement par se contredire. Afin de parer la critique relativiste, les partisans de la protection légale de certaines valeurs (et de certaines frontières) sont obligés, en cas de désaccord et pour défendre la loi, d'adopter une attitude tout aussi activiste que celle des relativistes. A de telles occasions, le risque d'une escalade et de contradictions fondamentales est réel, un risque qu'on sera tenté de neutraliser par le biais d'une politique

(25) Voir H. De Dijn, *Hoe overleven we de vrijheid?*, chapitre 4.

pragmatique (qui conduira à la reconnaissance légale de systèmes de valeur divergents). Ce qui, à son tour, présente le désavantage redoutable de créer peu à peu une société condamnée à l'apocalypse froide.

4. Conclusion

Tout ce qui précède, montre à suffisance que la démocratie libérale, appuyée sur un mode de production économique libéral, n'incarne pas la fin, le parachèvement de l'histoire. Il est aussi peu probable que le désir de reconnaissance du deuxième type disparaîtra; peu probable également que la démocratie libérale trouvera une solution définitive et durable aux effets politiques potentiellement conflictuels, issus de la lutte pour la reconnaissance B. Cette lutte semble solidement enracinée dans la société civile elle-même et fera, aujourd'hui comme demain, éclater de nouveaux conflits, de nouvelles contradictions.

Si, cependant, la démocratie libérale se plie trop vite et trop facilement aux revendications relativistes actuelles et tente donc de pallier tous les problèmes mentionnés ci-dessus en généralisant par voie légale le droit à la reconnaissance du deuxième type, elle nous conduira tout droit à une société effroyablement 'paisible', à cette apocalypse 'froide' qui ne ressemblera en rien à ce que Fukuyama a pu penser comme le parachèvement de l'histoire[26].

([26]) Je tiens à remercier Maurice Weyembergh qui a eu la gentillesse de mettre à ma disposition des articles sur Fukuyama et le thème de la fin de l'histoire tirés des revues *Aktief* et *Wijsgerig Perspectief* (cf. supra). J'ai lu avec grand intérêt T. CASIER, J. HUYSMANS & S. DE SMEDT, *Het einde van Fukuyama en de laatste democratie. Beschouwingen bij een vertoog over geschiedenis, democratie en internationale betrekkingen*, KU Leuven - Centrum voor Vredesonderzoek, Cahiers Internationale Betrekkingen en Vredesonderzoek, Vol. 37, 11:3 (1993).

PROGRÈS ET TRADITION*

Le thème dont je voudrais traiter maintenant, celui du progrès et de la tradition, est étroitement lié à celui de la crise. Ma perspective ne sera ni historique (comme celle de Francis Fukuyama), ni géopolitique (comme celle de Samuel Huntington)[1]; elle relève plutôt de ce que l'on pourrait appeler l'anthropologie philosophique ou la philosophie de la culture. Ce choix est d'autant plus légitime que les réflexions de Fukuyama et de Huntington portent explicitement sur des enjeux issus justement de l'anthropologie philosophique et de la philosophie de la culture: elles véhiculent, en d'autres mots, des idées très précises concernant l'agir humain individuel et social.

D'un philosophe – aussi d'un philosophe –, l'on attend à certains moments qu'il nous montre «de quelle manière novatrice l'homme peut esquiver les apories dans lesquelles la société risque de s'enliser.» De par sa forme même, la question impose déjà – à celui qui l'assume – une certaine orientation: il y est question d'un blocage imminent auquel il faudrait essayer de remédier grâce à des solutions inédites. Il faut néanmoins se demander si l'opposition même entre blocage ou impasse et innovation est bel et bien valable; il s'avérera peut-être qu'à bien y regarder, elle est tout sauf novatrice. C'est en tout cas là le fil conducteur de mon exposé. A ce dessein, je voudrais tout d'abord préciser davantage le sens

(*) Version originale: H. DE DIJN, "Vooruitgang en traditie", in *Studia Europaea*, V (1998), pp. 123-136; traduction française par Koenraad GELDOF.

(1) Cf. F. FUKUYAMA, *La fin de l'histoire et le dernier homme*, Paris, Flammarion, 1992; S.P. HUNTINGTON, *The Clash of Civilizations and the Remaking of World Order [Le Conflit des civilisations et la reconstruction de l'ordre du monde]*, London, Touchstone Books (Simon & Schuster), 1998.

de la notion d'impasse ou de crise (de nos jours, les deux notions sont devenues interchangeables).

L'idée de crise renvoie à deux réalités distinctes:

(1). Tantôt, elle exprime l'inadéquation de l'homme face à des circonstances nouvelles, drastiquement changées ou en train de se modifier ('crise' est alors synonyme de blocage, de retard, etc. provisoires).

(2). Tantôt, le signifiant se rapporte au fait que le progrès finit par devenir autodestructeur, par se miner lui-même, ce qui provoque une certaine paralysie. Selon Hermann Lübbe, ce genre de crise surgit lorsque la science et la technologie butent contre un certain seuil performatif. Voici ce qu'écrit Lübbe à ce propos: «Le seuil performatif de la connaissance techniquement rentable est atteint à partir du moment où les effets collatéraux non intentionnels des applications techniques de cette connaissance excèdent notre capacité, scientifiquement et techniquement appuyée, de résoudre des problèmes[2].» Qu'on pense, par exemple, à l'impact non intentionnel mais explosif sur la démographie de développements dans le domaine de l'hygiène et de la médecine ou à celui, tout aussi involontaire mais indéniable, de l'usage de certaines ressources soit naturelles, soit non naturelles sur l'environnement et la santé.

L'apparition de tels effets collatéraux et non voulus est l'occasion de ce que Lübbe appelle une *crise d'orientation*, c'est-à-dire d'une crise qui obéit à la dynamique que voici: les problèmes dépassent les solutions disponibles, on est incapable d'intervenir au niveau des causes réelles, tandis qu'on doit subir certains effets collatéraux; ceux-ci se multiplient dans le temps et l'espace sans que nous ne soyons à même d'en entrevoir les mécanismes sous-jacents et encore moins d'y remédier efficacement.

(2) J.-M. PIRET, *Rationaliteit na de Verlichting. Een reconstructie van het filosofisch werk van Herman Lübbe*, Dissertation 1996-97, VUB, Faculteit Letteren & Wijsbegeerte, p. 367; nous traduisons.

La crise d'orientation dont parle Lübbe tient au fait – paradoxal – que le progrès ne met pas toujours à notre disposition les moyens indispensables à la solution de problèmes provoqués par ce même progrès. Au contraire: plus notre civilisation évolue, plus la dynamique des changements accélère et moins l'homme est capable de répondre aux problèmes auxquels il se voit confronté; s'il en va ainsi, c'est entre autres parce que le nombre d'effets collatéraux non intentionnels se multiplie. Vous devinez la suite: on ne sait plus où se tourner: la crise d'orientation est totale et non sans risques sociaux puisqu'elle peut susciter un sentiment d'hostilité à l'égard de la science et de la technologie et cela juste au moment où celles-ci peuvent/doivent jouer un rôle d'une importance littéralement vitale. L'on aurait donc tort de réduire cette crise d'orientation à un certain dérapage ou à une contradiction prétendument inhérente au seul progrès technico-scientifique. Elle nous révèle aussi que le progrès lui-même peut finir par saper ses propres assises anthropologiques. Font partie intégrante de ce fondement anthropologique certaines intuitions individuelles et sociales, des savoirs, des comportements, des institutions et ainsi de suite – bref tout ce qui a été indispensable au développement même du progrès. Voici donc, pour ainsi dire, les limites fondamentales de la capacité humaine – individuelle et collective – de s'adapter à certains processus évolutifs. C'est avant tout à cet aspect de la crise d'orientation que je voudrais m'arrêter dans les pages qui suivent.

A l'aide de quelques exemples, j'essayerai de préciser la manière dont apparaisse une telle crise d'orientation dans différents secteurs sociaux.

(1). Slogan fort à la mode et signe des temps actuels, l'idée du *lifelong learning* ou de la formation permanente – je dirais presque 'à perpétuité' – n'est pas pour autant un signe de progrès. Le soi-disant impératif de la formation permanente trahit un certain soupçon à l'égard de tout savoir acquis, il suggère que, demain, la sagesse et le savoir-faire patiemment accumulés au fil du temps ne seront plus d'aucune valeur. La question, bien sûr, est alors de savoir sur quels points de repère reposeront nos choix et décisions futurs. Se livrera-t-on entièrement au hasard ou à la mode du jour? Quoi qu'il en soit, le climat contemporain provoque un certain malaise, un certain défaitisme même: c'est comme si l'on avait l'impression que tout effort dans le domaine de l'éducation et de la formation était d'avance voué à l'échec.

(2). Depuis quelque temps déjà, l'enseignement – du primaire jusqu'au niveau supérieur – a le triste privilège d'être une des cibles par excellence d'un véritable zèle réformateur. Les réformes se succèdent en effet sans relâche, et cela souvent au grand désespoir des enseignants eux-mêmes (là où les gestionnaires de l'enseignement ont plutôt tendance à se plier aux réformes, ne fût-ce que pour des raisons financières ou de concurrence). Et rien ne semble permettre de ralentir ou d'arrêter ce processus: chaque ensemble de propositions et de réformes en nécessite fatalement d'autres et de nouvelles, et quant à la pression sur le système éducatif, celle-ci ne cesse de croître (qu'on pense à la spirale inflationniste et stressante des procédures d'évaluation interne et externe). Comme d'habitude, on a tendance à innocenter quelque peu le phénomène, à n'y déceler que le corrolaire inévitable et positif d'une bonne gestion de l'enseignement, alors qu'en réalité, cet état de choses n'est que le symptôme parmi d'autres d'une crise aiguë: au fond, on ignore ce qui importe vraiment, on est complètement déboussolé (comme en témoigne, par exemple, le débat sur le canon littéraire dans les revues littéraires savantes). Et on a beau camoufler un désarroi certain derrière une façade faite d'activisme, de frénésie réformiste et de lucidité illusoire quant aux orientations à suivre, le fait est là: la crise d'orientation s'est trop généralisée pour qu'elle se laisse encore refouler.

(3). La politique, elle aussi, prend des allures de plus en plus scientifico-technologiques: quel ministre, en effect, osera encore lancer des propositions de loi sans l'appui d'une certaine expertise scientifique? Seulement, les conseils scientifiques sont ce qu'ils sont: des conseils, des avis et non des certitudes mathématiques. De plus, les scientifiques ne sont que très rarement unanimes. Ajoutez à cela l'érosion considérable, au sein de la société, d'un certain horizon de sens partagé, de certaines valeurs collectives et vous devinerez le résultat: tout le processus qui doit conduire à des décisions politiques légitimes se voit peu à peu paralysé et l'appel à l'homme fort, à celui qui, enfin, tranchera, se fait de plus en plus entendre.

(4). D'un côté, on attend des salariés une mobilité et une flexibilité toujours plus grandes et l'on exige, de l'autre côté, de la part des employés, une loyauté réelle, inconditionnelle vis-à-vis de leur entreprise. Tout cela est peut-être inévitable, mais ce qui est beaucoup moins sûr pour ces mêmes salariés, c'est la stabilité de leur emploi.

(5). Le dernier exemple concerne la médecine actuelle. A cause de certains développements – dans le domaine des anomalies génétiques, par exemple –, le nombre de gens directement impliqués dans des questions de vie ou de mort s'est considérablement élevé. En règle générale, l'on peut affirmer que plus le progrès avance, plus l'homme se voit confronté à un nombre croissant d'options possibles – et cette infernale dialectique du progrès est d'autant plus dramatique que les valeurs et les normes susceptibles de faciliter et de justifier tel ou tel choix font de plus en plus défaut. L'inquiétude et l'angoisse qui en découlent ne concernent dès lors pas seulement le futur mais aussi le *hic et nunc*.

Quelles conclusions tirer des réflexions et des exemples précédents? J'en propose deux:

* *Primo*: l'existence d'une *culture commune*[3] reposant sur un certain *sens commun*, l'existence donc d'un monde vécu plus ou moins socialement partagé me semble d'une importance absolument vitale. Une telle culture ne saurait être comprise comme la négation pure et simple de la culture scientifique et technologique; au contraire, de nos jours, celle-ci s'avère tout bonnement indispensable. Seulement, sans culture commune, sans sens commun, la science et la technologie seraient complètement dépourvues de sens et pourraient même conduire à l'autodestruction.
* *Secundo*: il nous faut de toute urgence remédier à l'angoisse et au défaitisme qui découlent directement de la crise d'orientation dans toutes ses manifestations. Ces deux réactions ne nous seront d'aucune aide. Évidemment, la question est de savoir quelle sera notre réponse au fait que c'est le progrès lui-même qui se trouve à la base du malaise contemporain.

Dans ce qui suit, je développerai en détail la première conclusion; ensuite et plus sommairement, j'essaierai de préciser la portée exacte de la seconde.

(1). L'importance vitale d'une culture commune qui tire sa substance d'un certain sens commun. Pourquoi parler,

(3) J'emprunte la notion de «culture commune [*common culture*]» à Roger SCRUTON (voir R. SCRUTON, «Emotion, Practical Knowledge and Common Culture», in A.O. RORTY (ed.), *Explaining Emotions*, Berkeley, University of California Press, 1980, p. 519sq. Voir aussi le chap. III1.

à ce propos, d'un besoin *vital*? Parce que seule une telle culture sera capable de prévenir le risque d'une implosion totale du progrès.

Depuis les Lumières, un préjugé tenace s'est répandu, celui, notamment, selon lequel la tradition, c'est-à-dire cet horizon signifiant qui nous a été transmis et *à l'intérieur duquel* notre existence et notre univers acquièrent un certain sens, serait contraire à l'idée même de *liberté*. A l'encontre de cette *doxa* éclairée, Alain Finkielkraut affirme que «tout ce qui est donné à l'homme et non construit, choisi, voulu par lui, n'est pas, *ipso facto*, oppressif ou aliénant[4].» Or, il en va tout à fait de même du rapport entre tradition et progrès: l'on a tort de prétendre que celle-là, de par sa nature même, empièterait sur celui-ci. C'est plutôt l'inverse qui est vrai: ce n'est que grâce à la survie peu spectaculaire de certaines traditions qui ne s'appuient point sur des idées ou des attitudes strictement rationnelles que le progrès a pu naître et s'épanouir pleinement. Ou encore: parmi les conditions de possibilité mêmes de la rationalité scientifique, technologique et/ou économique, il faut inclure la présence persistante d'éléments réfractaires à tout travail d'explicitation et d'articulation (rationnelles), d'éléments qui, de surcroît, sont de nature psychologique ou culturelle[5].

Je corroborerai cette hypothèse à l'aide d'arguments avancées par le philosophe anglais Michael Oakeshott[6]. La possibilité même du progrès dépend tout d'abord du maintien de certaines attitudes, de leur transmission d'un groupe

(4) A. FINKIELKRAUT, *L'Humanité perdue. Essai sur le XXe siècle,* Paris, Seuil, 1996, p. 148.

(5) Les réflexions de penseurs contemporains comme Polanyi, Oakeshott, Lübbe ou Scruton vont dans le même sens. Voir aussi notre chap. III1.

(6) Voir M. OAKESHOTT, *Rationalism in Politics and Other Essays*, London, Methuen, 1981: chap. «On Being Conservative».

à l'autre, d'une génération à l'autre. En d'autres mots, pas de progrès sans la conservation de certaines attitudes fondamentales comme l'amitié, l'admiration, l'imitation, la confiance, l'honnêteté, etc. De telles attitudes – y compris les gestes et les coutumes qui s'y associent étroitement – obéissent à une 'logique' diamétralement opposée à la mise en cause permanente et à toute forme d'utilitarisme: l'amitié, par exemple, est essentiellement animée par le désir (réciproque) d'établir une relation intersubjective authentique et non par la simple quête de certains résultats (le même constat vaut pour le rapport enseignant-élève). L'amitié exclut l'idée d'innovation, elle implique une sorte de disposition conservatrice[7]: on ne change pas d'amis comme on change de vêtements.

L'innovation n'est pas uniquement liée à certaines attitudes et à certains rapports interhumains, elle présuppose également la persistance d'un ensemble d'outils, d'aptitudes, de routines et d'un savoir-faire artisanal. De nouveaux projets – quelle que soit leur nature intrinsèque – ne peuvent naître que là où des outils, des compétences, des routines et des manières de faire artisanales ne sont pas mis en cause; il faut même que l'on puisse se fier à certaines conventions sociales existantes (y compris des conventions morales). Moins un quelconque projet doit s'occuper de l'invention de nouveaux supports instrumentaux, moins il requiert une formation supplémentaire, moins on aura du mal à recruter des travailleurs suffisamment qualifiés; bref: plus sa réalisation sera probable. Et même à l'égard de routines données, une attitude conservatrice aura des effets bénéfiques: «Sans aucun doute, chaque routine est susceptible d'être optimisée, mais plus la routine devient familière, plus elle s'avérera utile[8].» En d'autres mots, pas de progrès sans une attitude conservatrice

(7) *Ibid.*, p. 177 (à propos de l'amitié); voir aussi le chapitre III4.

(8) *Ibid.*, p. 181; notre traduction.

face à toutes ces conditions de possibilité. Qui se veut radicalement novateur ne produira que du chaos (c'est ce que nous apprend à suffisance l'histoire).

Quoi qu'il en soit, le progrès qui, dans toute sa complexité, a fini par se muer lui-même en une tradition, se voit aujourd'hui confronté à une certaine érosion de l'idée (de la réalité) même de tradition, ce fondement commun et inconscient sans lequel il aurait été tout simplement inconcevable. Cette situation risque d'ébranler la réalité même du progrès, un peu à la manière dont, selon d'aucuns, la surenchère débridée dans le domaine artistique a fini par hypothéquer la raison d'être de l'art en tant que tel et par brûler les ponts entre l'art et le monde vécu dans lequel il s'enracine.

En insistant tant sur l'importance cruciale de la tradition (en tant que dimension constitutive de la culture moderne), je défends sur ce point une position qui ne s'écarte guère de celle, par exemple, de Samuel Huntington. Ses idées en la matière vont effectivement dans le même sens, comme l'indique l'extrait que voici: «De nos jours, les peuples et les nations tentent de répondre aux questions les plus fondamentales, des questions qui concernent l'humanité entière. Parmi ces question, celle-ci: qui sommes-nous? Et les réponses que l'on propose aujourd'hui ne diffèrent, au fond, en rien de celles qu'on a pu formuler dans le passé; hier comme aujourd'hui, elles renvoient à tout ce qui se rapporte aux fondements de l'existence humaine, l'ascendance, la religion, le langage, l'histoire, des valeurs, des coutumes, des institutions; elles sont étroitement liées à des groupes culturels, c'est-à-dire à des entités tribales, ethniques, religieuses, nationales et, finalement, (macro-)culturelles. C'est que, pour l'homme, la politique n'est jamais qu'une simple question de décisions pragmatiques: il y va aussi de son identité[9].» Et l'on

(9) S. HUNTINGTON, *op. cit.*, p. 21; notre traduction.

n'est pas du tout condamné à invoquer Huntington, puisque j'aurais pu invoquer tout aussi bien d'autres auteurs qui sont du même avis, d'autres auteurs comme, par exemple ce défenseur de la société capitaliste contemporaine qu'est Francis Fukuyama, que l'on ne saurait suspecter de sympathies conservatrices. Un de ses ouvrages s'intitule *Trust* [*La Confiance*] et traite donc d'une vertu archi-traditionnelle (titre complet: *Trust: the Social Virtues and the Creation of Property* [*La Confiance: les vertus sociales et la création de la propriété*][10]). Le message essentiel du livre est celui-ci: la société libérale ne saurait survivre sans cette dimension peu visible et officiellement peu mise en valeur que constituent les vertus familiales et civiques comme la confiance et la loyauté[11]. Cette thèse contredit donc diamétralement la définition de la société libérale en termes d'individualisme ou de neutralité axiologique et, chose tout à fait remarquable, elle a aussi été applaudie dans des domaines assez inattendus: certains gourous dans le secteur de la pensée managériale actuelle se sont mis à prôner eux aussi le rôle fondamental – même pour l'économie – de la tradition. Un de ces gourous, évidemment un Japonais, Masaaki Imai, a vivement condamné l'engouement occidental pour le contrôle intégral de la qualité; selon lui, cette mode reste affreusement superficielle parce qu'elle est *sans rapport aucun avec le sens commun* – et celui-ci, on le sait, ne se laisse pas mécaniquement, techniquement (re-)produire. Le sens commun, en effet, présuppose bien plutôt l'appartenance de l'homme à une communauté définie par des valeurs et sagesses partagées qui sont le fruit d'une lente *gestation* et qui ont été, au fil du temps, transmises d'une

(10) Voir F. Fukuyama, *Trust: the Social Virtues and the Creation of Property*, New York, Free Press, 1995.

(11) Voir aussi «Vertrouwen [La confiance]», le dernier chapitre de H. De Dijn, *Hoe overleven we de vrijheid?*, Kapellen, Pelckmans, 1997[4] (1993[1]).

génération à l'autre – plus 'derrière le dos' des gens que par le biais de procédures de concertation explicites[12]. La capacité même d'émettre des jugements raisonnables à propos de choses aussi fondamentales que les valeurs ou les fins requiert une sorte de stabilité de la tradition – stabilité que l'on ne saurait confondre, bien sûr, ni avec de la rigidité, ni avec du fanatisme. La tradition peut freiner, nuire au progrès, mais cette corrélation n'a rien d'une fatalité incontournable. Qui plus est, sans lien avec le monde vécu, sans lien avec la vie quotidienne réelle, la tradition se dessécherait complètement; et vu que le monde vécu lui-même ne cesse d'évoluer, il en ira forcément de même de la tradition. Pourtant, sans points de repères dans une tradition, la notion même de 'progrès' devient incompréhensible.

A en croire Lübbe, le plus grand défi est actuellement moins la pétrification de la tradition que son érosion et son instabilité. Si certaines apories sont provoquées non par une rigidité excessive mais par un dérapage inhérent au progrès lui-même, le remède le plus catastrophique, le plus néfaste serait d'accélérer encore davantage le rythme du progrès. Seul sera efficace et *vraiment* novateur, le geste de consolider le progrès par le biais d'une attention renouvelée pour tout ce qui se rapporte, d'une manière ou d'une autre, à cette tradition quelque peu souterraine, marginalisée. Il nous faut nous interroger sur les valeurs et les objectifs fondamentaux au lieu de

([12]) Pour une idée analogue, voir aussi F. FUKUYAMA, *op. cit.*, p. 5: «Une structure familiale solide et stable et des institutions sociales durables diffèrent sur un point essentiel d'autres institutions comme la banque centrale ou l'armée: à l'encontre de celles-ci, celles-là ne sont nullement des créations légales ou décrétales. Une société civile florissante dépend des us et coutumes, des moeurs d'un peuple, en tout cas de fondements sur lesquels l'action politique concertée n'a guère prise et qui, pour le reste, sont et restent tributaires d'une attitude respectueuse à l'égard de la culture»; nous traduisons.

nous laisser aveugler par la seule obsession du contrôle technologique. L'homme n'a pas été créé pour subir à l'infini les effets d'un progrès toujours plus rapide; question de vie ou de mort, il doit pouvoir renouer avec des significations et des valeurs plus profondes, avec des réalités plus durables (surtout dans le domaine des rapports interhumains).

Phénomène assez paradoxal: dans la culture contemporaine, ce sont souvent les plus créatifs, les artistes, qui se rendent pleinement compte de la valeur irremplaçable de la tradition. Ils savent – plus que d'autres – que sans les mots, les images et les formes qui nous précèdent et dont nous avons hérité – nos émotions ne dépasseraient guère le stade d'affects vagues et inarticulés, dépourvus de substance et de signification. Si ce que nous faisons ou disons, est doté de sens, cela est moins dû à notre volonté, à nos désirs, à nos rêves qu'au fait que nous nous inscrivons dans un espace déjà existant, un espace de significations et de valeurs fait de langage, d'histoires, bref, de culture au sens large du terme. Dès que cet espace, celui d'une *culture commune* constituée d'intuitions et d'attitudes partagées, se fissure, l'ère d'une crise d'orientation s'annonce.

Permettez-moi d'illustrer ce que je viens de dire au sujet de la valeur sociale et culturelle de la tradition à l'aide d'un exemple que j'emprunte à Lübbe[13]. Ce dont nous avons besoin aujourd'hui, ce sont des structures capables de contrecarrer certaines tendances activistes excessives au sein de notre société, c'est-à-dire des structures propices tant à un progrès à visage *humain* qu'au maintien de certaines attitudes appropriées aussi à l'égard de la science et de la technique. Selon Lübbe, ces structures peuvent être – paradoxalement –

(13) H. LÜBBE, *Religion nach der Aufklärung*, Graz, Verlag Styria, 1986, pp. 271-281, 306-327 (à propos de la *Zivilreligion* [religion civile]).

assurées par l'ancien ennemi des Lumières, la religion (et il en va sans doute de même d'une certaine forme d'humanisme qui, de nos jours, va parfois de pair avec ce que Leo Apostel a appelé une religiosité athée[14]). Certes, les institutions religieuses ont perdu beaucoup de leur pouvoir, mais c'est peut-être grâce à cette évolution que la religion est à même de remplir la fonction sociale envisagée par Lübbe.

D'où vient ce diagnostic? Lübbe part de l'idée selon laquelle une des raisons d'être fondamentales de la religion est de fournir à l'homme les points de repères indispensables pour vivre avec l'imprévisible et le non maîtrisable. Cela n'implique pas forcément une attitude résignée: la religion chrétienne, par exemple, a toujours incité l'homme à transformer son monde, à s'engager au nom de la charité et de la justice et, là où il le faut, à recourir à la science et à la technique. Mais cette même religion offre aussi les moyens pour accepter le destin, le cours parfois imprévisible et menaçant de la vie et les retombées paradoxales du progrès. Bref, la religion rend possible un certain *réalisme* qui constitue un remède essentiel à toute forme de rationalisme extrémiste ou de pragmatisme. Mais, j'y insiste, il s'agit là d'une possibilité qui n'est pas toujours réalisée, puisqu'à certains moments la religion dégénère tout aussi bien en fanatisme et en extrémisme. Seulement, cela n'annule point la validité de l'hypothèse de Lübbe; d'ailleurs, les Lumières ont donné lieu, elles aussi, à des excès analogues.

Pour l'homme contemporain, les institutions religieuses ont – *grosso modo* – gardé une signification substantielle; certes, son rapport à ces institutions n'est plus direct, étroit, mais il se sent néanmoins toujours concerné par les valeurs et les idées qu'elles véhiculent. Ainsi, le maintien de ces institutions peut-il contribuer à la consolidation des fondements

(14) Voir aussi le chap. III2, note 22.

mêmes du progrès. L'Eglise doit dès lors se rendre compte du fait que sa signification, à l'époque actuelle, dépasse largement la seule question de la pureté doctrinaire et que son message ne se limite pas à un petit cercle d'élus. Pour une bonne partie de la population, les Eglises chrétiennes font partie d'une *religion civile* (*Zivilreligion*), ce qui explique, jusqu'à un certain degré, l'actualité réelle de certains symboles religieux (je pense au crucifix, à certains jours fériés, à des messes solennelles lors de certaines occasions officielles, etc.). Ces symboles n'ont donc rien de vestiges intempestifs, inactuels; ils renvoient tous à des pratiques solidement ancrées dans la culture (même s'ils ne sont plus directement l'expression d'un quelconque pouvoir institutionnel et même si leur efficace disciplinaire a complètement disparu). La religion civile dont parle Lübbe exprime au fond un certain nombre de partis pris fondamentaux inhérents à l'État libéral mais que ce même État ne saurait garantir lui-même: parmi ces partis-pris, le fait que la vie communautaire ne découle pas d'un contrat à tout moment révocable mais équivaut plutôt à une communauté de destin, c'est-à-dire à une forme de vie fondée sur des valeurs comme la vulnérabilité de l'homme et le côté non maîtrisable de la confiance et de la loyauté qui se trouvent à l'origine même de la vie communautaire. Le fait qu'un État libéral reconnaît des religions civiles n'a rien de contradictoire; au contraire, cette reconnaissance renforce sa légitimité vu que ces religions civiles contribuent de manière non artificielle, vécue, au maintien de valeurs, de coutumes et d'attitudes fondamentales pour la survie de l'État en tant que tel, *même* d'un État libéral.

Aujourd'hui, on commence à entrevoir que la sécularisation comprise comme mouvement explicitement anti-religieux n'a fait qu'attiser le fondamentalisme (qui se présente alors comme anti-anti-religion). La seule forme de sécularisation valable est celle qui reconnaît le besoin humain d'un certain enracinement, celle donc qui admet – à l'instar du visionnaire Spinoza – que la plupart des gens ont besoin d'une certaine forme de religiosité et que ce besoin-là est satisfait de façon optimale par des formes de religion non fondamentalistes (ou, comme dirait Spinoza, par des formes de religion 'épurée'). Écoutons une fois de plus Huntington: «L'homme ne saurait survivre sur la seule base de la raison. Sans définition préalable de sa *propre essence*, il sera incapable de planifier et d'agir rationnellement en fonction de ses propres intérêts: toute politique définie en termes d'intérêts présuppose une certaine identité. Lorsque les évolutions sociales s'accélèrent, l'identité existante tend à s'effriter, elle doit être redéfinie et complétée, là où il le faut, par une nouvelle identité. Pour l'homme qui se voit confronté à d'urgentes questions d'identité et d'appartenance, la religion constitue une réponse fondamentale. Ainsi, certains groupes religieux forment-ils des micro-communautés qui se sont substituées peu à peu à celles que l'urbanisation a fini par détruire. Toute religion… donne 'à l'homme le sens d'une identité et d'une orientation existentielle[15].'»

Il importe, cependant, de ne pas confondre le plaidoyer en faveur du maintien, même de la consolidation de la tradition avec le traditionalisme tout court, c'est-à-dire avec la volonté de faire revivre à tout prix une tradition qui s'est irréversiblement éteinte et ce, d'habitude, au nom d'un rejet absurde de la science et de la technologie. En fait, le traditionalisme repose sur un activisme que pourtant il semble condamner ailleurs; au moment où les choses risquent de tourner mal, on décide de réinventer un passé prétendument meilleur et de réanimer, du dehors, certaines attitudes, certains comportements d'antan. Ce geste, évidemment, est voué à l'échec puisque ces attitudes et comportements ne fonctionnent que

(15) Cf. S. HUNTINGTON, *op. cit.*, p. 97; nous traduisons.

là où ils s'inscrivent dans une forme de vie concrète. Pour le traditionalisme, la tradition constitue un *moyen* pour remédier à un de état de choses donné, et c'est justement ce volontarisme utilitariste qui ronge le sens de la tradition: celle-ci apparaîtra ou bien comme étrange, superficielle, ou bien comme un instrument de pression dépourvu de toute crédibilité (même aux yeux de ceux qui s'en servent).

Et l'on aurait tout à fait tort de voir en ce plaidoyer pour la tradition l'une ou l'autre forme de fondamentalisme. L'idéologie rationaliste du XIXe siècle ne pouvait qu'applaudir l'érosion continue et la marginalisation corrélative du savoir implicitement inhérent aux institutions, aux us et coutumes existants: son rêve le plus intime était la réorganisation intégrale de la vie humaine sur des bases 'scientifiques.' Aujourd'hui – au moment même donc où l'on se rend compte du côté illusoire et désastreux de ce rêve –, nous assistons, très curieusement, au phénomène inverse: le rêve rationaliste cède la place à une confiance absolue en une tradition ésotérique, une tradition qui, comble de paradoxe, doit offrir à l'homme un degré de certitude au moins aussi grand que le rationalisme de jadis (ce qui explique ses allures souvent quasi- ou pseudo-scientifiques).

Ma critique à l'égard du traditionalisme (et du fondamentalisme) s'appuie en fait sur l'idée importante et quelque peu paradoxale que voici: le plaidoyer en faveur de la tradition (et d'une prise de conscience axiologique renouvelée) n'est pas synonyme de l'une ou l'autre forme de volontarisme. En effet, l'acte même de s'engager en faveur de la tradition a quelque chose de contradictoire: c'est qu'une tradition vitale agit toujours, pour ainsi dire, 'derrière le dos' des individus, elle anime indirectement leurs actes et leur pensée, de manière évidente. Lorsque la tradition exige de nous un engagement explicite, son heure a peut-être déjà sonné et sa survie ne sera qu'artificielle (c'est l'aporie de tout traditionalisme). En cela, la tradition ressemble à d'autres dimensions existentielles fondamentales comme la spontanéité, la confiance ou le bonheur: ce sont là, comme l'écrit Jon Elster, des dimensions, des attitudes, des états «qui sont à considérer essentiellement comme des sous-produits (*by-products*)»[16] et qui, partant, se soustraient par définition à toute forme d'intentionnalité directe, à toute forme de plaidoyer activiste. Inciter quelqu'un à plus de spontanéité sera, dans cette optique, un geste ou bien tout à fait superflu, ou bien contre-productif.

Cela dit, le plaidoyer en faveur de la tradition et de sa valeur pour la culture commune serait-il entièrement dépourvu de sens? Bien sûr que non. Sa raison d'être est de nous mettre en garde contre certaines illusions, contre certains fétiches de l'époque contemporaine (souvent exprimés – de manière assez vague et peu réfléchie – par des notions et des slogans comme contôle intégral de la qualité, formation permanente, communication planétaire, le *global village*, etc.). Ces fétiches suggèrent que le seul espoir qui reste serait en fait celui d'un progrès débridé, toujours plus rapide et qui ne serait aucunement affecté par le délabrement tout aussi réel de notre monde vécu. En même temps, il faut dénoncer la destruction parfois subreptice et naïve des meilleurs éléments d'une tradition sans laquelle, justement, la culture occidentale, sous sa forme actuelle, n'aurait jamais vu le jour.

Qui plus est, le plaidoyer en faveur de la tradition ne coïncide pas forcément avec une réaffirmation directe et explicite de valeurs qui y appartiennent. Ce plaidoyer peut aussi être plus oblique, indirect. Il pourra, par exemple, chanter l'éloge de tout ce qui échappe à la volonté de contrôle de l'homme moderne, de tout ce qui dévoile, par là même, sa valeur

(16) Cf. J. ELSTER, *Sour Grapes: Studies in the Subversion of Rationality*, Cambridge, Cambridge University Press, 1985, p. 43. Voir aussi le chap. III1.

fondamentale. Cet éloge peut même servir d'un appui réel *à condition* que la tradition elle-même reste plus ou moins vitale et que ceux qui s'y inscrivent réussissent à transmettre les intuitions, les attitudes et les valeurs communes véhiculées par la tradition. L'éloge de certaines valeurs, du bon jugement et de l'acte juste a toujours fait partie intégrante de l'éducation, mais sans le transfert d'un rapport réellement enthousiaste à des valeurs et à des savoirs traditionnels, il est condamné à rester purement verbal. De nos jours, le contact avec la tradition n'est pas complètement coupé. Il nous faut donc encourager ce contact, l'intensifier, mais de manière *oblique*, c'est-à-dire en créant ou en optimisant les *conditions* qui assurent au maximum la transmission authentique du patrimoine traditionnel. L'enseignement, par exemple – et Finkielkraut ne cesse de le répéter –, ne saurait être réduit à un processus où seul compte le transfert de compétences techniques; il a aussi un rôle crucial à jouer dans la transmission de l'*héritage*, d'un *héritage vivant*. En d'autres mots – des mots qu'on trouve déjà chez Giambattista Vico –, on a absolument tort de miser uniquement sur des matières scientifiques et techniques; même dans ces cas-là – que dis-je: surtout dans ces cas-là –, l'enseignement devrait être tel qu'il montre aux élèves que tant la science que la technique, en tant que composantes culturelles, appartiennent elles aussi à une riche tradition.

Est-ce que l'*Europe* peut contribuer de manière spécifique à la solution de la crise actuelle? La réponse est décidément positive. Elle peut le faire, par exemple, en refusant de vouloir imiter à tout prix le Nouveau Monde, en rejetant donc fermement des options qui, là-bas, se sont révélées néfastes et qui pourtant ne cessent de nous séduire. Ce qu'il nous faut, nous Européens, ce serait plutôt une sorte de sérénité, une certaine tranquillité de l'esprit, un certain art de la contemplation qui, certes, n'exclurait pas *a priori* les idées de progrès ou d'évolution mais qui n'exclurait pas non plus la fondamentale question de la compatibilité entre le progrès d'une part et certaines valeurs et aspirations vitales, constitutives de notre identité même, d'autre part.

(2). Le plaidoyer en faveur de la tradition, de la *culture commune* qui englobe notre passé, notre présent et notre futur, je le repète, n'est pas nécessairement contradictoire. Tel que je le comprends, il est l'expression d'une prise de conscience d'une impuissance aussi incontournable que fondamentale, d'une prise de conscience d'un risque également: il se pourrait, en effet, que tout cela, finalement, ne mène nulle part. Ce risque étant réel, il ne devrait pas pour autant nous paralyser. Ni l'angoisse, ni le défaitisme ne représentent des solutions valables. Voilà le deuxième problème que j'ai annoncé plus haut et que je voudrais maintenant explorer de façon très succincte. Qu'on ne s'y trompe pas: ma résistance à l'angoisse et au défaitisme ne découle pas de la négation naïve des problèmes actuels et encore moins, on s'en doute, d'une confiance sans bornes en la science et en la technique. Pendant des siècles, l'homme a dû en quelque sorte subir le destin; faute de savoirs et de manières de faire efficaces, il fut incapable de se défendre contre certaines calamités (naturelles et/ou épidémiologiques). Cette situation de dépendance absolue n'a changé qu'avec l'avènement plus ou moins simultané de la science et de la technique. Mais à la longue, ces remèdes se sont avérés pires que les maladies qu'ils étaient censés guérir: la science et la technique ont provoqué, à une grande échelle, des effets collatéraux non intentionnels et incontrôlables, et c'est cela qui détermine dans une large mesure le destin qui sera le nôtre (un destin désormais inséparable de la techno-science; une vraie situation de 'double bind'). Nous nous rendons compte de la possibilité très réelle de catastrophes gigantesques sans que nous ne disposions de moyens requis pour en minimiser le risque, sans que nous sachions si ces moyens seront, oui ou non, efficaces. Les exemples de tels scénarios potentiellement catastrophiques et dus au progrès lui-même abondent: l'explosion démographique, le risque nucléaire, l'échauffement de la planète, mais aussi l'érosion des traditions, la destruction de la diversité culturelle, etc. Comment accepter une réalité tellement menaçante sans angoisse, sans défaitisme? Eh bien, strictement parlant, nous n'avons pas le choix: si nous nous laissons paralyser par l'angoisse et le défaitisme, la vie – notre vie – deviendra insupportable[17].

La seule 'solution' qui me paraît défendable consiste en une attitude de *confiance* – attitude qui, évidemment, n'a rien en commun avec une prévision basée sur un certain calcul. Comme l'espoir, la confiance est une vertu, une force (*virtus*) qui nous permet de faire face à certaines conditions menaçantes et de nous engager au maximum pour trouver des solutions, même si nous savons parfaitement bien que la victoire n'est pas certaine. Puis, la confiance renvoie aussi à cette capacité, même en présence de dangers et de risques imminents, de vouer *aussi* son attention au présent qui nous entoure, un présent encore ou déjà important et significatif. Ce que nous mettons en valeur est *toujours déjà* menacé par des risques et des catastrophes (la maladie, la circulation, la nourriture, etc.). Faudra-t-il dès lors se contenter d'abandonner tout, de se vautrer à jamais dans le désespoir ou, par contre, d'opter pour l'insouciance la plus totale? La réaction courante de l'homme moyen témoigne d'une attitude à la fois réaliste et confiante vis-à-vis de la réalité. Dans la mesure du possible et du pensable, il tentera de se protéger contre certains risques; pour le reste, il 'oubliera' ces mêmes risques – face auxquels de toute façon il reste relativement impuissant

(17) J.-M. PIRET, *op. cit.*, p. 391.

– en espérant qu'ils ne se présenteront pas mais aussi en ayant la ferme volonté d'agir là où la situation bascule dangereusement. Cette vertu de la confiance n'a rien à voir, en profondeur, avec la science ou la technique; elle ne peut être acquise que par le biais d'un *processus d'apprentissage* orienté, guidé par des gens qui, eux, possèdent bel et bien cette force morale.

Comme le note le philosophe Otto Bollnow, la confiance est «le présupposé fondamental de l'existence humaine elle-même[18].» En même temps, elle exprime une attitude qui n'a rien d'intentionnel, que l'on ne saurait produire à sa guise. Nous voilà donc devant un paradoxe: ce dont nous avons besoin le plus, ne se laisse atteindre que de manière *indirecte* (c'est-à-dire: qu'à travers un transfert incontrôlable). Le seul progrès vraiment profitable pour l'homme sera celui qui résulte de *l'acceptation* première de la vie. Notre maxime ne sera donc pas «après nous le déluge», mais «que ta volonté soit faite» (et, vous le savez, cette «volonté» ainsi que ce «ta» peuvent, dans notre tradition occidentale commune, être interprétés de manière très différente, non seulement dans le sens d'un *amor Dei* mais aussi dans celui d'un *amor fati).*

(18) O. Bollnow, *Wesen und Wandel der Tugenden*, Frankfurt am M., Ullstein, 1962, p. 181.

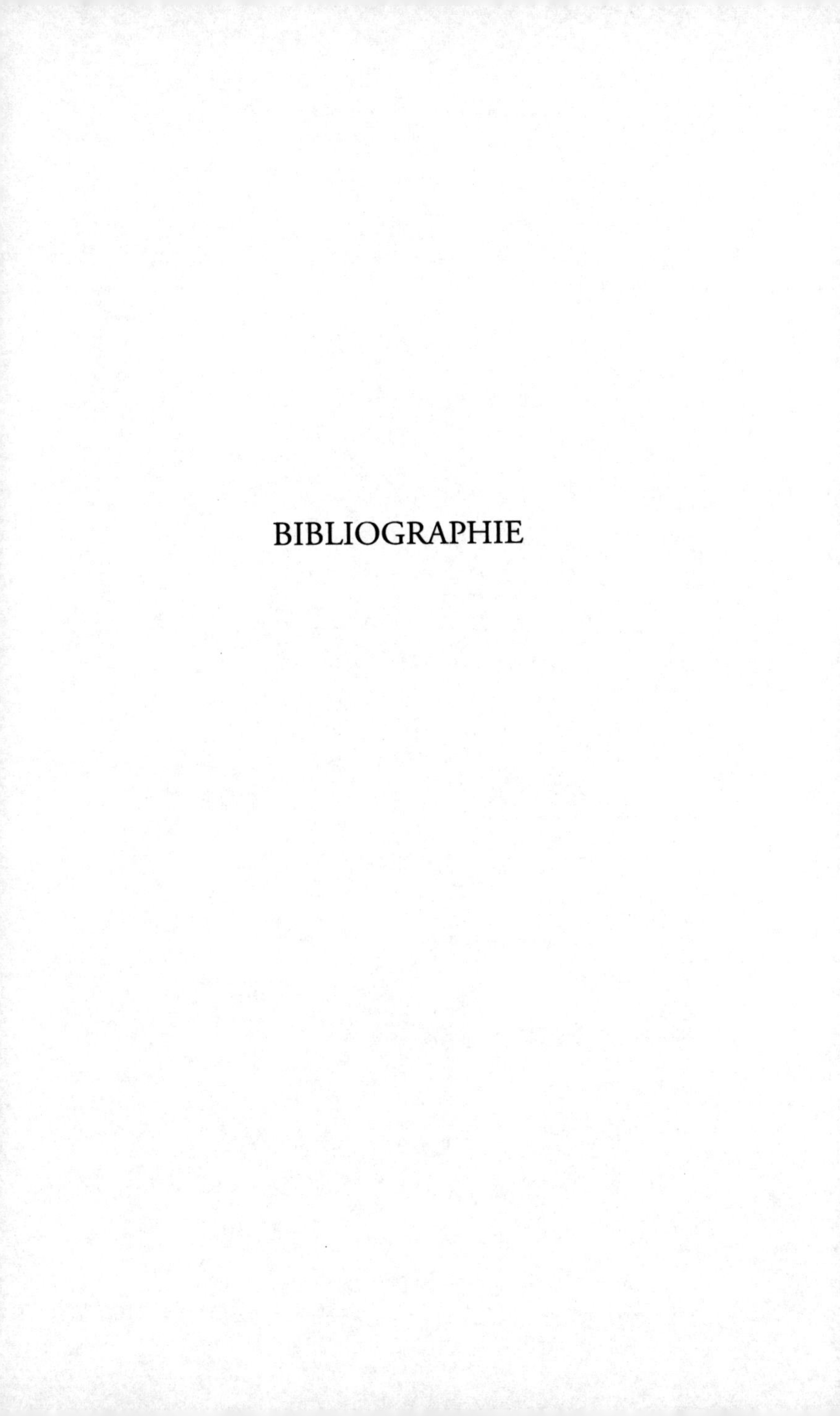

BIBLIOGRAPHIE

ADRIAANSE, H.J., *Vom Christentum aus. Aufsätze und Vorträge zur Religionsphilosophie*, Kampen, Kok Pharos, 1995.

AKKERMAN, F., «Le caractère rhétorique du *Traité Theologico-politique*», in *Les Cahiers de Fontenay (Spinoza entre Lumières et Romantisme)*, 1985, pp. 381-390.

ALQUIÉ, F., *Le Rationalisme de Spinoza*, Paris, PUF, 1981.

ANDERS, G., *Die Antiquiertheit des Menschen*, München, Beck, 1980.

APOSTEL, L., *Atheïstische spiritualiteit*, Brussel, VUB-Press, 1998.

APPLEYARD, B., *Understanding the Present: Science and the Soul of Modern Man*, London, Picador, 1992.

ARDLEY, G., *Berkeley's Renovation of Philosophy*, The Hague, Nijhoff, 1968.

BAUDRILLARD, J., *Cool Memories, 1980-1985*, Paris, Galilée, 1987.

BELLAH, R., *Tokugawa Religion: The Cultural Roots of Modern Japan*, New York – London, The Free Press – Macmillan, 1985.

BENOIT, H., *La Doctrine suprême selon la pensée zen*, Paris, Le Courrier du Livre, 1967.

BERGER, P., *The Sacred Canopy: Elements of a Sociological Theory of Religion*, New York, Doubleday, 1990.

BERNET, R., «Vorwort», in J. DERRIDA, *Husserls Weg in die Geschichte am Leitfaden der Geometrie*, München, Fink, 1987.

BLACKWELL, K., *The Spinozistic Ethic of Bertrand Russell*, London, Allen & Unwin, 1985.

BLUMENBERG, H., *La Légitimité des Temps modernes*, Paris, Gallimard, 1999.

BOLLNOW, O., *Wesen und Wandel der Tügenden*, Frankfurt am M., Ullstein, 1962.

BORGES, J.L., *L'Aleph*, Paris, Gallimard, 1967.

—, *Labyrinths*, Harmondsworth, Penguin, 1971.

BREEUR, R., «Over geschiedenis, het leven en het zelf», in *Tijdschrift voor Filosofie*, 60:3 (1998), pp. 447-474.

BRITTON, K., «Hume on Some Non-Natural Distinctions», in G.P. MORICE (ed.), *D. Hume. The Bicentenary Papers*, Edinburgh, Edinburgh University Press, 1977, pp. 205-209.

BRUNNER, C., *Het fiktieve denken*, Assen, Van Gorcum, 1984.

BURMS, A., «Helping and Appreciating», in S. GRIFFIOEN (ed.), *What Right does Ethics Have? Public Philosophy in a Pluralistic Culture*, Amsterdam, V.U. Press, 1990, pp. 67-77.

—, «Rationaliteit, traditie, taboe», in B. RAYMAEKERS (red.),

Gehelen en fragmenten. De vele gezichten van de filosofie, Leuven, Universitaire Pers Leuven, 1993, pp. 9-16.

—, «Moral Taboos and the Narrow Conception of Morality», in B. MUSSCHENGA (ed.), *Does Religion Matter? A Critical Reappraisal of the Thesis of Morality's Independence from Religion*, Kampen, Kok Pharos, 1995, pp. 95-107.

—, «Godsdienst zonder geloof?», in E. BERNS, P. MOYAERT & P. VAN TONGEREN (red.), *De God van denkers en dichters. Opstellen voor Samuel Ijsseling*, Amsterdam, Boom, 1997, pp. 231-250.

—, «Het eigene: reëel en symbolisch», in *Algemeen Nederlands Tijdschrift voor Wijsbegeerte*, 91:1 (1999), pp. 45-57.

— & DE DIJN, H., «Moreel objectivisme», in *Algemeen Nederlands Tijdschrift voor Wijsbegeerte*, 74:4 (1982), pp. 207-223.

— & DE DIJN, H., *De rationaliteit en haar grenzen*, Leuven – Assen, Universitaire Pers Leuven – Van Gorcum, 1986.

—, «Transcendentie en exterioriteit. Een antwoord aan Carlos Steel», in *Tijdschrift voor Filosofie*, 49:3 (1987), pp. 492-500.

CARRIERO, J., «Spinoza's View on Necessity in Historical Perspective», in *Philosophical Topics*, 19 (1991), pp. 47-96.

CARROLL, L., «What the Tortoise said to Achilles», in *Mind*, 4 (1895), pp. 278-280.

CASIER, T., HUYSMANS, J. & SMEDT, S. DE, *Het einde van Fukuyama en de laatste democratie. Beschouwingen bij een vertoog over geschiedenis, democratie en internationale betrekkingen*, Leuven, Centrum voor Vredesonderzoek («Cahiers Internationale betrekkingen en vredesonderzoek», vol. 37), 1993.

CERTEAU, M. DE, «Une pratique sociale de la différence: croire», in *Faire croire*, Rome, Ecole Française de Rome, 1981, pp. 363-383.

CHATELET, Fr. (éd.), *La Philosophie du monde nouveau (XVIe et XVIIe siècles)*, Paris, Hachette, 1972.

CHESTERTON, G.K., *Orthodoxy*, New York, Doubleday, 1959.

CLATTERBAUGH, K.C., «Descartes' Causal Likeness Principle», in *The Philosophical Revue*, 84:3 (1980), pp. 379-402.

DELBOS, V., *Le Spinozisme*, Paris, Vrin, 1983.

DELEUZE, G., *Empirisme et subjectivité*, Paris, PUF, 1973.

DEYSSEL, L. VAN, *Uit het leven van Frank Rozelaar*, Amsterdam, Querido, 1985[4].

DHONDT, U., «De temming van het oneindige verlangen. Over rite en ethiek in de religie», in E. BERNS, P. MOYAERT &

P. VAN TONGEREN (red.), *De God van denkers en dichters. Opstellen voor Samuel Ijsseling*, Amsterdam, Boom, 1997, pp. 219-230.

DIJN, H. DE, «Over de interpretatie van de Schrift volgens Spinoza», in *Tijdschrift voor Filosofie*, 29 (1967), pp. 667-704.

—, «Review of A. Tosel, *Spinoza ou le crépuscule de la servitude*», in *Studia Spinozana*, 1 (1985), pp. 417-422.

—, «Fierheid en persoonsidentiteit», in *Tijdschrift voor Filosofie*, 47:4 (1985), pp. 571-581.

—, «Spinoza als bevrijdingstheoloog. Omtrent Negri's Spinoza-interpretatie», in *Tijdschrift voor Filosofie*, 48 (1986), pp. 619-630.

—, «Conceptions of Philosophical Method in Spinoza: Logica and Mos Geometricus», in *The Review of Metaphysics*, 40 (1986), pp. 55-78.

—, «Religie en waarheid», in *Tijdschrift voor Filosofie*, 51 (1989), pp. 407-426.

—, «Wisdom and Theoretical Knowledge in Spinoza», in E. CURLEY & P.F. MOREAU (eds.), *Spinoza: Issues and Directions. The Proceedings of the Chicago Spinoza Conference*, Leiden, E.J. Brill, 1990, pp. 147-156.

—, «Spinoza en de geopenbaarde religie», in *Algemeen Nederlands Tijdschrift voor Wijsbegeerte*, 82 (1990), pp. 241-251.

—, «Metaphysics as Ethics», in Y. YOVEL (ed.), *God and Nature: Spinoza's Metaphysics*, Leiden, Brill, 1991, pp. 119-131.

—, «Poste frontière. De l'impossibilité et de la nécessité de l'orthodoxie», in B. VERSCHAFFEL & M. VERMINCK (éds.), *Orthodoxie ... applaudissements*, Liège, Mardaga, 1993, pp. 7-21.

—, *Kan kennis troosten? Over de kloof tussen weten en leven*, Kapellen – Kampen, Pelckmans – Kok Agora, 1994.

—, «De lotgevallen van de metafysica in de Moderne Tijd», in M. MOORS & J. VANDERVEKEN (red.), *Naar leeuweriken grijpen. Leuvense opstellen over metafysica*, Leuven, Universitaire Pers Leuven, 1994, pp. 83-100.

—, «Tolerance, Loyalty to Values and Respect for the Law», in *Ethical Perspectives*, 1 (1994), pp. 27-32.

—, «Het einde van de geschiedenis?», in B. RAYMAEKERS & A. VAN DE PUTTE (red.), *Lessen voor de XXIste eeuw*, Leuven, Universitaire Pers Leuven - Davidsfonds, 1995, pp. 29-45.

—, «Het technologisch systeem en het post-moderne narcisme: de ruiters van de apocalyps», in *Onze Alma Mater*, 49:1 (1995), pp. 77-90.

—, «Spinoza and Revealed Religion», in *Studia Spinozana*, 11 (1995), pp. 39-52.

—, *Spinoza: The Way to Wisdom*, Lafayette (Ind.), Purdue University Press, 1996.

—, «Broad Ethics and Broad Religion», in M.M. OLIVETTI (éd.), *Philosophie de la religion entre éthique et ontologie*, Milano, CEDAM, 1996, pp. 527-542.

—, *Hoe overleven we de vrijheid? Modernisme, postmodernisme en het mystiek lichaam*, Kapellen – Kampen, Pelckmans – Kok Agora, 1997[4].

—, «Brede ethiek en brede religie», in L. BRAECKMANS & A. CLOOTS (red.), *Kijken naar de zon. Filosofische essays over de godsvraag*, Kapellen, Pelckmans, 1998, pp. 311-333.

—, «Vooruitgang en traditie», in *Studia Europaea*, V (1998), pp. 123-136.

—, «Values and Incarnation», in M.M. OLIVETTI (ed.), *Incarnation*, Padova, CEDAM, 1999, pp. 371-379.

—, «De donkere transcendentie van Prometheus», in *Tijdschrift voor Filosofie*, 62:4 (2000), pp. 743-751.

—, «Soorten weten. Wetenschap, common sense en wijsheid», in *Onze Alma Mater*, 54:4 (2000), pp. 467-481.

—, «David Hume: filosoof van de menselijke natuur», in P. DE MARTELAERE & W. LEMMENS (red.), *David Hume*, Kapellen – Kampen, Pelckmans – Kok Agora, 2001, pp. 51-69.

—, «Theory and Practice and the Practice of Theory», in M. SENN & M. WALTHER [Hrsg.], *Ethik, Recht und Politik bei Spinoza. Vorträge des 6. Internationalen Kongresses der Spinoza-Gesellschaft*, Zürich, Schulthess, 2001, pp. 47-58.

—, «Wetenschap en ethiek», in *Onze Alma Mater*, 55:4 (2001), pp. 500-516.

—, *De herontdekking van de ziel. Voor een volwaardige kwaliteitszorg*, Kapellen - Kampen, Pelckmans - Klement, 2002.

DOMINGUEZ, A., «La morale de Spinoza et le salut par la foi», in *Revue philosophique de Louvain*, 78 (1980), pp. 345-364.

EINSTEIN, A., *Ideas and Opinions*, New York, Dell Publishing Co., 1983.

ELSTER, J., *Sour Grapes: Studies in the Subversion of Rationality*, Cambridge, Cambridge University Press, 1985.

FEINBERG, J., *The Moral Limits of the Criminal Law* (vol. I-IV), Oxford, Oxford University Press, 1984-1988.

FINKIELKRAUT, A., *L'Humanité perdue. Essai sur le XXe siècle*, Paris, Seuil, 1996.

FUKUYAMA, F., *La Fin de l'histoire et le dernier homme*, Paris, Flammarion, 1992 (*The End of History and the Last Man*, 1992).

—, «Het einde van de geschiedenis», in *De Groene Amsterdammer*, 20 (1989), pp. 15-20.

—, *Trust: the Social Virtues and the Creation of Property*, New York, Free Press, 1995.

GADAMER, H.-G., *Wahrheit und Methode. Grundzüge einer philosophischen Hermeneutik*, Tübingen, Mohr, 1965[2].

GAY, P., *The Enlightenment: An Interpretation. The Rise of Modern Paganism*, New York – London, Norton & Cie., 1966.

GOLDSCHMIDT, V., «La place de la théorie politique dans la philosophie de Spinoza», in *Manuscrito. Revista di filosofia*, II (1978), pp. 103-122.

GOODMAN, N., *Fact, Fiction, and Forecast*, Indianapolis – New York, Bobbs – Merill, 1973.

GRENE, M. (ed.), *Spinoza: A Collection of Critical Essays*, New York, Doubleday, 1973.

GUENON, R., *Aperçus sur l'initiation*, Paris, Eds. Traditionnelles, 1992.

HABERMAS, J., *Erläuterungen zur Diskursethik*, Frankfurt am M., Suhrkamp,1991.

HERCK, W. VAN, «Een natuurlijk verlangen naar voorzienigheid», in L. BRAECKMANS & J. TAELS (red.), *Op het ritme van de oneindigheid*, Leuven, Acco, 2000, pp. 125-136.

HERTZBERG, L., «On the Attitude of Trust», in *Inquiry*, 31 (19XX), pp. 307-322.

HOBBES, Th., *The English Works*, Aachen, Scientia Verlag, 1966.

HOTTOIS, G., «Techniek tussen afgesloten geschiedenis en open avontuur», in *Wijsgerig Perspectief*, 35:2 (1995), pp. 47-52.

HUIZINGA, J., *Homo ludens. Proeve ener bepaling van het spelelement der cultuur*, Groningen, Wolters-Noordhoff, 1985[5].

HUME, D., *Enquiries Concerning the Human Understanding and Concerning the Principles of Morals*, Oxford, Clarendon, 1970.

—, *A Treatise of Human Nature*, Oxford, Clarendon, 1978.

HUNTINGTON, S., *The Clash of Civilizations and the Remaking of World Order*, London, Simon & Schuster, 1998.

KAPLAN, R.D., «The Coming Anarchy», in *The Atlantic Monthly*, (February 1994), pp. 44-76.

KOLAKOWSKI, L., *Metaphysical Horror*, Oxford, Blackwell, 1988.

LEMMENS, W., «Hume en het mysterie van de religie», in D. HUME, *De natuurlijke geschiedenis van de religie*, Baarn – Kapellen, Agora – Pelckmans, 1999, pp. 7-46.

LEROUX, E., «Qu'est vraiment la science intuitive de Spinoza?», in *Travaux du 2e Congrès de Sociétés de Philosophie française et Langue française*, Lyon, 1939, pp. 37-42.

LEWIS, C.S., *The Abolition of Man*, Glasgow, Collins, 1990.

LÜBBE, H., *Religion nach der Aufklärung*, Graz, Styria Verlag, 1984.

LUCEBERT, *Verzamelde gedichten*, Amsterdam, De Bezige Bij, 2002.

MacINTYRE, A., *After Virtue: A Study in Moral Theory*, London, Duckworth, 1981.

MARCEL, G., *Du refus à l'invocation*, Paris, Gallimard, 1956[12].

—, *La Dignité humaine et ses assises existentielles*, Paris, Hubier-Montaigne, 1964.

MARTELAERE, P. DE, «Humes 'gematigd' scepticisme: futiel of fataal», in *Verhandelingen van de Koninklijke Academie voor Wetenschappen, Letteren en Schone Kunsten van België – Klasse der Letteren*, 123 (1987).

MELLE, U., «Het einde van de natuur aan het einde van de geschiedenis?», in *Onze Alma Mater*, 49:1 (1995), pp. 64-76.

MENCIUS, *Mencius*, Harmondsworth, Penguin, 1983.

MERCIER, S. E. Card., *Le Modernisme*, Bruxelles, Action catholique, s.d.

MOSES, G.J., *The Doing of Philosophy in the Philosophical Works of David Hume*, Leuven, H.I.W., 1985 (these de doctorat non publiée).

NABOKOV, V., *Speak, Memory: An Autobiography Revisited*, Harmondsworth, Penguin, 1982.

NAESS, A., «Spinoza and the Deep Ecology Movement», in *Mededelingen vanwege het Spinozahuis*, Delft, Eburon, 1993.

NIETZSCHE, Fr., *Aldus sprak Zarathoestra*, Amsterdam, Wereldbibliotheek, 1985.

OAKESHOTT, M., *On Human Conduct*, Oxford, Clarendon, 1975.

—, *Rationalism in Politics and Other Essays*, London, Methuen, 1977.

PEPERZAK, A., «Wonderment and Faith», in M.M. OLIVETTI (ed.), *Filosofia della revelazione*, Padova, CEDAM, 1994, pp. 173-186.

PETERS, R.S. (ed.), *Nature and Conduct*, London, MacMillan, 1975.

PIRET, J.-M., *Rationaliteit na de Verlichting. Een reconstructie van het filosofisch werk van Herman Lübbe*, Brussel, VUB, 1997 (thèse non publiée).

RENAN, E., *Spinoza*, La Haye, Nijhoff, 1877.

ROOZENDAAL, S., «De rol van de intellectueel. Dr. Leo Molenaar over de opkomst van de kritische natuurwetenschapsmensen in Nederland», in *Natuur en techniek*, 62 (1994), pp. 794-798.

RORTY, A.O., «From Passions to Emotions and Sentiments», in *Philosophy*, 57 (1982), pp. 159-172.

— (ed.), *Explaining Emotions*, Berkeley, University of California Press, 1980.

ROUSSET, B., «La scolie de l'*Ethique* ? La réforme de l'entendement», in *Bulletin de l'Association des Amis de Spinoza*, 24 (1990), pp. 1-9.

SANTAYANA, G., «Ultimate Religion», in *Septimana Spinozana*, The Hague, Nijhoff, 1923, pp. 105-115.

—, *The Life of Reason III: Reason in Religion*, New York, Dover, 1982.

SCHALK, F., *Studien zur französischen Auklärung*, Frankfurt am M., Klostermann, 1977 (2. ed.).

SCHLIPP, Ph. (ed.), *Albert Einstein: Philosopher and Scientist*, La Salle (Ill.) – Cambridge, Open Court – Cambridge U.P., 1970.

SCRUTON, R., *The Philosopher on Dover Beach. Essays*, Manchester, Carcanet, 1990.

SLOTERDIJK, P., *Im selben Boot. Versuch über die Hyperpolitik*, Frankfurt am M., Suhrkamp, 1993.

SMITH, A., *The Theory of Moral Sentiments*, Indianapolis, Liberty Classics, 1982.

SPINOZA, B. DE, *Oeuvres*, Paris, Garnier, 1965.

—, *Oeuvres complètes*, Paris, Gallimard, 1954.

—, *Oeuvres III. Tractatus Theologico-politicus*, Paris, PUF, 1999.

SPRIGGE, T., *Theories of Existence*, Harmondsworth, Penguin, 1984.

STRAWSON, P., «Social Morality and Individual Ideal», in G. WALLACE & A. WALKER (eds.), *The Definition of Morality*, London, 1970, pp. 98-118.

—, *Freedom and Resentment, and Other Essays*, London, Methuen, 1974.

—, *Scepticism and Naturalism: Some Varieties*, New York, Columbia University Press, 1985.

TAYLOR, Ch., *Multiculturalisme. Différence et démocratie*, Paris, Aubier, 1994 (*Multiculturalism and the 'Politics of Recognition'*, 1992).

——, *Le Malaise de la modernité*, Paris, Eds. Du Cerf, 1994 (*The Malaise of Modernity*, 1991).

TOSEL, A., *Spinoza ou le crepuscule de la servitude. Essai sur le «Traité Théologico-politique»*, Paris, Aubier, 1984.

VATTIMO, G., *La Fin de la modernité. Nihilisme et herméneutique dans la culture postmoderne*, Paris, Seuil, 1987.

VERGOTE, A., *Religion, foi et incroyance: une étude psychologique*, Bruxelles, Mardaga, 1983.

WAELHENS, A. DE, *La Philosophie et les experiences naturelles*, La Hague, Nijhoff, 1961.

WEYEMBERGH, M., «Francis Fukuyama. Het einde van de geschiedenis», in *Aktief*, (november 1993), pp. 3-9.

WILSON, A.N., *How Can We Know?*, Harmondsworth, Penguin, 1986.

WINCH, P., «Eine Einstellung zur Seele», in *Proceedings of the Aristotelian Society*, 81 (1981), pp. 1-15.

WITTGENSTEIN, L., *Remarques mêlées*, Trans-Europ-Repress, s.d.

—, *Lectures and Conversations on Aesthetics, Psychology and Religious Belief*, Oxford, Blackwell, 1970.

—, *Philosophical Investigations*, Oxford, Blackwell, 1968.

—, *Culture and Value*, Oxford, Blackwell, 1980.

—, *Denkbewegungen: Tagebücher 1930-32 / 1936-37*, Innsbruck, Haymon, 1997.

ZWEERMAN, Th., *Om de eer van de mens. Verkenningen op het grensvlak van de filosofie en spiritualiteit*, Delft, Eburon, 1991.

INDEX NOMINUM

INDEX NOMINUM